Foundations *of* World Order
The Legalist Approach to International Relations 1898-1922

帝国与国际法 译丛

主办单位

北京大学国家法治战略研究院

译 丛 主 编

孔元 | 陈一峰

译 丛 编 委
（按汉语拼音排序）

强世功 | 汪晖 | 殷之光 | 章永乐

安妮·奥福德	安妮·彼得斯	本尼迪克特·金斯伯里	大卫·阿米蒂奇
Anne Orford	Anne Peters	Benedict Kingsbury	David Armitage
邓肯·贝尔	马蒂·科斯肯涅米	帕尔·弗兰格	托尼·卡蒂	詹尼弗·皮茨
Duncan Bell	Martti Koskenniemi	Pål Wrange	Tony Carty	Jennifer Pitts

帝国与国际法 译丛

国际秩序
Foundations of World Order

法律、武力与帝国崛起 1898—1922
The Legalist Approach to International Relations 1898-1922

[美] 弗朗西斯·安东尼·博伊尔 著
Francis Anthony Boyle

颜丽媛　王晨雨　译

当代世界出版社
THE CONTEMPORARY WORLD PRESS

中文版序

亲爱的中国读者：

从历史上看，21世纪初美国军国主义的最新爆发，类似于美国通过发动1898年美西战争而开启的20世纪。当时，威廉·麦金利（William McKinley）总统的共和党政府窃取了西班牙殖民帝国的古巴、波多黎各、关岛和菲律宾；对菲律宾人民进行了近乎种族灭绝的战争；同时，非法吞并了夏威夷王国并将夏威夷原住民（他们自称为卡纳卡毛利人）置于种族灭绝的境地。此外，麦金利在太平洋地区的军事和殖民扩张也是旨在巩固对中国的经济剥削，并对其冠以"门户开放"政策这一委婉说法。但是，在接下来的40年里，美国在所谓"太平"洋上的强势存在以及其一系列的政策和实践，不可避免地导致了日本1941年12月7日袭击珍珠港，进而促使美国卷入正在进行的第二次世界大战。一个世纪后的今天，新保守主义的共和党小布什政府、新自由主义的民主党奥巴马政府发动和威胁发动了一系列帝国主义侵略战争，而现在极端保守的特朗普政府使得引发第三次世界大战的威胁猛增。

小布什政府无耻地利用了2001年"9·11"事件的可怕悲剧，通过伪造以下借口企图从伊斯兰国家以及生活在中亚、中东和非洲的有色人种手中窃取一个油气帝国：(1) 对抗"国际恐怖主义"或"宗教激进主义"的战争；(2) 消除大规模杀伤性武器；(3) 促进民主；(4) 自封的"人道主义干预"及其化身"保护的责任"（responsibility to protect, R2P）。只是，这次地缘政治的风险比一个世纪前要大得多：控制和支配世界的烃资源，从而控制和支配全球经济体系的基础和动力——石油和天然气。小布什政府和奥巴马政府为攫取尚存的油气资源而对非洲、拉丁美洲（例如，五角大楼2008年重新启用美国第四舰队）和东南亚，以及用于运输的海陆战略咽喉要地（例如，叙利亚、也门、索马里、吉布提、马六甲海峡等）进行征服和控制。今天，美国第四舰队威胁着石油丰富的委内瑞拉、厄瓜多尔，当然还有古巴。

为了完成第一个目标，新保守主义的小布什政府于2007年宣布建立美国五角大楼的非洲司令部（AFRICOM），以更好地控制、支配、窃取并剥削我们人类物种摇篮——非洲大陆的自然资源与多样民族。2011年，利比亚和利比亚人被证明是屈服于新自由主义的奥巴马政府下的非洲司令部的第一个受害者，从而表明了美国帝国主义外交政策决策真正的两党一致和无党派分歧的本质。让我们撇开美国在北美大陆上征服、灭绝和种族清洗印第安人的分析范围。自1898年美国发动美西战争以来,美国的外交政策决策在过去120年里一直由极端保守主义的帝国主义者、保守主义的帝国主义者和自由主义的帝国主义者交替实施。

特朗普只是美国帝国主义与资本主义在全球横冲直撞的另一个代表。特朗普直率而自豪地承认,美国在中东是为了窃取他们的石油。至少他对此很坦诚。这不同于他的那些撒谎的前任们,尤其是老布什总统为控制波斯湾的石油而在1991年对伊拉克开战。就在最近,特朗普总统非法威胁美国要军事干涉石油丰富的委内瑞拉,并且现在准备袭击处于战略要地的叙利亚。但是,石油和其他资源并不是美国的唯一动机。强化其全球影响力,削弱或消除蔑视美国的领导人也在起作用。人类千禧年伊始,美国帝国主义在全球范围内勃兴,正是我的老师、导师和朋友——已故的伟大的汉斯·摩根索教授在他的著作《国家间政治》(*Politics Among Nations*,1967年第4版,第52—53页)中所称的"无节制的帝国主义"(unlimited imperialism):

> 无节制的帝国主义的突出历史事例是罗马亚历山大大帝、古罗马人,公元7世纪和8世纪的阿拉伯人、拿破仑一世以及希特勒所奉行的扩张主义政策。他们都具有共同的扩张欲望,这种扩张没有理性的节

制，它以自身的成功为动力，并且如果没有一个优势力量阻止的话，它就将一直走到政治世界的边缘。只要什么地方仍然存在可能进行支配的对象——一个政治上有组织的人群，其独立本身就对征服者的权力构成了挑战——这种欲望就将得不到满足。正如我们将要看到的，恰恰是缺乏节制，想要征服一切适于征服的目标的欲望，即无节制的帝国主义特征，在过去一直是这类帝国主义政策失败的原因……

2001年"9·11"事件以来，沿着亚历山大、拿破仑和希特勒路线的无节制的帝国主义者掌控着美国的外交政策决策。那些导致第一次世界大战与第二次世界大战爆发的实际情况，如今就像悬在全人类头上的达摩克利斯之剑。我真诚地希望，中国与美国具有良好信念与善意的人们能够运用本书的知识与教训来避免发生灾难性的第三次世界大战。

弗朗西斯·安东尼·博伊尔

序言
——献给斯坦利·霍夫曼（Stanley Hoffmann）

我要感谢我美丽的妻子贝特西（Betsy）以及我的三个儿子：布莱恩（Brian）、戴维（David）和詹姆斯（James）。在这本书的写作过程中以及在国内外很多其他的工作中，我都得到了他们的理解与支持。我也要感谢我忠诚而熟练的秘书邦尼·安德森（Bonnie Anderson），感谢她出色地完成了本书以及多年来我的其他很多出版物的相关工作。我还想表达对于杜克大学出版社雷诺·史密斯（Reynolds Smith）编辑的感激之情，感谢他耐心细致地编辑出版本书以及我之前的其他书籍。

本书内容的责任由我独自承担。不过，我要感谢对于我个人才识发展有着重要贡献的芝加哥大学与哈佛大学的老师们。很多老师的名字与著作在我之前书里的致谢、正文、脚注中都提到过，在此没有必要一一列出。但是关于本书的研究，我想列出三个人：我的国际法老师，已故的理查德·R. 巴克斯特

(Richard R. Baxter)，在他的指导下我开始了这项研究；我的国际组织老师路易斯·B. 苏恩（Louis B. Sohn）；以及我已故的朋友利奥·格洛斯（Leo Gross），他们在国际组织研究中的开创性努力，启发了所有工作于该领域的学者。我也要感谢我的高中历史老师约翰·莫汉（John Mohan），他是第一个在三十多年前就激发我对美国帝国时代外交政策兴趣的人。

本书献给我在哈佛大学的论文导师斯坦利·霍夫曼，对他的感激之情难以言表。《国际法与使用武力：超越机制理论》（"International Law and the Use of Force: Beyond Regime Theory"）是我为他的学生们组织出版的纪念文集撰写的文章。我将这篇纪念文章作为本书的附录，以便读者能够理解当我提及第二次世界大战后有关威胁和使用武力的国际法与国际组织"机制"（regime）时的所指。在此，对西景出版社允许转载这一论文表示感谢。

汉斯·摩根索对斯坦利·霍夫曼的评价

在最近一篇沉思的文章中，斯坦利·霍夫曼写了以下关于1950年代后期国际政治理论的状况：

> 我对国家行为或者国际体系一般理论中各种各样的生硬，以及试图模糊自然科学与社会科学区别的方法论谬误感到震惊。我的主要目标是汉斯·摩根索（Hans Morgenthau）和莫顿·卡普兰（Morton Kaplan）（我后来后悔了，后悔的不是抨击汉斯·摩根索的文章内

> 容，而是我抨击他的语气。1960 年代我经常遇到他，也逐渐地钦佩他的智慧勇气与广博知识——即使不是他的理论）。我认为，有用的一般理论只不过是充当问题的一个框架，这可以通过实证研究的中层理论得到回答。——斯坦利·霍夫曼：《"回顾"，通过世界政治的历程：三十四名学术旅行者的反思》["A Retrospective", in Tourneys through World Politics: Autobiographical Reflection of Thirty-four Academic Travelers, 263, 270 (James N. Rosenau & William C. Potter, eds., 1989)]。

多年来，斯坦利·霍夫曼发表了许多关于政治现实主义和对汉斯·摩根索的犀利中肯的评论。但是，我不相信摩根索曾因这些评论而反对过他。相反，摩根索极为尊重霍夫曼的才智。他们两人之间从未相互奉承吹捧。

1968 年 9 月，我作为本科生进入了芝加哥大学。在那里，我开始跟随如今已故的汉斯·摩根索学习国际关系。他刚刚出版了《美国新外交政策》(A New Foreign Policy for the United States) 一书。同年，斯坦利·霍夫曼出版了他的经典论著：《格列佛的烦恼，或美国外交政策的制订》(Gulliver's Troubles, or The Setting of US. Foreign Policy)。当然，霍夫曼的书比摩根索的书还厚。但是，摩根索已经在 1967 年出版了他的经典论著《国家间政治》的第四版。从这些书中我获得了作为国际关系的初学者的最初体验。

国际秩序：法律、武力与帝国崛起（1898—1922）

像斯坦利·霍夫曼一样，摩根索在国际法领域开始了他的学术生涯。此后，两位学者开始研究关于国际关系性质与世界秩序形势的更普遍问题。尽管如此，在摩根索和霍夫曼漫长而杰出的职业生涯中，其著述与活动始终以坚实的道德操守为核心，这部分地归因于他们作为国际法学者的训练和出身；在很大程度上归因于他们基于古典意义上的"旧世界"人文教育而具备的广泛的人道主义观念；而在本质上则也要归因于他们在哈佛、芝加哥、伊利诺伊和其他地方与我的许多老师、同事与朋友们分享犹太文化与宗教遗产。

尽管我抱着日后去法学院以便成为一名民权律师的打算而进入芝加哥大学，但摩根索仍鼓励我在研究生阶段继续国际关系的研究，因为他不久就要从芝加哥大学退休，以便将他的工作基地永久地转移到新的社会研究学院（没有法学院）。我开始考虑去哈佛、耶鲁或者哥伦比亚这三所东海岸高校中的一所，继续法律与政治学领域的研究生学习，同时与他保持密切的联系。由于无法决定去哪一所，我征求摩根索的建议。摩根索花时间分析了这三个机构在法律与政治学领域的优劣后，总结说："你应该去哈佛，跟随斯坦利·霍夫曼继续国际关系的研究。他是当今该领域最杰出的人。"

第二天，我接受了哈佛大学法学院的录取，并于1971年9月入学。抵达哈佛时，我申请并获得了哈佛大学文理研究生院（Graduate School of Arts and Sciences）政府学系（Department of Government）的政治学博士项目。同样的博士项目诞生了基辛格、布

序言——献给斯坦利·霍夫曼

热津斯基、亨廷顿以及其他众多政治现实主义者。不久之后，我遇到了斯坦利·霍夫曼，告诉他摩根索对我的建议，并请他做我的论文导师。斯坦利当时并不知道这次冒险至少要花费十年时间。

正如我在接下来几年发现的一样，摩根索的建议完全正确：斯坦利·霍夫曼仍然是当今国际关系领域最杰出的人。而且更重要的是，他也是居住在当今美国自封为国际关系专家的基本上是霍布斯式的世界中最有原则、最有道德、最有人文主义的学者。国际关系学者的生活常常是孤独、贫困、卑污、残忍又短寿的，但斯坦利以他的智慧、才能、善良、耐心和榜样，认真地滋养我们所有人走向成熟。其他的便依赖于我们自己的努力。但毫无疑问，我们职业生涯中最美好的阶段受托于他仁慈的照管。

目 录

I | 中文版序

V | 序 言——献给斯坦利·霍夫曼（Stanley Hoffmann）

1 | 导 言

7 | 1 国际关系的法律主义进路

31 | 2 国际争端的强制仲裁

47 | 3 国际法院的创立

73 | 4 习惯国际法的编纂

92 | 5 创制和平解决国际争端的新机制

113 | 6 美国在拉丁美洲、加勒比与远东地区的法律帝国主义政策

138 | 7 国际关系的泛美体系及其中美洲子体系

166 | 8 美国在第一次世界大战中的中立

195 | 结 论

208 ｜ 附 录　国际法与使用武力：超越机制理论

230 ｜ 注 释

284 ｜ 索 引

302 ｜ 译后记

导　言

当我还是在芝加哥大学跟随汉斯·摩根索学习国际关系的年轻人的时候，有一天我问他，如果我想成为该领域的专家，应该学习什么课程？摩根索简短有力且毫不犹豫地回答："学习历史！"无论正确与否，摩根索几乎没有使用过大量专业文献阐述所谓的国际关系理论，但他仍然被普遍认为是第二次世界大战后最伟大的国际政治学家之一。正如1961年7月汉斯·摩根索对这些理论家的警告："你会在知识世界里遇到各种思想，并且任何事物都能被很有把握地巧妙呈现。政治世界中，当思想遇到现实时，现实能够完全驳倒错误的思想，并把这些思想扔进历史的垃圾桶。"对摩根索而言，国际关系的真理只能在历史的细节中找寻。因此，我的研究也朝着这个方向。

我最终获得了芝加哥大学的政治学学士学位，因为当时除了学习国际法之外，我还想获得国际关系博士学位而不是外交史学位。不过，在芝加哥大学的最后两年，以及此后在哈佛法学院和哈佛文理研究院的七年里，我尽可能多地将历史课程塞进我的课程表。在获得所有这些正规的跨学科教育的整个过程中，我经常为历史学家、政治学家与法学教授之间如此缺少的交流感到震惊。无论当时还是现在回想起来，在我看来，所有这三个学科的成员都可以从彼此身上学习很多关于如何更好地完成各自的专业任务的知识。

特别令我震惊的是，专业的历史学家与政治学家花太多的时间去分析那些被认为是法律文件的资料：条约及其他类型的国际协议、相关会议记录、外交公报、法规、法院意见，等等。因此，在我看来，让专业法学家重新审视一下这些文件总会有一些价值，以便更容易理解它们以及还没有被历史学家与政治学家注意到的相关事件。

正如我所看到的那样，法学家相较于其他两个专业的成员，能够对法律文件的确切含义给予更加精妙的解释。至少，法学家对于文件的阅读应综合考虑它们的真实含义以及重要性。例如，法学家、政治学家与历史学家可由他们各自的专业训练来决定用不同的方式阅读、分析和解释国际协议。从我学生时代起的这些学术假设，被我后来作为两个主要国际和平会议的法律顾问的实践经验所证实。我在那里负责这些文件的分析、翻译、起草、谈判以及解释。

因此，我在这本书中重新审视了一些与20世纪最初二十五年间的美国外交政策行为相关的历史法律文件，以便进一步解释它们的意义及其相关的事件。我希望从跨学科的角度审视这些问题，以便更好地理解美国在这一时期的整体外交政策目标。因此，这本书并不旨在综合呈现20世纪初美国对外政策中的外交史。相反，我选择从国际法和国际组织的角度来观察美国在这一时期的外交政策。专业历史学家对这些问题的研究并不深入，并且几乎没有被政治学家所关注，因此对这段关键时期的美国外交政策的历史文献分析存在严重的空白。

在这个分析的过程中，我将涉及很多已经被专业历史学家透彻分析过的问题。既然我不想再重复同样的事情，那么我将避免对许多相关事实的详细描述。我假设自己的读者已经拥有20世纪初世界历史重大事件以及美国外交政策的初步基础知识。尽管如此，我还是希望这本书可以为这些问题提供一个有别于以往专业历史学家与政治学家的视角。我的基本观点是，20世纪最初二十五年美国外交政策的重要组成部分与重要助推力是向国际社会的其他国家积极推动国际法与国际组织的发展。

接下来，是在1898—1922年间美国对国际法与国际组织的外交政策简史。由于以下原因，我决定用"为国际秩序奠定基础"（laying the foundations for world order）这一隐喻来描述并概括这段历史经历。确切地说，1939年第二次世界大战的爆发证明，这些早期的法律主义努力并没有创造出一个稳定的国际秩序。因此，目前正在进行的后续工作必将涉及后继的下一代美国法律人对新的国际秩序的构建。然而，尽管1945年的美国

国际秩序：法律、武力与帝国崛起（1898—1922）

法律人肯定"参与创造"（present at the creation）了今天的国际秩序（即迪安·艾奇逊），[1] 世纪之交的美国法律人无疑为国际秩序的构建奠定了基础。

当美国政府开始构建二战后的国际政治、法律、经济和制度国际秩序时，它并不是写在一块白板上。相反，在1945年国际秩序的美国法律创造者是以1898—1922年他们的前辈打下的基础为根据。1945年美国法律创造者的国际秩序模型与1898—1922年法律奠基者所建构的保持着显著的连续性与一致性。

1945年国际秩序的法律创造者直接创立了旨在规范和减少跨国威胁和使用武力的国际法与国际组织"机制"。这些都是以美国政府在1898年美西战争刚结束至1921—1922年间国际联盟和国际法院成立的时间段内设想、提出并部分实施开展的外交政策为根据。美国政府在推行这些国际秩序政策时，是在当时美国国际法学界的积极领导及直接影响下运行的。这些美国的法律人以政治家、政府官员、顾问、外交官和国会议员的官方身份，也以教师、学者、律师和普通公民的身份工作。

1945年的美国政府恢复、依赖并实际执行了这些早先存在的计划。实际上，二战后国际法和国际组织中许多关于规范与减少跨国威胁和使用武力的制度都已经由美国政府和美国国际法学家在美西战争和第一次世界大战刚结束之间提出和创造。但可以肯定的是，这两者存在本质的不同，特别是在将已解散的国际联盟重新整合为联合国机构方面。不过，美国政府

导言

在 1945 年试图创造新的国际秩序的尝试与 1898—1922 年间的尝试非常相似。因此，这两个历史阶段都是政治学家所谓的"机制形成"（regime formation）或"机制启动"（regime initiation）。[2] 在这两个阶段中，美国政府都着手构建一个由国际法和国际组织组成的国际秩序，以预防战争、规范和减少跨国威胁及使用武力。[3]

当然，不能说 20 世纪初的美国政府在某种意义上是今天国际政治学家定义的"霸主"（hegemon）。然而，在当时美国国际法学家的影响下，美国政府着手构建这样一个机制，其明确目的是防止或阻止欧洲列强之间爆发重大战争，他们认为，这场战争将不可避免地把美国拉入其漩涡。他们共同担忧的是，除非建立国际机制，否则未来会把美国拉入欧洲列强与亚洲的战争，这在 1917 年与 1941 年都被悲剧性地证明是正确的。

显然，早期的美国国际法学家以及他们 1945 年的继任者想到了这一点。事实上，前者由于其所处的环境背景超出其所能掌控的范围而并没有成功实现他们的目标，但也不意味着他们的设想或努力有缺陷。可以肯定的是，这些早期的法律人无论在国内还是国外都走在了时代的前面。然而，他们当然不是天真、理想主义的或者乌托邦式的，他们在 1945 年的法律继承者也不是。实际上，1945 年国际秩序的构建者是在 1898—1922 年构建者的计划和工作之上完成对国际秩序的构建的，这以事实证明了后者的智慧、勇气与洞察力。

当美国参议院不接受《凡尔赛条约》并拒绝美国参加国

5

际联盟与国际常设法院时,这一国际秩序的早期法律主义理想遭到了美国参议院的否定。这需要新的一代人以及另一场残酷的世界大战说服美国参议院与美国民众相信,这一国际秩序的早期法律主义理想是美国政府长期乃至无限期追求未来国际关系的适当行动方向。对人类造成破坏与死亡的第二次世界大战使美国参议院、民众和政府相信,如果他们想要阻止另一场(也许是最后一场)世界大战,那么他们则不能再退缩到自华盛顿告别演说起美国就一直奉行的和平孤立主义与战时中立的传统政策。他们自1945年已经认识到1898—1922年这段时期的错误,并予以了纠正。然而,美国政府还是基本上回到了20世纪最初二十五年美国国际法学家所明确提出的世界秩序理想。

因此,1945年的创造者相当自觉而认真地实施了1898—1922年奠基者旨在阻止灭绝人类战争的计划。从此,世界大部分国家经历了长久的国际和平、安全、正义和繁荣,这是前者提议的联合国及其附属组织机构的直接结果。不过,非常有必要首先考察1898—1922年国际秩序奠基者的梦想、计划、方案和风险,以便很好地理解1945年创造者的源起、意图与规划。因为1898—1922年国际秩序奠基者共同的国际关系的法律主义进路塑造了自1945年至今所见到的世界秩序。

1
国际关系的法律主义进路

政治现实主义的信条

"现实主义"或强权政治的主要宗旨是:国际政治学界中国际法和国际组织在国家之间的重大利益冲突方面无关紧要。[1] 也就是说,国际政治高度重视的是关于民族国家、国际体系和人类本身的生存问题。根据政治现实主义者的观点,国际法不能也不应介入这些领域。如果要介入,它应该只是在一定程度上为基于诸如马基雅维利式的强权政治和国家利益等矛盾因素所作出的决定提供临时或事后的理由。国际关系的现实主义观点中,国际法在国际政治决策的功利主义演算中没有任何内在意义。

根据政治现实主义者的观点,国际法、道德、伦理、意识形态甚至知识本身,仅仅是权力方程的组成部分,没有指导意义或规定价值,必要时作为权力工具义务服务于国家重大利益。[2] 除了国家自身固有的局限性以及国际政治环境所施加的限制外,并没有针对国家贪婪本质的障碍。因此,对国际关系的分析必须集中于强权政治与国家利益的动态变化中。

现实主义者对国际法与国际组织的消极看法更多地来源于形而上学的思辨,而不是坚实的实证研究。现实主义者假设世界各国在霍布斯的自然状态下岌岌可危地生存着,国家的生存状态据说是"孤独、贫困、卑污、残忍又短寿的"。[3] 这个世界没有法律或正义,没有对或错的概念,也没有道德,只是各国在战争状态下与各国为生存而斗争。

根据现实主义者的观点,一个国家为了追求绝对的国家安全而牺牲其他国家获得权势的扩张,是其基本的权利、基本的律法和国际政治的基本事实。在强权政治、国家谋略、极权主义与核武器的马基雅维利的世界里,纯粹的物质生存必然成为检验人类政治、哲学、道德和法律推定的试金石。因此,国际法与国际关系中起作用的事务无关;在可预见的或遥远的未来,也不会与国际政治有关。

根据这一现实主义的信条,在国际法与国际组织要求下违背强权政治"铁律"(iron law)[4] 的政治家会招致侵略者的破坏,进而对在当今相互依存的世界中难以在大国冲突中保持中立的第三方造成破坏。从历史的角度来看,当政治家善意地将国际法与国际组织的决定性因素考虑在内,试图解决国际政治的重大问题时,暴力、战争、失败、死亡和毁灭发生的可能性就会增加。现实主义者的首要案例是伍德罗·威尔逊总统在第一次世界大战爆发后对国际关系的态度。

法律–道德主义的稻草人

1918年1月8日,威尔逊总统在国会参众两院联合会议上发表演说,提出美国政府结束第一次世界大战的战争目标与和平条件。[5] 这就是包含传说中的十四点和平原则的演说,这些原则的最后一点则为国际联盟这一联合国的不幸前身奠定了基石。威尔逊在那次及之后的演说中强调,战后世界中马基雅维利强权政治及其必要的配备:均势、秘密外交、贸易壁垒、军事竞赛、否定民族自决等,注定消亡。

一系列过时且危险并相互关联的指导国际关系的原则制造了灾难性的后果,必须由一套本质上完全不同的运行动力加以取代,即国际法和国际组织、集体安全、公开外交、自由贸易、海洋自由、裁减军备和民族自决。国际联盟将开启世界历史的新时代。野蛮强权政治的"旧世界"将作为人类生存的一个进化阶段而被抛弃,就像人类永远不会回到卢梭的自然状态一样。[6]

不幸的是,仅仅二十年后强权政治的世界就回来了。政治现实主义者将第二次世界大战的责任归咎于威尔逊和那些采取其"法律–道德主义"方法处理两次世界大战间隔期间的国际关系的西方政治家。[7] 根据现实主义的观点，这些西方领导人忽略、谴责并否定强权政治手段，赞成用反强权政治方法处理国际关系，而事实恰恰相反。

《凡尔赛条约》，[8] 特别是它的第一部分《国际联盟盟约》并不是协约国领导人所说的真正的真理、正义、和平与正当的完美化身。相反，这些仅仅是由第一次世界大战的战胜国设计的强权政治工具，在第一次世界大战停战后尽可能地用法律与制度进行强制和控制，以确保和延续有利的政治、经济和军事现状。该条约是在使用武力的情况下达成的，这与威尔逊在十四点和平原则演说及后续演说中给予劝诱投降的明确承诺是相违背的。[9] 如果世界人民相信别的什么，那么他们就会被自己的领导人欺骗性的操纵性的意识形态话语所严重欺骗，从而煽起爱国热情的火焰，以加速战争的圆满结束。

现实主义者说，如果凡尔赛的战胜国想要保住它们的不正当利益，则必须动用军事力量对付无论何时可预见的试图抵制所谓和平条款而复仇的德国。但是，西方民主国家缺乏尼采式的权力意志。与其通过斗争来维持霸权，它们宁愿沉浸在自己的幻想中。它们把自己的信念注入诸如威尔逊十四点和平原则、凯洛格-白里安非战公约，[10] 及其衍生品史汀生不承认主义[11] 等毫无意义的声明中去；注入诸如国际联盟和国际常设法院的无效机构中去；注入诸如中立、裁军、仲裁与判决等无用的法律—道德主义学说中去；注入诸如国际法的编纂以及对侵略定义的阐述中去。也许最令人惊讶的是，西方的政治家们实际上相信存在一个友善的世界舆论会神奇地将世界带上和平的道路。

根据现实主义者的说法,如果西方政治家关注的是强权政治的历史要务,而不是被不切实际的国际法和国际组织所诱惑,那么第二次世界大战可能永远不会发生,或者会发生在1930年代中期,只不过那时的破坏性可能会小很多。他们本可以按照自己的条件,在自己选择的时间进行战争,而不是由他们的对手决定。第二次世界大战实际上是西方民主国家自己造成的。

另外,政治现实主义者认为,第二次世界大战后"共产主义的威胁"类似于法西斯主义的威胁,美国只有否定其在国际关系中的根深蒂固的法律—道德主义进路,拥抱纯粹的马基雅维利的权力政治,才能在所谓的冷战期间与苏联集团的对抗中生存下来。在冷战的政治环境中,西方民主国家如果希望避免自杀式的第三次世界大战,就不能重蹈它们第一次世界大战结束后几乎致命的覆辙,即依靠国际法与国际组织虚假和虚构的力量维持世界和平。

这种政治现实主义的"信条"从冷战开始就对美国外交政策的制定和实施产生了决定性影响,通过其随后的发展一直延续到冷战结束后的今天。事实上,尽管经历了华沙条约崩溃和苏联解体,政治现实主义也仍然主导着美国外交政策的决定机构。而且,在即将到来的下一个千年里,几乎没有证据表明对政治现实主义在美国外交政策中的作用有任何重大的重新评估。

国际秩序：法律、武力与帝国崛起（1898—1922）

国际法实证主义

政治现实主义者为了支持他们的信条，不断援引乔治·桑塔亚纳（George Santayana）的陈词滥调："那些不记得过去的人注定要重蹈覆辙。"[12] 那些误解过去的人，同样也有可能重蹈覆辙。因为与现代国际政治学家的根本假设相反，美国对国际关系的"法律主义/法治主义/守法主义"（legalist）进路并不始于第一次世界大战爆发时或之后，而是在此之前。这种历史性的过失导致政治学家犯了严重的分析错误，混淆和复杂化了国际法实证主义研究与国际道德追求，从而创造了一些虚幻的法律—道德主义稻草人，为上述马基雅维利式的"诸侯之罪"辩护。[13] 美国在20世纪并没有统一的法律-道德主义进路来处理国际政治。这恰恰因为现代法律主义进路是有目的性地对国际关系进行设计和建立，其运作方式与道德主义者或道德主义对外交事务的态度截然相反。

世纪之交的美国国际法学家有意将法律与道德区分开来，显然是为了克服约翰·奥斯汀（John Austin）的反对意见，他否认国际法是真正的"法律"，并坚持认为国际法代表了"实证道德准则"（rules of positive morality）。[14] 19世纪末20世纪初，美国国际法学家积极投身于严格区分"科学"（scientific）或"实证主义"（positivist）方法与格劳秀斯自然法遗产和倾向。他们想最终彻底否定过去国际法中的格劳秀斯元素,即那些代表着自然法化身的并以国际法面目示人的国际道德。正如这些国际法律人所看到的那样,国际法研究必须不可逆转地向20世纪迈进,并在实证主义方法的基础上发展成为一门实际的国际公法学科,而这与过时的自然法和自然权利理论的内容和方法相对立。国际法专业人士继续依赖这种飘渺的概念,只会为奥斯汀的众多门生否定国际法是真正的"法律"提供思想上的弹药。

20世纪初,这一国际法实证主义的经典"范式"[15]——在近九十年后仍然占据着学界的主导地位[16]——被早期美国法律人奉为权威的著名的剑桥大学威维尔国际法教授(Whewell Professor of International Law)拉萨·奥本海(Lassa Oppenheim)在《美国国际法杂志(1908年)》的第二卷予以阐述。[17]"实证"的方法必须基于现有的和公认的国际法规则,这些规则被国际习惯和国家间缔结的正式公约予以阐明,而非基于一些不存在的自然法或自然法的哲学思辨。前者关于国际生活的事实绝不能被后者关于国际法"应该"是什么的假设所扭曲。

真正的国际法实证主义者为了促进国际公法学科,必须落实七项工作:(1)阐释现有的法律规则;(2)历史研究;(3)批评现行法;(4)编纂法典;(5)保持旧的习惯规则与新的蕴含在条约中的法律规则的区别;(6)促进国际仲裁;(7)普及国际公法。美国法律人坚信,国内舆论可以影响政府,并促进国际法与国际组织的发展。

这种实证主义的方法并不宣扬国际法不应关注道德价值观

的提升。相反，它直截了当地建立在这样一个前提之上，即国际法实证主义——有别于格劳秀斯的自然法传统——构成了向国际法研究的亚里士多德式"最终目的"迈进的最佳手段，即在给定的历史条件下，最大限度地维护各国之间的和平。据说，国际法实证主义被认为比格劳秀斯自然法道德教条更有利于国家间就当前和拟议的国际行为规则达成一致，而后者总是试图掩盖国家利益并认可民族偏见。因此，国际法实证主义有助于减少不可避免的摩擦，从而改善国家在国际关系中不可避免的冲突。

世界历史的这个时代，战争、帝国征服以及威胁和使用武力都是公认的国际生活事实，这些事实也是国际公法规则需要迅速适应的。[18] 美国人尚未认识到国际法的目的是将这些国家间的暴力行为定义为非法，而是更简单地认为国际法的目的是减少国家间暴力的发生率、降低其凶险并限制其范围，以保护中立国——特别是美国——从而防止世界性的灾难。国际法从来不被认为是一种超然与自身的目的，而是实现人类和平最终目标的一种手段。[19] 在国家之间的关系中建立一个更公平的制度，将有利于维护世界和平，从而有助于提升全人类的价值观。

此外，促进国际法和国际组织的发展非常适合实现美国外交政策的目标，该政策建立在和平中保持孤立主义、在欧洲和亚洲大国之间的战争中保持中立的双重假设之上。在这一点上，提倡国际法和国际组织只是美国的权宜之计。当美国还不是政权理论霸主的时代,对国际关系采取法律主义进路是完全合理的。1898—1922年间,美国外交政策机构坚持认为,国际法和国际组织是促进国家利益的有效手段。事实上,倡导国际法和国际组织被定义为美国在这一时期的"切身利益"(vital interest)。在当时的文献和实践中,促进国际法和国际组织的发展与门罗主义的重要性是一样的,二者都对美国外交政策的制定和实施具有重要意义。

国际法背后的制裁

从世纪之交的国际法实证主义角度来看,奥斯汀错误地假设国际法与国内法按照类似的方式运行,这犯了严重的方法论的差错。正如早期美国法律人所看到的那样,这两个体系之间存在明显的区别。前者基本上是习惯法;后者以成文法为主要特征。显然,两个体系的运行特征是截然不同的。分析者不能用评价国内法体系的标准和技术来评价国际法的有效性。这一早期法律实证主义的批判可以被当时的国际政治学研究的所谓的层次分析问题的文献所证实。也就是说,国际关系相比于国内事务在功能动态方面基本上是不一样的,所以无法恰当地对两者进行合适的类比。[20]

根据早期实证主义国际法学家奥斯汀的观点,国际法不过是实证的国际道德,服从国内法的背后的"制裁"也被误解为本质上是一些霍布斯式的绝对主权者所施加的强制和惩罚,更恰当地说,而不是基于国内公共舆论的有效影响。在不考虑公共舆论力量的情况下,任一层面分析习惯法现象,不论国际还是国内(如英美普通法)都无法解释,除非或者通过"君主允许什么,他就命令什么"这一虚构的格言才能得以解释。既然在国际关系中没有霍布斯式的主权者,习惯国际法约束各国是因为他们被视为同意受其规则中所体现的国际交往的一般习惯和惯例的约束。

因此,国际法的最终制裁是社会舆论,这当然包括对战争的恐惧,以及对诉诸战争的压力。国家对受国际法约束的明示和默示的同意也对其各自的公民具有约束力,因为国际法已纳入其国内法律秩序。公民在彼此之间以及与外国人的相互关系中受其规则约束。[21] 通过不断增加的互动和相互依存的程度,这种由遵守国内和国际法规则的国家构成的共同体的繁荣可能会产生真正的全球舆论,这将成为国际法的最终制裁力量。[22]

用更具体的术语解释就是,国际法背后的真正制裁是将一个违反其原则的国家排除在与其他国家和国际机构就其国家利益的重大关切进行协调所产生的利益之外。国际法学家肩负的"新外交"任务是建立国家间的合作框架,在该框架内,通过国家联合行动可以获得实质性的优势,而这些优势是国家单独行动无法实现的。国家联合行动则可以取得实质性优势。这一国际法网络将变得非常强大,以致任何国家都不会考虑通过诉诸战争来扰乱它。不幸的是,战争仍然是国际体系的一个暂时特征,尽管存在暴力的敌对行动,但这些法律和制度关系模式仍然可以生存并发挥作用。[23] 在世纪之交,国际交往的需要已经要求国家向万国邮政联盟等国际行政机构提供不受任何国家否决的有限权限和行动权。尽管各国极不情愿赋予这些机构更多的权力,但正是在这个方向上,早期的实证主义法学家预见到国际关系将朝着实现世界和平的方向发展。[24]

也许在遥远的未来某个时候,一个世界联邦政府可以根据美国的功能模型组织起来,世界各国都将接受一个类似于美国联邦各州的半主权地位。[25] 此后,一部世界联邦法律可能会支配国家之间的关系。这就需要建立某种形式的世界政府,该政府拥有足够的立法、司法和行政权力,以颁布、裁决,并在必要时以一种不会引发全球战争的方式对不服从的国家执行国际法。惩罚罪魁祸首将被所有其他参与者接受为合法的,因为每个国家都已经同意接受这样的治理。[26]

主权同意原则

这一世纪之交的国际关系的法律主义分析在许多方面构成了二战后国际政治学的当代"功能一体化"(functional integrationist)学派的真正前身,[27] 反过来又成为20世纪末当代国际政治学"机制理论"(regime theory)学派的理论出发点。[28] 然而,为了克服霍布斯学说,即(1)由于主权者的意志是所有法律的根源，和（2）没有主权者就没有法律，20世纪初的国际法实证主义屈服于同一个故事的另一版本：主权者同意的概念是国际关系合法性的唯一基础。20世纪初，主要依赖习惯国际法和条约国际法所体现的主权同意原则对于反对奥斯汀否认国际法为真正的法律是有用的，因为从理论上讲，主权同意是一个有形因素，其存在可以被客观的标准所决定，从而避免了以国际公法的名义宣扬格劳秀斯的自然法道德。

然而，在世界进入下一个千禧年之际，固执坚持主权同意作为国际法合法性的基础已经给国际法实证主义造成了严峻困境。今天，世界各国正在努力应对国际关系体系的逐步演变，这一体系需要摆脱主权同意概念——正是因为该原则的神圣化为国际体系中每一个参与者提供了对制定新规则的固有否决权，而国际体系需要主权同意的替代原则，即建立在对国家行为的相互期望之上的共识原则。主权同意原则作为国际法和国际政治的正当性基础，并不是什么神圣不可侵犯的，除了将其与霍布斯、洛克和卢梭等社会契约理论家将公民同意作为政治合法性的基础进行类比。但是，他们这样做的目的是为了削弱基督教在西方政治哲学中所扮演的合法性角色。[29] 然而，这一类比从另一个角度提出了层次分析的问题：也许在国内事务体系中，公民同意原则仍然以期望的方式运作；但在国际关系体系中，主权同意原则已被证明越来越不可行。

法律主义与现实主义

早期的实证主义国际法学家明确接受了马基雅维利式的关于将世界事务分为"实然"（有效真理）与"应然"（假想真理）的经典二分法。[30] 他们选择将国际法划分为前一类，并将格劳秀斯的自然法道德划分为后一类。这种将法律归类为有效而非假想真理的做法得到了马基雅维利本人的积极支持。[31] 对实证主义国际法学家来说，任何法律体系的效力都必须依赖于某种潜在权力来源的存在，无论本质上是军事的、政治的、经济的还是意识形态的。因此，国际政治学家谴责国际法实证主义者对权力现实的无知或无视，恰恰表明了前者对后者霍布斯式和马基雅维利式假定的完全无视。

本书将证明，从美西战争直到建立国际联盟和国际常设法院这一关键时期，美国国际法学家对于国际法和国际组织在世界政治中实际和潜在作用的主流态度不是天真的、理想主义的或乌托邦的；相反，对于国际关系中权力与法律之间相互动态关系的理解是非常现实的，也是相对复杂的。世纪之交的美国国际法学家并不回避提倡在全球范围内强力推行的美国权力，无论是作为总统、国务卿、战争部长、司法部长、参议员、众议员、大使、外交官、教授还是律师。如果说与过去有什么不同，那就是他们都太倾向于支持和鼓励美国政府在西半球规划和执行帝国主义事业，并通过阐释支持此类政策的论据和使其合理化推进这一进程，他们通过制定和解释国际法规则维护国际和平与安全的要求证明了这一点。

20世纪初，美国人普遍表现出一种明显的倾向，即认为国际法是满足其国家自身利益所必需的一切。[32] 在这方面，美国国际法学家与他们强烈民族主义的同胞基本没有不同。当然，对于1898年美西战争也有着很多法律主义批评。[33] 但此后，除了明显表达一些悔意、懊恼或异议外，从那些被认为是训练有素并且对真正的国际法秩序需求敏感的人的角度来看，美国国际法学家作为一个团体，并没有对美国帝国主义外交政策的整体行为进行系统甚至重大的批评。

法律主义思想

17　　作为一个团体，美国的国际法学家和政治家们相信"白盎格鲁-撒克逊种族"（white Anglo-Saxon race）或"条顿种族"（Teutonic race）人（即美国人、英国人、德国人）的固有优越性。一般来说，大多数人都是亲英派。早期的美国法律人也相信有色人种的固有劣等性，不论在拉丁美洲、非洲、亚洲还是美国本身。[34] 当时的法律主义观点认为，肤色较深的人不合适自治。可以肯定的是，法律人支持作为抽象命题的"民主"（democracy）。但是，没有足够的证据表明，他们重视或者尊重寻常、普通、平凡的美国人的意见或困境,更不用说深色皮肤的外国人。这些美国法律人是精英阶层的一部分,他们是精英中的精英。[35] 在很大程度上,今天的情况也是如此。

多数早期的美国法律人——当然是其中最突出的——被视为共和党的代表。他们曾在麦金利、罗斯福、塔夫脱和哈定政府的许多部门任职。有些人也曾在威尔逊行政当局担任一个或多个职务。在他们的思想中,有一种强烈的公共服务精神。毕竟,美国应该是一个法治政府,而非"人"治政府。正如这些早期法律人所认为的那样,律师是当时管理美国国内事务和国际关系的训练有素的专业群体。

然而,无论是民主党人还是共和党人,都同样追求国际关系的法律主义进路。在20世纪20年代之前,两党对法律主义信条遵守一直是非常一致的,直到当时的法律人就美国是否应该加入国际联盟、如果加入以及加入的条件是什么产生严重分歧。即便如此,几乎所有的民主党人和共和党人、赞成和反对联盟的人都赞成并支持美国加入国际常设法院。正如他们所认为的那样,这个世界法院是"美国法院";据说,这是美国给整个世界的伟大礼物。

可以肯定的是,在这个历史时期,美国政府所有部门大规模地与美国国际法学家进行合作是意料之中的,因为后者的技能对管理美国外交政策所造成的复杂性至关重要,而当时美国的外交政策正努力调和新帝国主义的必然要求和根深蒂固的孤立主义之间的张力。例如,麦金利选择伊莱休·鲁特(Elihu

Root）做他的战争部长，尽管鲁特声称自己对军事事务一无所知，因为总统想要一名法学家负责管理1898年与西班牙战争中征服的领土。[36] 因此，世纪之交的美国国际法学家是从美国政府的外交政策机构内部，而不是相反，将他们对国际关系的独特视角应用于政策制定过程。事实上，在美西战争与国际联盟、国际常设法院建立之间的过渡时期，美国国际法学家作为一个团体对美国外交政策的形成比自共和国成立以来的任何一个时期都有着更深远的影响。因此，我们必须转向这个历史时代，以描绘经典的美国国际关系"法律主义"进路的典型元素。

作为美西战争回应的法律主义

在美国国际关系中独特的法律主义进路的发展进程里，最具影响力的事件是1907年在新成立的美国国际法学会的主持下出版了英语世界第一份专门研究国际法的期刊——《美国国际法杂志》（American Journal of International Law）第一卷。[37] 美国学者和国际法实践者由此创立了重要的平台，从中可以明确阐述对国际关系的一种本质上的法律主义分析，而这种分析的目的与政治学家所采取的方法有所不同。[38] 美国国际法学会及其杂志的诞生，可以归功于美国在1898年与西班牙的战争中的经历。突如其来的决定性的胜利所带来的振奋之情激发了全国各界对国际事务的关注,并在美国国际法界产生了一种强烈的需要,即需要一个组织和一份出版物来阐述美国崭新而广泛的国际关系中的法律问题。[39]

当然,在这短暂的冲突之前,美国并没有完全被束缚于华盛顿的告别演说和门罗主义所编织的孤立主义之茧中。[40] 美国至少参与了两次对西半球造成重大影响的正式国际战争:1812年战争和1846年墨西哥战争。前者表面上的原因是美国需根据国际法维护其权利,反对英国在与法国的战争期间对美国人施加影响并干涉中立航运。[41] 美墨战争显然是旨在夺取今天美国西南部的大部分地区,以完成整个大陆扩张"天命"(manifest destiny)的帝国主义事业。[42] 针对美国原住民的无数次远征也完全可以归入大陆帝国主义扩张的范畴,尽管一些法律人认为,对"印第安人"土地的侵占不值得任何尊重,对他们的征服因此算不上帝国主义行为。[43] 然而,这些争端对同时代全球政治环境的影响与1898年美西战争对美国和世界造成的惊人影响相比微不足道。

这个衰败的西班牙帝国几乎被战争瞬间瓦解,美国接管了它在古巴、波多黎各、关岛和菲律宾的帝国统治。[44] 美国获得的前两个殖民地位于加勒比海中心地带,是中美洲的入口。从那时起,为了促进巴拿马运河的修建,美国几乎不可避免地干涉哥伦比亚,以鼓励和确保巴拿马的独立;[45] 为了证明美国对多米尼加共和国的经济接管是正当的,扩展门罗主义的罗斯福推论颁布了;[46] 还有,根据普拉特修正案对古巴再次进行军事占领。[47]这些事态的发展为美国对中美洲和加勒比海国家持续不断的帝国主义干涉铺平了道路。这些国家在整个20世纪一直困扰着美国对巴拿马运河沿岸地区的外交政策。

在世界的另一边,接管菲律宾的决定促使美国直接介入东方事务,欧洲列强已经在那里表明了各自的殖民地主张,[48]因此,美国间接进入了欧洲的均势体系。美国在这个地区维护并扩展其地缘政治和经济地位的努力,特别是对中国"门户开放"政策的推进,从根本上造成了与日本严重且长期的摩擦,并最终导致了四十年后的珍珠港事件。

然而,在第一次世界大战前的国际关系时代,美国国际法学家面临的主要哲学困境是如何将始于美西战争的美国世界帝国主义与美国外交政策的传统理念相调和,这些传统理念被认为是基于个人不可剥夺的权利、人民的自决权、国家的主权平等和独立、不干涉、尊重国际法以及和平解决国际争端。例如,美国国际法学界内确实有少数人怀有反帝国主义情绪,支持美国殖民领土沿着比利时的路线"中立化",以便将它们从现存的国际争端区域中移除。[49]但大多数法律主义观点认为,美国帝国主义和战争一样,是国际生活不可逆转的事实,必须以自己的方式处理。[50]然而,即使在主流的法律主义观点中,美国式帝国主义是可以通过承认美国帝国政策的真正目的而与美国的理念相协调的,这一目的与欧洲不同,绝不是领土扩张和经济繁荣,而是最终实现所有如今生活在美国帝国内外的人们的自由、独立、尊严和平等的美国梦。[51]这些目标可以通过积极推动国际法和国际组织为世界其他国家提供服务的外交政策,以一种符合美国对其国家安全利益的广泛定义的方式得以实现。

否定欧洲均势体系的法律主义

临近世纪之交,美国人对欧洲国际政治的分析是通过"均势"(balance of power)这一概念进行的,这一现象被认为是旧世界各国之间国际关系的决定性因素。与之相反,相对于在整个19世纪凭借英国海军在欧洲大陆上施展马基雅维利式强权政治的权谋,美国依然占据"光荣孤立"(splendid isolation)的幸运地位。[52] 诚然,欧洲的均势体系已经在世界范围内取得了成功,包括在其掌控下正在衰落的奥斯曼帝国、[53] 非洲、[54] 近东、中亚、[55] 印度、东南亚、中国、日本和太平洋地区。正如法律人所看到的那样,只有门罗主义和罗斯福推论才能阻止欧洲重新确立对拉丁美洲的控制。而且,尽管欧洲势力在远东地区存在,但美国保持的"门户开放"(open door)政策在某种程度上让所有参与中国经济剥削的国家都能为该地区保持力量平衡。

世界其他地区的命运是:注定不幸地成为欧洲列强和日本之间激烈对抗和周期性冲突的竞技场。在这场全球范围内争夺殖民地的斗争中,国际法规则除了通过承认"被保护国"或

"共管地"等被征服领土的正式法律地位,从而为帝国征服过程赋予某种合法性和秩序之外,几乎没有适用性,尤其当在被征服领土上一个或多个帝国主义列强的独占或霸权地位可以由其同伴明确默许。[56] 然而,即使征服殖民地的过程中,组建和平解决国家间争端的新国际机构能够通过司法的方式缓和列强之间的帝国主义争夺,从而避免开启不必要的系统性战争。

尽管在美西战争之后,美国极力主张在西半球采取坚决干涉主义的外交政策,但在很大程度上,绝大多数美国国际法学家并不认为美国应彻底背离华盛顿演说中的明智建议,积极参与欧洲的均势体系。正如法律人所看到的那样,美国既有优势又有义务避免在欧洲相互竞争的联盟体系之间选边站队,因为这样的选择很容易使美国为另一个国家的利益而陷入战争。特别是,随着奥斯曼帝国的瓦解以及奥地利在1908年吞并波斯尼亚和黑塞哥维那使得"巴尔干问题"重现,俄国和奥匈帝国以及它们各自在塞尔维亚问题上的盟友之间即将开展一场影响深远的斗争。[57] 欧洲发生大战时,孤立主义将确保不会危及美国及其在远东地区新获得的财产以及在拉丁美洲的霸权地位,而国际中立法则将允许美国商人从与众多潜在交战国的贸易中获得可观利润。

美国国际法学家们尽管接受了和平孤立主义与战时中立原则,但这并没有促使他们支持美国政府在世界政治外交中无所作为。[58] 相反,法律人认为,对美国而言,奉行向国际社会成员积极宣传国际法和国际组织的外交政策至关重要,其明确目的是防止一场可能将美国卷入的全面系统战争，正如1812年发生的那样。这项任务可以通过美国的外交政策来完成，该政策旨在使欧洲均势体系的运作方式发生根本性转变，即从不断威胁和使用武力转变为依赖和平解决国际争端的新国际法规则和新机构。[59]

美国占据了理想的外交地位，代表世界率先实行这样一个预防战争的方案，正是因为它使美国在非直接关涉自己利益的大国强权政治中保持传统的孤立主义。美国与欧洲列强的天然脱离可以减少各自的民族主义怀疑，而这些怀疑往往会不可避免地伴随并经常挫败重大外交举措。美国可以通过保持距离以及在促进国际法和国际组织方面的领导地位来最安全有效地保护自己和整个世界。美国不应放弃这一道德制高点，通过成为欧洲均势体系的正式成员来掌握并运用危险的强权政治武器。

世界政治的法律主义预防战争方案

鉴于美国遵守和平孤立主义与战时中立的基本承诺所造成的固有局限性，美国在第一次世界大战前对国际关系采取法律主义进路似乎在其方向上具有激进性和全球性，这似乎在当时的情况下是可以合理预期的。如果有什么不同，美国国际法学家在国际主义道路上走得更远、更快，领先于大多数孤立主义外交政策的制定者，他们真诚地相信，美国必须在国际法和国际组织的基础上,为欧洲大国以及日本制定一项预防战争方案。随着四分之一世纪的形成和成熟,美国国际关系的法律主义进路在从美西战争到建立国际联盟和国际常设法院之古典时代实现以下具体目标:(1)建立通用的解决国家间争端的强制仲裁体系;(2)建立国际法庭;(3)将重要领域的习惯国际法编纂为条约的形式;(4)裁减军备,但仅在缓和国际紧张局势之后再通过这些或其他法律技术和机构;(5)将国际社会中所有国家定期召开和平会议的实践制度化。[60]

此外,尽管制定了上述预防性法律主义策略与制度,美国法律主义方案的一个附属要素是加强既有的、中立的国际法机制和武装冲突的人道主义法,以便进一步使国际社会的大部分地区——特别是美国——隔绝于欧洲列强之间在未来仍然可能爆发的战争。美国国际法学家谨慎地押注欧洲列强爆发全面系统性战争的可能性。一项以促进国际法和国际组织为基础的外交政策非常适合推进一个不结盟贸易大国的国家安全和商业目标,该大国为了自身利益而希望防止世界大战的爆发,或者为了自身利益而希望远离任何正在进行的世界大战。

从理论上讲,这五个法律主义步骤是以一种大致的顺序完成的,因为每个阶段在某种程度上都取决于先前目标的实现。但在实践中,由于它们高度相互依存和相互支持的性质,所以它们大致都在同一时期进行。第五个阶段的实现将是建立世界基本立法机构的第一步,当它与有效的世界法院联合起来时,将构成模仿美国联邦政府立法、司法和行政部门的世界政府机构所需分支机构的三分之二。[61] 然而,直到第一次世界大战结束为止,美国国际法学界没有花太多的时间、精力或资源来建立一个行政性的"执行和平联盟"(League to enforce peace),使该联盟配备一支有效的国际警察部队,并且必然伴随着大国某种程度的逐步裁军。[62]

可以肯定的是,这样一个有远见的目标得到了一些美国国际法学家的认可,成为国际关系长期发展的理想目标。[63] 然而,当时似乎存在一个普遍的共识,即绝不能让这样一个建立世界政府的计划减损上述更为切实可行的议程的立即实现。此外,20世纪初具有强烈民族主义的美国国际法学家没有任何意愿或打算将美国的"主权"交给任何超国家组织。[64]

不是一个白日梦

虽然诚然影响深远,但在20世纪之交,美国立足于促进国际法和国际组织的世界政治预防战争方案似乎更有可能获得最终成功,因为第一次世界大战前的国际关系体系相对同质化——至少与第二次世界大战后如此典型的地方异质性相比。[65] 早期的国际法学家和政治家实际上是从一个由国家组成的国际共同体的角度来思考的。[66] 基本上,这个国际共同体由欧洲、北美洲、南美洲和中美洲、奥斯曼帝国[67]及日本[68]组成。世界其他地区被认为是列强之间激烈殖民竞争的竞技场,为减轻和管理不可避免的帝国冲突，上述法律机制显得更加重要。

所有这些国家都参与到同样的国际政治和经济关系体系中，并受到同一套欧洲国际公法的约束。除日本之外的所有主要参与国有着共同的文化遗产，这些遗产源自《旧约》、希腊、罗马、中世纪基督教、文艺复兴与宗教改革、欧洲启蒙运动、工业革命、法国大革命和拿破仑战争，以及欧洲各国 19 世纪通过相互同意和谈判而确定的世界政治事务"协调/协作"（concert）传统。就国际关系而言的美国法律主义预防战争方案，旨在为 20 世纪和人类的下一个千年缔造更加稳定和安全的世界秩序奠定坚实的基础。这绝不是一个白日梦，而是一个可以在不久的将来成功实施的切实可行的计划，通过强有力的美国领导能力采取行动，为欧洲大国和日本带来合理明智的自我利益。

2
国际争端的强制仲裁

在19世纪末20世纪初的美国，许多具有世界政治实践经验的人真诚地认为：有效的国际争端强制仲裁机制可以成为各国诉诸战争的可行的替代品。当然，为国际仲裁创造可行的"制裁"仍然是一个切实的问题，而仅支持普遍遵守国际法的世界舆论是远远不够的。然而，出于国家自身利益和安全的考虑总是首先将国际争端提交仲裁，因此遵守仲裁裁决的记录也就相当不错[1]，而且今天仍然如此。

在发生不太可能发生的不遵守仲裁的情况下，由中立的第三方采取外交、政治或次于战争的经济报复，或对不服从的国家使用武力，足以促使其服从仲裁裁决。[2]1898—1914年的国际关系见证了20世纪国际仲裁运动的顶峰。事实证明，执行仲裁裁决几乎没有什么问题，因为各国为了明确和理性的自身利益诉诸仲裁并忠实地遵守裁决。

国际秩序：法律、武力与帝国崛起（1898—1922）

早期的先例

美国支持国际争端的和平仲裁的历史可一直追溯到共和国成立之初。[3]1794年，与英国所谓的《杰伊条约》（Jay Treaty）解决了美国独立战争遗留下来的许多问题。[4] 根据《杰伊条约》设立的混合索赔委员会，是解决与英国之间就阿拉巴马号（Alabama）索赔的先例，该案起因于美国内战期间南部邦联袭击者在英国港口建造与装配船只。[5] 美国与英国于1871年5月8日签署《华盛顿条约》，在日内瓦设立仲裁法庭，并最终裁定给美国1550万美元作为南部邦联袭击者对联邦贸易的直接损害赔偿。[6]

日内瓦仲裁法庭在化解两个大国之间有可能演化为敌对行动的争端方面的成功是推动国际社会在整个19世纪剩余时间推进强制仲裁国际争端运动的动力，这一动力一直持续到第一次海牙和平会议。日内瓦仲裁也催生了国际法研究所和国际法协会。[7] 这两个非政府国际组织如今仍然积极促进国际法，并推动世界各地国际法学家和平解决国际争端。

遵循"日内瓦精神"，1897年1月2日，在克利夫兰（Cleveland）政府期间，美国和英国签署了《奥尔尼-庞斯富特条约》（Olney-Pauncefote Treaty）。[8] 该条约构成了两国之间的一般仲裁协议，旨在涵盖两国间可能出现的几乎所有类型的争议。

在克利夫兰总统及其国务卿离任后，新任总统威廉·麦金利（William McKinley）表示支持该条约。但是，参议院外交关系委员会修改了该条约，使其不再有意义。特别是参议院的规定——这将困扰所有美国未来的仲裁条约——参议院必须有三分之二的议员提供进一步的建议和同意才能根据条约的条款将任何特定争议提交仲裁。[9]换句话说，一般的仲裁条约不够，还需要一个特别条约。

在随后的20世纪进程中，美国参议院一再顽固地坚持对根据宪法第二章第2节第2款所赋予的宪法权利进行狭隘和短视的解释。这种嫉妒和自私的态度将导致《奥尔尼-庞斯富特条约》与许多其他旨在和平解决国际争端以及促进整个国际法和国际组织的国际协议的失败，包括《凡尔赛条约》《国际联盟盟约》和国际常设法院。即使在今天，参议院仍然拒绝就国际法发展、和平解决国际争端、建立国际机制和体系以及促进人权的许多条约给予建议和同意。事实上，参议院同意的极少数人权条约基本上都已经被修改，不再有意义。[10]

第一次海牙和平会议

第一次海牙和平会议是在沙皇尼古拉斯二世的倡议下召开的。[11]美国政府决定接受俄国沙皇1898年8月24日的邀请，参加国际和平会议，考虑减少军备和维持一般和平。尽管美国当时从严格法律意义上讲同西班牙仍在交战,[12] 但根据俄国明确的保证,该战争不会在会议上讨论。[13]1898 年 12 月 30 日俄国外交部部长的通告照会第 7 条提出了会议的拟议方案,倡导"原则上接受"斡旋、调停和"适用于此类情况自行解决的非强制仲裁,以防止国与国之间的武装冲突"。[14]

尽管美国参议院新近否决了与英国的《奥尔尼-庞斯富特条约》,[15] 但麦金利的国务卿约翰·海伊(John Hay)热情地赞同俄国的主张,并指示出席第一次海牙和平会议的美国代表团提出根据美国最高法院的形式组织常设国际法庭的方案。[16] 根据这项方案,每个缔约国在常设法庭上有一名代表,该法庭将始终为缔约国或希望求助的其他国家开放立案。[17] 缔约国可以向法庭提交它们之间的所有分歧问题,但与其政治独立或领土完整有关的问题除外。

不过,在会议上美国代表团的结论是:对争端进行强制仲裁的规定,即使有明确的豁免,也不太可能获得其他与会国的同意。因此,他们要求并得到美国国务院的许可,删除提议的法庭管辖权的强制性。[18] 正如最终提交给大会的那样,美国计划建立这样一个常设国际法庭,规定签署国之间的所有分歧,经共同同意,可由利益相关国家提交给国际法庭裁决,该裁决必须被各方接受。[19]

然而,尽管发生了这种变化,第一次海牙和平会议还是倾向于选择英国的一项提案,该提案要求选出一个不开庭的法官小组,除非实际需要进行诉讼。[20] 这项英国提案为随后通过的海牙常设仲裁法院（PCA）计划奠定了基础。尽管如此，美国方案中的一些要素还是融入了常设仲裁法院的构建。[21] 最终，第二次海牙和平会议重启并原则上采纳了美国提出的和平解决国家间争端的常设国际法庭计划。

1899 年第一次海牙和平会议上，与会国没有支持一项要求强制仲裁各国之间所有争端的一般多边公约，更不用说政治上的重大争端。[22] 即使是对于政治影响不大的少量争端，德国也坚决反对设立一项针对该类争端的强制仲裁的一般多边公约。[23] 就连美国政府也坚持要从沙俄的一份拟议主题清单[24]中删除被认为适合强制仲裁的主题，这些主题涉及河流、跨洋运河和货币问题的国际公约。[25]

德国基于军事考虑，坚决反对强制仲裁原则。[26] 与任何潜在对手相比，德国能够在更短的时间内动员军队进行战争。因此，德国接受强制仲裁将使其对手在仲裁进行时有更多的时间调动军队，从而使德国处于战略劣势。回想起来，德国在第一次海牙和平会议上对强制仲裁的反对不祥地预示了 1914 年夏天第一次世界大战的爆发。[27]

无论如何，因为海牙和平会议是在各国主权平等原则的一致基础上进行的，德国对强制性争端仲裁原则的反对被证明是致命性的。因此，第一次海牙和平会议不得不满足于建立完全自愿的常设仲裁法院。常设仲裁法院是依据第一次海牙会议缔结的 1899 年和平解决国际争端公约而设立的，其他一些新的程序和机构一并在下文会有更详细的讨论[28]。

国际秩序：法律、武力与帝国崛起（1898—1922）

常设仲裁法院

  常设仲裁法院过去和现在都不是一个真正的仲裁"法院"，只有一份由公约缔约国任命的杰出法学家名单。当事国根据外交手段无法解决的争端，如果愿意，则可以选择仲裁人或仲裁小组，按照公约确立的一套固定的程序规则[29]来解决争端（第20条）。[30]该名单由每一缔约方选定的四人组成，任期六年（第23条）。如果双方未能就仲裁庭的组成达成协议，则每一当事国任命两名仲裁人，[31]再由仲裁人共同选择一名公断人（第24条）。如票数相等，公断人的选择应委托各当事国共同协议选定的第三国为之。如对选择第三国问题未能达成协议，则每个当事国各自选定一个不同的国家，公断人即由这样指定的各国共同选择。[32]仲裁法庭于当事国规定的日期开庭，一般设在海牙（第24条和第25条）。

  根据公约第31条，诉诸仲裁的国家签订一项特别文件（仲裁协议），明确规定争端事由和仲裁人的权力范围；第15条规定，仲裁是"在尊重法律的基础上"；第48条授权仲裁法庭解释在案件中引用的仲裁协议或其他条约以及"适用国际法原则"。适用的法律也可由当事国在仲裁协议中明确规定。[33]

  根据第16条，凡属法律性质的问题，特别是有关解释或适用国际公约的问题，各缔约国承认仲裁是解决外交途径所未能解决的纠纷之最有效亦最公正的方法。根据第17条，仲裁专约是针对已经产生或最后可能产生的争端而缔结的，可以包括任何争端或只包括某一类争端；常设仲裁法院对一切仲裁案件有管辖权（第21条）。如果非缔约国同意的话，常设仲裁法院的管辖范围可以扩大适用于非缔约国之间或缔约国和非缔约国之间发生的争端（第26条）。

当事国提交仲裁必须"诚心服从"仲裁裁决（第18条）。相反，这个裁决本身只对缔结仲裁协议的当事国有约束力，除非当涉及一方当事国的协定的解释问题时第三国正式援引其干涉权（第56条认可）。经多数表决的仲裁裁定应叙述所依据的理由，并由法庭每一成员签署（第52条）。该裁决最终解决争端，不得上诉，除非当事国在仲裁协定中保留申请复查仲裁裁决的权利（第54条和第55条）。美国代表团在第一次海牙和平会议上坚持主张并在第二次海牙和平会议上成功捍卫了复查仲裁裁决的权利。[34]

斡旋和调停国际事务局

1899年《和平解决国际争端公约》也在海牙建立了国际事务局，作为常设仲裁法院的档案局（第22条）。事务局由常设行政理事会指导与监督，常设行政理事会由各缔约国驻海牙的外交代表和荷兰外交大臣作为主席而组成（第28条）。

事务局的费用应按照万国邮政联盟国际事务局制定的比例，由各缔约国负担（第29条）。每一当事国负担自己的费用，并平均分担法庭的费用（第57条）。

根据第27条，当缔约国之间有可能发生严重争端时，其他缔约国有义务提请这些国家注意常设仲裁法院是对它们敞开的，这一提请不能被当事国认为是不友好的干涉行为。[35] 然而，具体到这一条款，美国代表团认为有必要在第一次海牙和平会议上发表声明，公约中任何条款都不应被解释为要求美国偏离其不介入另一国事务的传统政策（即华盛顿告别演说），或放弃其对纯粹美洲问题的"传统态度"（即门罗主义）。[36] 换句话说，即使在公约缔结后，美国政府仍打算保持在和平时期的孤立主义以及在战时保持中立的传统外交政策以对抗欧洲的均势体系，同时努力保持西半球霸权的势力范围免遭欧洲的进一步渗透。

第二次海牙和平会议修订了1899年《和平解决国际争端公约》，第27条的文本被转入新的第48条，并添加补充条款：两国之间发生争端时，其任何一国始终可以向国际事务局递送照会，声明愿意把争端付诸仲裁，事务局应立即把该声明通知另一国。[37] 关于1907年公约第48条的问题，参加第二次海牙和平会议的美国代表团重申了关于1899年公约第27条的保留意见。[38] 然而，第48条的变化促使一位有影响力的美国国际法学家预测：在不太遥远的将来将通过这一程序机制逐步建立一个斡旋和调停的国际事务局。[39]

2 国际争端的强制仲裁

海伊仲裁条约

尽管为某些争端的强制性仲裁的一般条约的提议未获通过，但1899年公约的第19条试图通过保留缔约国之间订立强制性仲裁的一般性或特殊条约的权利，来鼓励强制仲裁，虽然第19条在通过时似乎并不具有很大的意义，但在从1899年第一次海牙和平会议到1908年之间，世界各国大约缔结了77项仲裁条约，除12项以外，其他所有条约都在一定程度上参考了常设仲裁法院。[40] 这样提交仲裁的事项通常会对某些类别的争端进行保留，一般不包括涉及国家独立、切身利益、荣誉、主权或非缔约国权利的仲裁事项。[41] 挪威和瑞典之间的条约不同于其他条约在于，就涉及双方切身利益的争端是否应提交给常设仲裁法院本身的问题。[42]

根据1899年公约的第19条，从1904年11月到1905年2月，美国国务卿约翰·海伊代表美国政府与包括法国、德国和英国在内的11个国家签署了一系列仲裁条约。这些条约要求将"对某一问题的法律性质的分歧或与两个缔约国之间现有条约解释有关的争议"提交常设仲裁法院，须服从强制仲裁的通俗豁免规定。[43] 海伊仲裁条约的实质性条款仿照了英国和法国于1903年10月14日缔结的仲裁条约，这是第一个参照1899年公约第19条进行谈判的条约。[44]

然而，海伊仲裁条约的共同第 2 条通过使用协议（agreement）一词来指代 1899 年公约第 31 条所要求的仲裁协议（compromis）[45]。该术语可以允许总统和国务卿通过简单交换外交照会与外国政府缔结仲裁协议，无须再从美国参议院获得进一步的建议和同意。[46] 参议院对其在国际协议领域的宪法特权极度介意，当参议院给出建议并同意 10 项海伊仲裁条约生效时，它正式修改了这些条约，在共同第 2 条中用"条约"（treaty）代替"协议"，从而明确要求将任何仲裁协议提交参议院，以获得进一步的建议和同意。[47]

西奥多·罗斯福总统将修正后的海伊仲裁条约视为不能被批准，因为参议院的修正案相当于否决该条约。[48] 从外国缔约国的角度来看，一项要求强制仲裁争端的条约除非得到参议院的建议和同意，否则仲裁程序不能开始，那么这样的协议仅具有象征意义。换句话说，参议院的修正案通过将美国的仲裁义务降低到协议将来达成协议（agreement to agree）的程度从而有效地废除了海伊仲裁条约。此外，罗斯福认为参议院修正案构成侵犯总统谈判和缔结关于仲裁的国际协议的宪法行动自由。[49]

第二次海牙和平会议

尽管强制仲裁原则遭遇重大挫折，美国政府的代表团在

1907年第二次海牙和平会议上仍然准备支持另一项以未经批准的海伊仲裁条约为蓝本的关于争端强制仲裁的一般条约。[50] 此时，德国已经放弃了对强制仲裁原则的反对，但坚持认为，现在正确的做法应该是在利益相关国家之间进行一系列双边仲裁条约的谈判，而不是达成一般多边公约。[51] 德国强烈反对英美的提议，该提议要求制定一份适用于"具有法律性质的，主要是与两个或多个缔约国之间现有条约的解释有关的争端"的强制性仲裁的一般协定，除此之外德国还反对一份没有典型保留条款的特定事项清单。[52]

因此，第二次海牙和平会议不得不就这一问题一致达成声明。该声明接受了强制仲裁的原则，并表示"与国际惯例规定的解释和适用有关的争议，可以不受任何限制地提交强制性仲裁"。[53] 因此，就常设仲裁法院而言，1899年的《和平解决国际争端公约》在1907年修正案中并没有实质性的改变。[54]

鲁特仲裁条约

1907年关于强制仲裁声明的措辞使倾向于强制仲裁的国家能够就海牙会议框架之外的问题缔结特别条约。[55] 根据这项建议，国务卿伊莱休·鲁特沿用未批准的海伊仲裁条约的模式，代表美国迅速谈判并达成25项一系列的一般仲裁条约。然而，鲁特仲裁条约共同第2条明确规定："就美国而言，这

41

类特殊协议［即仲裁协议］需由美国总统作出决定，并需得到参议院的建议和同意。"[56] 虽然这种协定的措辞肯定了总统在仲裁协议谈判和缔结中的独立作用，但总统还是要受制于参议院，需要参议院正式建议和同意仲裁协议。所有鲁特仲裁条约得到了参议院的批准，[57]22 项最终生效。[58]

在罗斯福拒绝批准修正后的海伊仲裁条约的间隙，鲁特说服了总统关于美国政府成为这类仲裁条约的缔约国会获得一些政治和法律上的好处。[59] 毕竟，一经批准，鲁特仲裁条约很难被美国参议院视为空想。通过对仲裁条约的建议和同意，参议院已经正式承诺，在发生争端时，将根据该条约缔结为外国缔约方所接受的某种形式的仲裁协议。[60] 鲁特条约中的仲裁承诺，国内外舆论对强制仲裁原则与和平解决国际争端原则的支持，以及美国政府履行现有国际仲裁公约义务的真诚愿望，足以迫使参议院建议并同意仲裁协议。

此外，从外国的角度来看，在鲁特仲裁条约中有关仲裁协议的措辞被草拟为"谅解"（understanding），而不是美国的正式修正案或保留条款。因此，外国缔约方有权解释该谅解以构成对美国政府国内宪法程序要求的直接阐述，该程序不能减损或限制美国政府根据条约必须遵守（pacta sunt servanda）的国际法基本原则而进行仲裁的义务。[61] 对外国政府而言，获得参议院对仲裁协议的建议和同意纯粹是由于美国宪法的特殊性而引起的纯粹内部问题，没有任何国际法上的意义。美国政府有义务根据该协议仲裁争端，而不管参议院对协议的顽固态度可能带来什么样的国内宪法困难。

因此，将鲁特仲裁条约解释为无国际法约束力的协议是错误的，因为这些公约是一套明确的仲裁协议，而非虚幻的协议将来达成协议。国际公法在这方面对缔约双方规定了完全平等的义务。

强制仲裁的流产方案

1907年《和平解决国际争端公约》的创新是列入一项条款，尽管要在严格限制性条件下，如果争议双方不能就授权调查范围达成一致，则由仲裁法院强制达成仲裁协议。德国尽管反对强制仲裁的一般条约，但即使是德国也支持强制争端仲裁协议以克服美国参议院所谓的宪法特权，但在德国看来，这构成了对承认国家主权平等的基本原则的减损。[62]

1907年公约的第53条赋予常设仲裁法院达成新的第52条所设想的仲裁协议的权限，如果双方同意为此目的诉诸该条。此外，如通过外交途径的一切努力均未能达成协议，则即使只有当事国一方提出申请，常设仲裁法院也有权就争端作出裁决；本公约生效后缔结或续订的一般仲裁条约所规定的争端，该条约对所有争端须订立一项仲裁协议；既未明示，也未暗示排除常设仲裁法院解决仲裁争端的权力，但如另一当事国声明认为争端不属于强制仲裁的范畴，则不能提交常设仲裁法院，除非仲裁条约赋予仲裁法庭对这一先决问题作出决定之权。对于一个国家由于另一国拖欠其国民的契约性债务向该国索偿所引起的争端,情况也是如此,为了解决争端而接受仲裁,除非这种接受仲裁必须服从应以其他方式解决仲裁争端这一条件。然而,尽管对强制仲裁争端的原则略有推进,美国政府批准1907年公约的行为相当于行使了第53条所载的选择权,除非条约另有明确规定,排除在所有情况下常设仲裁法院的仲裁协议权限。[63] 根据第53条程序,仲裁法院并未制定仲裁协议。[64]

现代国际仲裁的黄金时代

1914年第一次世界大战爆发之前,一系列作为先例的或严重的国际争端被提交海牙常设仲裁法院,包括"虔诚基金案"(墨西哥诉美国)、[65] 委内瑞拉优惠案(德国、英国和意大利诉委内瑞拉等)、[66] 卡萨布兰卡案(法国诉德国)、[67] 格里斯巴达纳案(挪威诉瑞典)、[68] 北大西洋渔业案(英国诉美国)、[69] 奥里诺科轮船公司案(美国诉委内瑞拉)[70] 和萨瓦卡案(法国诉英国)。[71] 美国政府将与墨西哥的虔诚基金争端作为第一个案例提交给常设仲裁法院,有意识地扮演了复苏常设仲裁法院的助产士角色。1902—1914年间,由常设仲裁法院审理的有14宗仲裁,在其管辖范围以外的国际仲裁案件大约至少50宗。[72]

从维护国际和平与安全的角度来看,海牙法院最重要的仲

2 国际争端的强制仲裁

裁是委内瑞拉优惠案和卡萨布兰卡案。罗斯福总统施加压力,要求将关于委内瑞拉公共债务违约的部分争议提交常设仲裁法院仲裁,其余的争端则提交混合委员会,这成功促使德国、意大利和英国终止了为各自国民讨要金钱索赔而对委内瑞拉政府进行的持续军事敌对行动。[73] 这些行为可能会使为保护委内瑞拉免受预期违反门罗主义原则的美国直接卷入冲突。

可以肯定的是,常设仲裁法院关于委内瑞拉案件的裁决招致了大量法律主义的批评,因为相对于其他债权国家,常设仲裁法院优先考虑了诉诸武力国家的主张。[74] 有人认为,这只会鼓励债权国以武力向其他国家收回自己的债务。但是,这一批评并不能减损国际仲裁争端与常设仲裁法院在罗斯福政府解决争议中所起到的重要作用。强国以武力向弱国收回所欠的契约债务的长期问题,将由美国政府在第二次海牙和平会议上提出的 1907 年《限制兵力索债公约》(Convention Respecting the Limitation of the Employment of Force for the Recovery of Contract Debts)予以解决。[75]

1908 年的卡萨布兰卡事件被普遍认为涉及法国和德国的"荣誉"(honor)——一个在当时不适合被提交国际仲裁的主题。在这一案例中,法国驻摩洛哥的军事占领部队扣押并拘留了德国领事馆外交保护下的法国外籍军团的逃兵。鉴于两国公众的强烈反应,[76] 以及那个时代高度军国主义的倾向,不解决这一争端可能会导致双方的敌对状态。[77] 这种双边冲突可能会迅速升级为欧洲的一场全面的系统性战争,因为双方分别是相互竞争的联盟体系的成员。[78]

因此,常设仲裁法院尽管存在先天缺陷,但其存在有助于终止一次联合军事行动,并至少防止了一场战争。所以,历史必须将常设仲裁法院视为国际法和国际组织在第一次世界大战前改善普遍暴力的世界政治形势方面发挥积极作用的一个极好例子。[79] 尽管国际常设法院与后来的国际法院使其黯然失色,但海牙常设仲裁法院至今仍然存在并继续发挥作用。

结 论

公允地说,国际仲裁制度是当今国际法和国际组织关于威胁和使用武力的总体机制的一个重要组成部分。作为次级机制的国际仲裁提供了一种手段和一种机制,使两个对立的国家可以首先将严重争端通过"法律化"(即仲裁中的协商决策规则),然后将其"制度化"(即提交给仲裁庭作决定),从而使严重争端非政治化。两个对立的国家诉诸国际仲裁机制,可以有效化解双方各自在国际争端上的国内舆论,把问题"搁置起来"(on ice)。这种反复出现的现象已经一再证明,国际仲裁作为次级机制在整个 20 世纪和平解决国际争端中所具有的价值。[80]

＃ 3

国际法院的创立

常设仲裁法院在"卡萨布兰卡案"和"北大西洋渔业案"作出裁决的时候,美国公众对这些仲裁裁决的"妥协"性质是否适当产生了激烈争议。[1] 基于这样的理由,美国国际法学家认为:国际仲裁的主要缺陷是其倾向于采取一种政治性的并且基于权宜之计的谈判和妥协形式,不是基于严格按照法律规则公正裁决权利和义务的司法程序,而是采取实质谈判与妥协的政治进程的形式。[2] 这些美国法律人认为,世界各国真正倾向于通过某些国际法院为所有国家提供明确的判决并严格公正地确定它们的权利和义务,而不是由争议当事方自己选择成员的国际仲裁法庭进行充斥着偏袒与妥协的政治裁决。[3] 他们所设想的国际法院将以与美国最高法院功能相似的方式运作,根据美国宪法第 3 条第 2 款的规定,美国不同州的公民或者外国公民与美国公民之间产生的纠纷由最高法院管辖。[4]

美国法律人将常设仲裁法院的程序类比为 1781 年《邦联条例》第 9 条,该条规定了解决美国各州之间争端的仲裁程序。[5]美国宪法在1789年取代了《邦联条例》，并通过将联邦司法权力扩大到两个或多个州之间的争议且赋予最高法院初审管辖权来裁决此类争议，从而取代了这一仲裁程序。[6]正如法律人所看到的那样，这一套关于半主权政治实体间争端解决技术演变的成功经验，为解决国际争端的法庭从仲裁逐步发展到判决提供了有益的先例。[7]

同样类似的，国际法院的存在将允许制定具有约束力的先例，以便指导世界法院今后的审判工作，并在各国之间建立有利于和平解决争端的稳定的法律预期框架。因为仲裁具有临时权宜的性质，因此很少具有先例意义。只有通过建立真正的世界法院，才能有效地形成用于和平解决国际争端的国际法系统判例。

仲裁与判决

尽管美国国际法学家在集体贬低国际仲裁是一个不如国际判决的机制，但他们很少意识到这一悖论，即仲裁之所以能在第一次世界大战之前作为和平解决国际争端的一个次级机制取得显著成功正是因为其政治性。例如，向地方法院审理两个私人当事方之间的纠纷时，通常会有一个明确的赢家和一个明确的输家。相比之下，国际仲裁委员会可以创造性地制定有目的的、灵活的仲裁协议，使争议中的两个主权国家各得其所，却并不因此失去一切。

国际冲突的过程中,出于国内舆论和国际威望的双重原因,政府可能更倾向于仲裁而不是判决,因为基于主观的成本—效益分析表明:通过仲裁保持不失去一切和只是赢得某些东西的高度可能性,比冒更大风险通过判决输掉一切在政治上更稳妥,即使判决也有很大的可能赢得一切。根据当代国际政治学文献,在将国际冲突视为零和博弈的分析中,理性的政府决策者将倾向于采取一种最小化风险的策略,从而使收益最大化。[8] 因此,他们可能更倾向于仲裁而不是判决。

当然,在其他条件相同的情况下,国际法规则越是确定,拥有更强法律依据的当事方在争端中则更有可能倾向于判决而非仲裁。因此,20世纪国际仲裁的黄金时代预料之中地发生在第一次世界大战前的国际关系之中,当时欧洲国际公法体系基本上是习惯法而非成文法,同时真正的世界法院尚未存在。相反,在第一次世界大战之后,随着1921年国际常设法院的建立,以及20世纪20年代和30年代初国际法编纂运动的增速,[9] 国际仲裁作为和平解决国家间严重争端的次级机制,其重要性可预见地遭遇了实质性下降。

这正是美国政府在第二次海牙和平会议上发起创立国际法院时所期望的结果。批评海牙常设仲裁法院作为第一次世界大战后和平解决国际争端的次级机制的有效性日渐式微是不公平的。此外,当代政府决策者也必须铭记:基于上述的原因,作为次级机制的国际仲裁在和平解决国际争端方面仍然具有实际意义，不论通过常设仲裁法院还是其他方式。

仲裁法院的方案

继美国在第一次海牙和平会议上提出的设立世界法院的计划失败之后，美国国务卿伊莱休·鲁特方案指示前往第二次海牙和平会议的美国代表团，提议成立一个实际的国际法院，该法院具有司法的性质，但职能与常设仲裁法院的仲裁程序相反，尽管设想当前常设仲裁法院可以尽可能地构成法院的基础。[10]然而，当该计划最终从第二次海牙和平会议的议事程序中浮出水面时，它要求设立一个单独的"仲裁法院"（CAJ），由人数不详的法官组成，任期12年。[11]

根据《仲裁法院公约草案》的第1条，仲裁法院的设计目的不是取代而是与常设仲裁法院共存，各国可以在这两个机构之间自由选择。然而，这暗示着各国很快就会越来越多地倾向于判决而不是仲裁，因为建立一个更有效的和平解决国际争端的仲裁法院更加符合各国重要的国家安全利益。

仲裁法院法官

40　仲裁法院的法官和候补人员将由缔约国从享有最高道德声

誉的人中任命。他们必须在各自的国家具有最高司法职务的任命资格，或是在涉及国际法的领域中具有卓越能力的知名法学家；他们应尽可能地从常设仲裁法院的成员中选出（第2条）。仲裁法院法官对于他曾参与的国内法院、仲裁法院或调查委员会的裁决，或者对于他作为一方的律师或代理人的任何案件不能行使司法职能（第7条）。任何法官在仲裁法院、常设仲裁法院，特别仲裁法庭或调查委员会之前，不得以代理人或顾问的身份出庭，或在任期内以任何方式为任何一方行事（第7条）。

尽管美国代表团反对，[12] 仲裁法院的法官没有被禁止参加涉及其国籍国的案件。但是，当任命他的国家或他的国籍国是争端当事国之一的，则作为仲裁法院"特别代表团"（special delegation）的成员不能行使他的职权（第6条）。如果双方同意适用1907年《和平解决国际争端公约》第四章第4条所述的简易程序，则每年仲裁法院将选举一个由三名法官组成的"特别代表团"按照第17条审理仲裁案件（第18条）。根据该公约第三章的规定，如经争端各方共同同意授权，则该特别代表团也有权自行组成国际调查委员会。

仲裁法院法官将获得固定的年薪、每日津贴和旅费（第9条），由海牙常设仲裁法院国际事务局支付（第9条），在常设仲裁法院行政理事会的要求下，缔约国支付仲裁法院的费用。法官不得从自己的政府或其他国家获得履行职责的任何报酬（第10条）。国际事务局作为仲裁法院的档案室（第13

条），行政理事会对仲裁法院与常设仲裁法院行使相同的职能（第12条）。

管辖权

仲裁法院于每年的6月召开一次会议，持续到年底，尽管也为召开特别会议做出了规定（第14条）。不同于常设仲裁法院，只有缔约国有权使用仲裁法院（第21条），因为它们独自承担法院的一般费用（第31条）。仲裁法院的所有决定都由出席法官的多数票决定（第27条）。仲裁法院的裁判必须说明它所依据的理由、参加法官的名字，并必须由法院院长和书记官签署（第28条）。各当事国必须支付自己的费用和同等份额的审判费用（第29条）。

公约草案的第二章规定了仲裁法院的管辖权和程序。第17条赋予仲裁法院依据一般或特别仲裁协议提交的所有案件的管辖权。该公约草案没有类似于1920年12月16日《国际常设法院（PCIJ）规约》签字议定书的所谓任择条款的规定，国家可以事先接受，无需特别公约，根据《国际常设法院规约》第36条第2款的规定，国际常设法院的当事国之间某些类别的法律争端的强制管辖权。[13] 因此，相比之下，在没有单独协议的情况下，仲裁法院被设计为对公约当事国之间的法律争端不具有一般形式的强制管辖权。

强制争端仲裁协议

与1907年《和平解决国际争端公约》关于常设仲裁法院的第53条相似，《仲裁法院公约》草案第19条规定：上述"特别代表团"有权起草1907年公约第52条所设想的仲裁协议，只要当事国同意将案件提交仲裁法院处理。此外，特别代表团有权制定仲裁协议，即使只是一方当事国提出申请——在外交手段未能成功达成协议的情况下——根据现行一般仲裁条约于争端发生后提交解决所有争端的仲裁协议，均未明确或隐含地排除特别代表团行使这种权限，前提是另一方当事国没有声明争议不属于提交强制仲裁的问题类别，除非仲裁条约授予仲裁法庭裁判这一初步问题的权力。对于由一个国家向另一个国家主张的属于受其管辖的人的契约债务引起的争议，情况也是如此，因为仲裁解决的提案已经被接受，除非接受的条件是仲裁协议的缔结。德国主张，把仲裁法院特别代表团强制缔结仲裁协议的程序作为第二次海牙和平会议正式通过的强制仲裁争端一般条约的替代方案。[14]

仲裁法院法

《仲裁法院公约草案》没有包含类似于后来的《国际常设法院规约》第38条的规定，该条款指出：国际常设法院适用三个主要法源（公约、惯例和"一般法律原则"）与两个辅助方式（司法判例，尽管除了特殊案件的当事方之间外，并无遵循先例的效力；公法学家学说）来确定案件中的国际法规则。[15] 因此，在《仲裁法院公约草案》中没有承认遵循先例的原则。然而，仲裁法院被要求适用1907年《和平解决国际争端公约》中规定的程序规则，除非《仲裁法院公约草案》另有修改（第22条）。该指令将纳入1907年公约的第73条，授权常设仲裁法院有权解释仲裁协议以及可能援引其他文献（如条约）和灵活适用"法律原则"（the principles of law）。然而，1899年公约的第48条，即第73条的前身，特别提到了"国际法原则"（the principles of international law）。

仲裁法院与常设仲裁法院

归根到底，尽管美国政府在第二次海牙和平会议上初步提倡了设立一个实际世界法院的想法，其司法性质完全不同并优于常设仲裁法院的政治性质,但拟议的仲裁法院的管辖权和程序在几个重要方面与常设仲裁法院类似。理论上讲,这两个机构的主要区别是:国家将它们认为本质上属于"法律的"(legal)或"可审判的"(justiciable)[16]争端提交仲裁法院,而将其认为的"政治的"(political)争端继续提交到常设仲裁法院。然而,如果这真的实现了,仲裁法院将成为一个类似于国际常设仲裁法庭的机构。

特别令人关切的事实是,仲裁法院的法官将由缔约国政府直接任命,就像仲裁法庭一样。这一程序可能会损害法官的独立性,从而使法庭的公正性受到质疑。就连它的名字——仲裁法院(Court of Arbitral Justice)——表明国际法庭旨在融合仲裁和判决特点的不可避免的混合性质(第1条)。

可以肯定的是,从创建一个真正的世界法院的角度来看,仲裁法院对所谓的常设仲裁法院作出了明确的改进。仲裁法院事实上已经构成了按照伊莱休·鲁特指示的美国代表在第二次海牙和平会议上提议的那个机构:仲裁法院被设计成一个常设法庭,法官由审判人员组成,被支付足够的工资且没有其他职业,以便全职投入国际案件的审判,并在司法责任感下开展工作。[17]

由于这些原因,第二次海牙和平会议提出建议通过关于《仲裁法院公约草案》的制度计划,该计划最终代表了国际争端解决法庭从相对简单的1899年常设仲裁法院发展到更为复杂的1921年国际常设法院(现今国际法院的前身)的关键中间阶段。美国国际法学家和外交官詹姆斯·布朗·斯科特（James Brown Scott）曾密切参与了1907年《仲裁法院公约草案》和1920年《国际常设法院规约》的准备工作，他认为后者的"意图和目的——如果不完全一致的话——与1907年草案相似"。[18]

因此，1920年伊莱休·鲁特在国际联盟行政院为筹备国际常设法院计划而设立的法学家咨询委员会的第一次演说中提议，该委员会通过一项决议作为其工作的基础，即1907年第二次海牙和平会议的法案和决议。[19]通过这一提议，鲁特想要确定其1907年仲裁法院计划和1920年《国际常设法院规约》之间的连续性。[20]实质上，委员会同意了鲁特的提案并在审议过程中不断提及1907年公约草案。[21]鲁特后来评论称，《国际常设法院规约》"就像第二次海牙和平会议通过仲裁法院计划一样，解决了当时没有解决的法官任命争议，还有一些重要的补充"。[22]

世界法院遴选法官的僵局

第二次海牙和平会议上，仲裁法院的成立所面临的主要障碍是：在选择法官的方式上存在着无法打破的僵局。具体而言，较小的国家——特别是由巴西领导的拉丁美洲国家——反对在它们之间轮流推选仲裁法院法官，而较大的国家则有权始终让各自任命的法官担任仲裁法院法官。[23] 这种安排与在第二次海牙和平会议上通过的拟建的国际捕获法院（International Court of Prize）任命法官的制度类似。[24]

例如，德国、美国和英国代表团提交的《国际法院公约草案》初稿第6条规定：德国、美国、奥匈帝国、法国、英国、意大利、日本和俄国任命的法官"作为常任法官"，而其他缔约国任命的法官将按照任命国家的人口、工业和商业之综合确定的时间表轮流出庭。[25] 由于拥有最大海军舰队的国家坚持享有任命国际捕获法院常任法官的权利，因此对于世界大国来说，让他们的代表担任任何国际法庭的常任法官的类似安排也是合理的。毕竟，大国通过自愿同意建立一个真正的世界法院，将限制其威胁和使用武力解决与小国之间国际争端的所谓权利。与采用其他方式相比，后者将从前者获得更大的保护，而一个大国仅通过世界法院将不会从其他大国那里获得额外的保护。因此，由于国际法院主要有益于较小国家，它们则应愿意在任命法官时对主权平等原则作出妥协。

当然，整个理论都基于令人怀疑的前提，即大国实际上拥有威胁和使用武力以解决与较小国家争端的合法权利。因此，毫不奇怪的是，对这种有利于大国的仲裁法院法官轮流任命制度的最主要反对意见来自拉丁美洲国家，在那里，卡尔沃和德拉格主义（Calvo and Drago Doctrines）已经形成并受到普遍拥护，以保护后者免受前者进一步的帝国主义侵犯。[26] 拉丁美洲国家与其他小国坚持认为：任命法官时应承认国家主权平等的原

57

则，以便使该法院成为公正判决和平时期国际社会所有成员国之间争端的真正的国际法院。[27] 讽刺的是，正是在国务卿伊莱休·鲁特领导下的美国政府成功倡导出席第一次和平会议的国家在平等的基础上接纳拉丁美洲国家参加第二次海牙和平会议，而后者担心投票权被美国所控制。[28] 现在，当涉及一个最初由美国赞助并努力建立的世界法院的法官任命时，这些受美国保护的国家坚决拒绝在主权平等原则上妥协。

最终的结果是：第二次海牙和平会议不得不提出一项建议，即缔约国通过附加的关于仲裁法院机构的公约草案，"就法官选择和法院构成达成一致意见"。[29] 这种措辞是有意选择的，希望大多数国家愿意忽视拉丁美洲对法官任命程序的反对，并在第二次海牙和平会议后立即通过正常的外交渠道组建仲裁法院。[30] 这将使某些国际法院得以在 1907 年暂定的第三次海牙和平会议 1915 年召开之前被创建。[31]

维持世界法院计划

根据这项建议，美国政府在鲁特的临时继任者罗伯特·培根（Robert Bacon）的领导下，试图通过向出席 1908 年伦敦海军会议（德国、美国、西班牙、法国、英国、意大利、日本、荷兰和俄国）的大国建议拟设的国际捕获法院（IPC）应具有仲裁法院的管辖权和程序，并且只要成员国同意就可以在国际捕获法院适用1907年《仲裁法院公约草案》，以此试图巧妙处理法官任命争议。[32] 这可以通过伦敦海军会议上审议的关于国际捕获法院议定书草案的补充条款来实现。该条款允许任何捕获法院公约的缔约国在其批准书中规定，国际捕获法院有权对签署方提交的任何案件行使管辖，国际捕获法院将依据1907年《仲裁法院公约草案》的程序做出裁定。

《国际仲裁法院公约草案》第16条规定，仲裁法院的法官和助理法官也可以行使国际捕获法院法官和助理法官的职能，证明了这两个机构之间分别在战争与和平期间和平解决国际争端方面有目的地相互联系。[33] 美国政府指出，扩大现有机构的管辖权要比成立一个新机构容易得多。[34] 然而，出席伦敦海军会议的代表认为，美国的提议超出了他们的权力范围，在此问题上没有采取任何行动。[35]

巴黎四国会议

美国继续通过正式的外交渠道寻求建立世界法院。[36] 这项倡议最终促成美国、英国、德国和法国于1910年3月在巴黎举行代表会议，审议在愿意接受国际捕获法院法官轮流任命制度作为仲裁法院法官任命基础的国家之间建立仲裁法院的问题，而非之前美国提出的赋予国际捕获法院以仲裁法院权力和程序的简单权宜之计。[37] 巴黎会议制定了一项四国公约草案，

59

以落实第二次海牙和平会议建议通过的《仲裁法院公约草案》(*CAJ Draft Convention*)。[38] 这样，仲裁法院本身可以由有限数量的国家创建。

根据四国计划，仲裁法院将由 15 名法官组成，其中 9 名法官构成法定人数。法官和候补法官由缔约国根据《国际捕获法院公约》第 15 条和附表轮流出庭。这一制度将授予 8 个海军强国（德国、美国、奥匈帝国、法国、英国、意大利、日本和俄国）始终有一名常任法官的权利，而其他缔约国任命的法官将根据它们各自相对的海事利益轮流出庭。公约还规定，非缔约国向仲裁法院及其特别代表团提起诉讼应承担适当比例的费用，因为该诉讼由法院或其特别代表团判决。这项四国公约草案将在 18 个国家批准后生效，并提供能够实际出庭的 9 名法官和 9 名替补法官。1910 年 7 月，缔约各国在海牙进一步修订了四国公约草案。[39]

斯科特倡议

起草 1910 年公约草案的四国代表认为：他们的计划取决于之前国际捕获法院的成功建立，尽管文件中未明确说明这一情况。[40] 英国相继拒绝批准《伦敦宣言》和《国际捕获法院公约》，这意味着旨在建立一个仲裁法院的四国计划的失败。然而，依旧无所畏惧的塔夫脱总统（President Taft）的国务卿菲兰德·C. 诺克斯（Philander C. Knox），请求詹姆斯·布朗·斯科特——美国出席第二次海牙和平会议的技术代表、美国国务院的前法学家、美国驻 1910 年巴黎会议代表以及《美国国际法杂志》（American Journal of International Law）的编辑——负责访问欧洲，就组建一个独立于陷入停滞的《国际捕获法院公约》的仲裁法院进行谈判。1912 年 11 月 25 日，诺克斯批准并签署了一份备忘录，同时签署了一份由斯科特起草的相同声明，但它们没有得到批准，该计划也没有被落实。[41]

随着威尔逊政府的掌权，斯科特在 1914 年 1 月 12 日向荷兰外交部长发了一封私人信件，建议荷兰政府通过外交渠道发起谈判，与德国、美国、奥匈帝国、法国、英国、意大利、日本和俄国达成建立仲裁法院的协议，并为非缔约国参与仲裁法院订立条款。斯科特在信中附上了一份拟议的公约草案、一份他起草的辅助备忘录，经诺克斯批准的他早先起草的备忘录和通知照会，以及其他证明文件。[42] 然而在那时，拟议的第三次海牙和平会议的筹备工作即将开始，斯科特关于国际法院的个人努力几乎立即被美国政府关于召开下次和平会议的正式外交倡议所取代。[43] 但所有进一步的进展都因 1914 年夏天欧洲全面战争的爆发而中断。

国际常设法院的创设

美国政府为建立国际法院而在第一次世界大战前进行的工作，最终于《国际联盟盟约》第14条取得成果。伍德罗·威尔逊总统的第一份联盟盟约草案中——没有包含任何国际法院的条款。[44] 但欧洲盟国——特别是英国——说服威尔逊接受了关于《盟约》第14条设立国际常设法院的规定。[45] 此外，为了使第二次海牙和平会议的工作在某种程度上保持连续性，当时在巴黎议和的美洲委员会法律顾问詹姆斯·布朗·斯科特敦促在《国际联盟盟约》中列入一项设立国际常设法院的条款。[46]

第14条明确规定：

> 行政院应筹拟设立国际常设法院的计划，并交联盟各会员国采用。凡各方提出属于国际性质的争议，该法院有权审理并判决。凡有争议或问题经行政院或大会有所咨询，该法院也可以发表意见。

首先要注意的是，第14条本身实际上没有创建国际常设法院。那要在晚一些时候才会实现。此外，"各方提出"（the parties thereto submit to it）的柔和语气似乎排除了法院对各国的强制管辖权。最后，赋予法院应联盟机构的要求提供咨询意见的权力,将为那些反对国际常设法院的美国政客提供攻击它的大量弹药,认为它只不过是"联盟法院"(League's court),而非真正的"世界法院"(world court)。[47]

国际常设法院法官的挑选

根据《盟约》第14条的规定,1920年2月,国际联盟行政院投票选出法学家咨询委员会以便为国际常设法院拟定计划,并向行政院提出报告。[48] 该咨询委员会面临的主要问题是:以不损害国家主权平等原则的方式选择国际常设法院的法官。关于这一问题的长期僵局被小组的美国代表伊莱休·鲁特打破,他建议由联盟行政院和联盟大会同时采取行动挑选国际常设法院法官,同时建立一个由两个机构代表组成的联合委员会,以解决任何分歧。[49] 鲁特的想法源于詹姆斯·布朗·斯科特的两步程序,他从美国参议院和众议院大小州的代表制度中分析得出:立法案必须由这两个机构独立批准,由会议委员来解决任何分歧。[50]

《国际常设法院规约》第3条规定,法院由十五人组成:法官十一人和候补法官四人。根据第4条的规定,法院法官由大会及行政院按照常设仲裁法院各国团体所提名单中选出,即在常设仲裁法院并无代表的国际联盟会员国,其候选人名单应由该国政府为此目的而委派的各国团体提出。每一团体所提人数不得超过四人，属于其本国国籍者不得超过两人（第5条）。在任何情况下，每一团体所提候选人人数，不得超过应占席数的一倍。

国际联盟秘书长应依字母顺序，编就上述被提名者的名单并提交给国联大会以及行政院（第7条）。大会和行政院各自独立选举，先选举法官，再选举候补法官（第8条）。候选人在大会及行政院获得绝对多数票者，应认为当选（第10条）。

每一次选举会后，如有一席或一席以上尚待补选时，应举行第二次选举会，并于必要时举行第三次选举会（第11条）。第三次选举会后，如仍有一席或一席以上尚待补选，则大会或行政院得申请组织联席会议，其组成人数为六人，由大会和行政院各派三人，以便对每一悬缺选定一人，分别提请大会和行政院接受（第12条）。如果联席会议确认选举不能得出结果时，应由已经选出的法院法官在行政院所指定的期限内，就曾在大会或行政院获得选举票的候选人中选定补足缺额的人。

尽管必然十分烦琐，但鲁特—斯科特的安排不仅打破了国际常设法院法官选举方式的争议，也确保了这些法官不会被他们的政府直接任命。这相对于常设仲裁法院（争议各国选择自己的"法官"）和仲裁法院（仲裁法院公约缔约国任命法官），显然是一个进步。仅从表面来看，国际常设法院的选举程序旨在确立法院法官相对于他们各自国籍国的独立性。然而，根据我自己在国际法院诉讼的经验，公平地说，世界法院法官很少免受其作为公民所属政府观点的影响。

大国否决权

《国际常设法院规约》第9条规定，大会和行政院每次选举时应该保证担任法官者不仅必须具备必要的资格，而且应使全体法官能代表世界主要文明以及世界主要法律体系。然而，鲁特—斯科特安排同时赋予行政院的大国代表和大会的小国代表关于法官选举的否决权。从文本上看，这一程序并没有减损国家主权平等的原则，因为它没有明确保证每一个大国始终有其公民在国际常设法院担任法官的权利。然而，在功能上，投票安排可以有效地确保这一结果，因为《国际联盟盟约》第4条第1款规定：行政院由主要协约及参战各国代表（即英国、法国、意大利、日本和美国），以及大会选定的其他四会员国代表组成。

无可否认，这一程序间接给予了大国在选举国际常设法院法官方面的优惠待遇。但是，在海牙举办的法学家咨询委员会上，伊莱休·鲁特为针对上述异议作出了令人信服的辩驳：这种国家主权平等原则的轻微妥协，对于小国来说是一个公平的代价，以换取国际常设法院为它们提供的免受大国侵害的保护。[51] 类似的论点已经成功证明了国际联盟的行政院赋予大国在国际常设法院的常任代表权的正当性。第一次世界大战的经历显然对小国以维护主权平等原则的名义阻碍大国建立一个消除、减免和管理国际冲突的国际机构的倾向产生了惩戒性的影响。

任择条款的起源

法学家咨询委员会处理的另一个主要问题是：国际常设法院是否应该对各国行使任何类型的强制管辖权。鲁特说服了法学家咨询委员会的大多数的委员，认为法院应该具有强制管辖权。[52] 根据他的建议，法院将有强制管辖权——不需要任何额外的特别公约——审理成员国之间有关法律性质的下列案件：(1) 条约的解释；(2) 国际法的任何问题；(3) 任何事实的存在，如经确定，即属违反国际义务者；(4) 违反国际义务之赔偿的性质或范围；(5) 法院判决的解释。[53] 此外，关于案件是否属于这些指定类别的任何争议，都将由法院本身决定解决。[54] 关于这五类被认为适合强制管辖解决的争端，除最后一类之外的所有类别都遵从《国际联盟盟约》第13条第2款的规定。[55]

1920年秋，国际联盟的行政院和大会都拒绝了法学家咨询委员会提出的关于赋予国际常设法院上述五类争议的强制管辖权的提议。[56] 反对意见来自以英国领衔的联盟行政院的大国成员。[57] 根据作者的专业经验，大国倾向于通过外交手段解决争端，因为它们可以通过这种方式而非法院来突出自己的大国优势，法院可减少但不能完全消除这种权力差异。然而，公平地说，在当时的辩论中，还有人指出《盟约》第14条的非强制性措辞已暗示法院不具有任何类型的强制管辖权的意思。如果经联盟行政院批准，则该委员会的提案将修改《盟约》，会员国可以根据第12条、第13条、第14条和第15条的规定，将争议提交行政院，或通过仲裁或司法方式解决。最终，这一法律论证被广泛接受。[58]

因此，《国际常设法院规约》在这方面遵从第二次海牙和平会议提议通过的1907年关于仲裁法院机构公约草案的方案排除要求强制裁决争端的任何条款。[59] 所以《国际常设法院规约》第36条规定，法院的管辖范围包括各当事国向其提交的一切案件，以及现行条约和公约中特别规定的所有事项。

在国际上联盟的大会上，小国反对取消世界法院的强制管辖权。它们认为，没有强制管辖权，法院并不会比国际仲裁法庭好到哪去。[60] 但是，小国认识到败局已定，故赞同了大国在这个问题上的观点。

然而作为妥协，巴西代表提议应提供备选文本。[61] 这样，希望在特定类别的法律纠纷中接受法院强制管辖权的国家可以这样做，而且仍然可以提出保留以限制其接受法院的强制管辖权。[62] 这种自愿接受法院强制管辖权的补充规定被列在《国际常设法院规约》第36条，称之为"任择条款"（optional clause）。[63]

因此，从整体上看，《国际常设法院规约》第36条规定如下：

法院的管辖范围包括各当事国向其提交的一切案件，及现行条约和公约中特别规定的一切事项。

国际联盟各会员国及《盟约》附件所述各国，得在签订或批准本规约所附着的议定书时，或在以后声明就具有下列性质的一切或任何种类法律争端时，对于接受同样义务的任何其他会员国或国家应承认法院的管辖为当然且具有强制性，不必另订特别协定：

（甲）条约的解释；

（乙）国际法的任何问题；

（丙）任何事实的存在，如经确定，即属违反国际义务者；

（丁）因违反国际义务而应予赔偿的性质或范围。

上述声明得无条件为之，或以数个或特定的会员国或国家间彼此约束为条件，或以一定的期间为条件。

关于法院有无管辖的争端，由法院予以决定。[64]

到1921年底，有18个国家根据任择条款作出了这样的声明。但是在那个时候，声明者不包括任何一个大国。[65]

第二次世界大战后，任择条款程序被列入《国际法院（ICJ）规约》第36条第2款，成为《联合国宪章》的组成部分。在起草《国际法院规约》的过程中，美国和苏联都反对赋予世界法院任何类型的强制管辖权，并倾向于在任择条款的程序下维持向世界法院自愿提交争议的制度。[66] 大国再次阻止世界其他国家走向建立法律纠纷的强制裁决制度。这些大国在1945年反对强制管辖的短浅和自私的理由与1920年的情况大同小异。

美国否决国际常设法院

1920年12月13日，国际联盟大会一致通过了《国际常设法院规约》（*The Statute of the Permanent Court of International Justice*），设立国际常设法院的议定书于1921年8月20日生效，法院于1922年2月15日在海牙正式成立。[67] 法官从五大国中选出。他们的队伍包括来自美国的约翰·巴塞特·摩尔（John Bassett Moore），尽管他的政府既没有加入国际联盟，也没有批准《国际常设法院规约》的签字议定书。[68] 摩尔法官当选可能是因为提名机构是美国所属的海牙常设仲裁法院的国家集团，每个国家集团必须推荐四个名字，其中只有两个可以是自己的国民。[69] 伊莱休·鲁特由于年龄原因，拒绝了国际常设仲裁法院的推荐。[70]

当然，美国从来没有加入国际联盟，也从未成为《国际常设法院规约》的缔约国，因为美国参议院的孤立主义议员坚持不懈地反对这两个组织。即使通过《国际常设法院规约》的签字议定书的技术性策略使法院与联盟分离,从而允许非联盟成员在不加入联盟的情况下批准《国际常设法院规约》,也不足以促使美国参议院就议定书缔约方可接受的条款提供建议和同意。[71]事实上,《国际常设法院规约》的起草是为了使美国即使在没有加入联盟的情况下也能够参加世界法院,[72]但并没有什么成效。

国际联盟的反对者认为,国际常设法院不是"世界法院"而是"联盟法院"。此外,联盟的支持者和反对者都认为美国加入国际常设法院是为最终进入联盟铺平道路。许多人把法院看作联盟的"后门"。

关于国际联盟本身,一方面,美国国际法学界的许多成员赞成美国的参与,因为他们认为国际联盟是他们自第一次海牙和平会议以来所倡导的一战前法律主义止战方案的最终成果;另一方面,少数有影响力的美国国际法学家反对美国加入联盟,理由是《盟约》第10条保障了欧洲不公正的现状,即做大法国,削弱德国。[73]但是,美国国际法学界的绝大多数人士支持美国参与国际常设法院,即使美国没有加入联盟。[74]例如,摩尔接受了国际常设法院的法官身份,尽管他反对美国成为联盟的成员。[75]当然,一些美国法律人坚决反对联盟和法院。[76]

国际常设法院与国际法院

作为第二次世界大战悲惨经历之后的直接结果，美国成为世界法院和某些"执行和平联盟"的成员。1945年的旧金山会议上，《联合国宪章》的起草人决定建立国际法院，作为《宪章》第7条规定的联合国六个"主要机构"之一。根据《宪章》第92条的规定，《国际法院规约》是《联合国宪章》的构成部分。因此，联合国成员国将自动成为《国际法院规约》的缔约国，从而不可分割地将两家机构联系在一起。这使得一个国家加入联合国而不参与国际法院变得不可能。事实上，《宪章》第92条将国际法院设计为联合国的主要司法机构。

相比较而言，《国际常设法院规约》并不是《国际联盟盟约》的组成部分。一个国家可以加入联盟而不加入法院，反之亦然。然而肯定的是，根据《国际法院规约》第36条的规定，国际法院的管辖权仍是来自成员自愿提交，就像在《国际常设法院规约》第36条规定下一样。

《国际法院规约》与1929年修正并于1936年生效的《国际常设法院规约》类似。[77]《国际法院规约》也在两个机构之间建立了某种形式的连续性。其第37条指出，原来应提交国际联盟所设的任何裁判机关或国际常设法院的关于现行条约或协约或规定的某些事项,在《国际法院规约》生效后,该事项应提交国际法院。与此相类似,《国际法院规约》第 36 条第 5 款指出,根据《国际常设法院规约》第 36 条订立的仍然有效的任择条款声明,在该声明依据其条款尚未届满时,将被视为接受国际法院的强制管辖权。

事实上,因为国际常设法院的判决具有先例的意义而被今天的国际法院经常引用并参考。然而,出于明显的政治原因,整个联合国机构从未被认为是失败了的国际联盟的法定继承者。1946 年国际联盟大会解散了自己和国际常设法院,并将档案和财产移交给联合国组织。[78]

结论

1898—1922 年,美国国际法学家清楚地预见到建立避免和管理国际冲突和争端机构的必要性,并致力于这一事业。习惯性争吵不休的美国参议院拒绝执行体现在《国际联盟盟约》和《国际常设法院规约》签字议定书中的美国法学界为世界政治提供的预防战争方案,这肯定不是美国国际法学家的错。如果参议院在这些努力中予以合作,那么第二次世界大战也许就不会发生。无论如何,联合国和国际法院,这两个作为早期美国法律人所倡导建立的机构的直系后裔,自 1945 年以来一直肩负着维护世界的秩序、和平、正义、安全和繁荣的重大责任。

4
习惯国际法的编纂

世纪之交的美国国际关系的法律主义进路的第三个要素是：习惯国际法的编纂。试图逐日逐个主题说明在第一次和第二次海牙和平会议上编纂习惯国际法所做的努力是没有意义的；该任务已在别处得到详尽记录。[1] 相反，本章将分析习惯国际法的一个特定领域（即海上战争法）进而扩展讨论，因为它们的编纂尝试与一个国际机构（即国际捕获法院）的建立之间具有相互联系。我们不去关注国际法是如何被日复一日编纂的枯燥主题，[2] 而是通过参考国际社会为创建一个国际机构来管理和规范这一领域的成文法所做的努力来探寻这一过程。换句话说，本章将分析国际社会为这一国际关系的功能性领域实际创建国际"机制"的早期尝试。

我将在后文第 8 章分析 1907 年第二次海牙和平会议关于陆战和海战期间中立习惯国际法的编纂。然后，我将探讨保持中立的美国政府如何在第一次世界大战爆发后应用和执行这些中立和海战规则。第 8 章的结论是：恰恰是为了维护这些被编纂为条约形式的中立和海战的习惯国际法,美国政府最终卷入了第一次世界大战。

陆战规则的编纂

讨论习惯国际法的编纂,则必须简要提及第一次和第二次海牙和平会议为编纂海牙公约2号关于1899年《陆战法规和习惯公约》(Laws and Customs of War on Land of 1899)以及其后续海牙公约4号关于1907年《陆战法规和习惯公约》及其附属条例所做出的重大努力。[3]这些所谓的海牙公约构成了适用于第一次和第二次世界大战期间陆战的大部分国际法规则。

关于海牙陆战法规的编纂可以直接追溯到美国内战期间纽约哥伦比亚大学教授弗朗西斯·利伯(Francis Lieber)博士编写的美军作战行动指令(Instructions for the Government of Armies of the United States in the Field),即1863年4月24日林肯总统颁布的第100号军令(General Orders Number 100)。[4]所谓的利伯守则(Lieber Code)代表了战争习惯法的第一次编纂。利伯守则构成了1874年布鲁塞尔会议上关于战争法制定工作的基础,反过来又成为了1899年和1907年两次海牙和平会议制定陆战公约的基础。[5]

1899年《海牙陆战公约》得到第一次世界大战所有交战国的批准和支持,因此各交战国有义务严格遵守该公约的规则。[6]然而从技术上讲,1907年修订的《海牙和平公约》并未正式适用于在第一次世界大战期间的任何交战国，因为一些交战国不是该公约的缔约国，而该公约第2条明确规定：所有交战国同样必须是公约的缔约国，即所谓的一般参与条款。[7]然而，1907年公约的大多数条款载于具有约束力的1899年公约。此外，1907年公约的大多数条款被认为是对习惯国际法的确认，因此在任何情况下都具有约束力。[8]这样，第一次世界大战期间关于陆战的海牙规则得到交战国的普遍遵守。

当然，关于陆战的海牙规则在有关保护平民方面的严重缺陷在第二次世界大战期间以及随后的纽伦堡和东京国际军事法庭上悲惨地展现在全世界面前。由于这一可怕的经历，世界各国在1949年同意以批准四项日内瓦公约的方式来补充海牙公约，[9]后来由于某种类似的原因，于1977年签署了两项附加议定书。[10]这些相互关联的条约，编纂了国际战争法和国际人道法方面的习惯国际法，构成了一个独特的关于威胁和使用武力的国际法与国际组织的总机制下的"次级机制"并"嵌套"在这一总机制中，今天仍发挥着效用。

最后，为了完整性起见，从技术上讲，第二次海牙和平会议上缔结的关于海上作战规则的其他公约没有在第一次世界大战期间正式适用于交战国，因为这些公约载有明确排除其适用性的全面参与条款，除非所有交战国都是公约的缔约国，否则它们之间就不适用这些公约：第6号《关于战争开始时敌国商船地位的公约》；第7号《关于商船改装为军舰公约》；第8号《关于敷设自动触发水雷公约》；第9号《关于战时海军轰击公约》；第 10 号《关于日内瓦公约原则适用于海战的公约》；第 11 号《关于对海战中行使拿捕权的某些限制的公约》；以及第 13 号《关于中立国在海战中权利和义务公约》。[11] 然而，这些公约中的许多规则被视为构成习惯国际法。因此，第一次世界大战的交战国必须遵守这些规则。

无论如何，第一次和第二次海牙和平会议制定的关于陆战和海战的公约规则的全部次级机制，是国家的决策者，特别是美国等中立国家的决策者在第一次世界大战期间对合法与非法、正确与错误、正义与非正义的观点的重要来源。随着第一次世界大战在时间上与强度上的发展，他们的观点反过来影响了他们的反应。如下文所述，正是德国肆无忌惮地无视这一次级机制，最终促使美国加入三国协约一方，以维护国际法规则。这被证明是国际法的最终和明确的"制裁"，尤其是对关于陆战和海战的国际法次级机制而言。

国际法的编纂与世界法院

世纪之交，美国法律人普遍认为：设立国际法院的任何可行方案都需要同时编纂国际法，因为只要欧洲国际公法体系仍然主要是习惯法而非条文法，各国就不愿将它们的争端提交司法裁决。[12] 在另一方面，习惯国际法的编纂也是必要的，因为国际法院的大多数法官无疑接受了大陆法系的传统训练，这一传统在许多重要方面与英美法系传统有很大的差异。这种安排不可避免地造成了巨大的风险，即来自英美普通法系国家的少数法官在试图对有争议的习惯国际法原则做出判决时可能会被持续否决。

如果不预先对习惯国际法的各个主题进行编纂，任何国际法院多数规则的预期原则可能会预先决定独特的英美法系惯例必然消亡。这反过来可能会让国际政治、经济和军事现状产生微妙的转变，以牺牲美国和英国的直接利益为代价，为大陆法国家带来实质性利益。因此，为减轻国际法院组成中的这种不平衡性，以及鼓励和平解决国际争端的机构从相对原始的仲裁阶段向更为先进和有效的判决阶段转变，逐渐编纂习惯国际法被认为至关重要。

国际捕获法院

关于习惯国际法的编纂对促进国际裁决的重要性，与创建国际机构以及构建国际"机制"的关系等方面的一些理论和实践问题，都可以从夭折了的国际捕获法院的不幸历史中得到说明。国际捕获法院是在美国政府的积极支持下，由英国和德国于第二次海牙和平会议上正式启动。[13] 事实上，当时认为第二次海牙和平会议的主要成就之一是通过了关于建立国际捕获法院第12号公约。[14]

国际捕获法院负责裁决针对拿获中立国和敌国财产的交战国国内捕获法院判决的上诉，这些裁决涉及悬而未决且备受争议的海战国际法规则的复杂适用。捕获法院旨在消除中立国和交战国之间严重摩擦的主要原因，这种摩擦可能会促使中立国参战，以便对后者行使它们的权利，正如美国在1812年战争中对英国所做的那样。国际捕获法院的目的是：通过国际法的技术、原则和机制来限制正在进行的战争的范围。

由于美国在第二次海牙和平会议上提议建立世界法院（即仲裁法院）的失败，美国将成功设立捕获法院视为成立国际法院的中间手段。如上所述，这可以通过以下简单的权宜之计完成，即赋予国际捕获法院以拟议的仲裁法院的管辖权和程序，以便授权国际捕获法院裁定和平时期发生的缔约国之间的争端。无论如何，实现创建国际捕获法院的计划将是创立国际法院的第一步，从而使国际争端解决技术从所谓有缺陷的"政治"仲裁阶段逐步演变成可能是优越的"法律"裁决阶段。[15]

国际捕获法院组织

该法院的目的是设立一个常设法庭，由15名法官组成，任期6年。其中8个海军强国（德国、美国、奥匈帝国、英国、法国、意大利、日本和俄国）任命的法官"始终被召出庭"（always summoned to sit），其余7个职位由其余缔约国根据自身海事利益任命的法官轮流担任,但在战争期间,每个交战国均任命一名法官(第14条、第15条和第16条)。根据公约第3条,在下列情况下对国家捕获法院的判决可以向国际捕获法院提出上诉:如国家捕获法院的判决涉及中立国或中立国的私人财产;或者上述判决涉及敌国的财产,并且是在中立国领水内被拿获的敌国船舶,而该中立国对此项拿捕没有在外交上提出权利要求,或者提出权利要求的根据是指称拿捕在违反交战各方现行条约规定,或从事拿捕交战国所颁布的法令的情况下进行的。可以以此项判决无论在事实上或在法律上均属错误为理由,对国家法院的判决提出上诉。

国际捕获法院根据公约第3条享有管辖权时,国家法院的审判权不得超出第二审级。在初审判决之后,或只有在提出上诉之后,才能提交国际捕获法院,应由拿捕的交战国的国内法决定。自拿捕之日起两年内,如国家捕获法院尚未作出确定的判决,则直接提交国际捕获法院(第6条)。

交战国政府不能向国际捕获法院提起诉讼。但是根据公约第4条和第5条,上诉得由中立国提出,如国家捕获法院的判决损害该国或该国国民的财产,或据称敌国船舶在该中立国领水内被拿捕;由中立国的个人提出,如国家捕获法院的判决损害了其财产,但其所属国有权禁止他诉诸法院或由它代表他进行诉讼;由敌国的个人或公民提出,如国家捕获法院的判决涉及他的财产在中立国船上,或者拿捕违反了交战各方现行条约的规定,或从事拿捕的交战国所颁布的法令;由有资格上诉的权利承受人或代表提出，无论该承受人或代表属中立国或属敌国，无论是否曾经参与国家法院的诉讼程序，或该中立国的承受人或代表的财产成为被裁决对象。[16] 第51条规定得更为清楚，只有缔约国或缔约国的臣民或公民才能向国际捕获法院上诉，或当只有所有人和有权代表他的人都是缔约国或缔约国的臣民或公民时才能提出上诉。

作为国际法主体的个人

德国针对该公约提出了一个新颖和创新的观点，[17] 即授权中立国和敌国个人向国际捕获法院提起诉讼，但要在明确界定的情况下。个人有代表自己的利益在国际法庭上出庭的权利，这从根本上偏离了国际法实证主义理论，即只有国家才能被视为具有适当国际法人格的国际公法主体，而个人只是国际法的客体。[18] 第二次海牙和平会议上，人类不可剥夺的权利在国际法原则和国际法庭程序中初步站稳了脚跟。[19]

美国宪法的顾虑

就美国而言，向国际捕获法院直接上诉联邦最高法院——作为美国的最高捕获法院——判决的可能性引发了对美国宪法

第 3 条关于《国际捕获法院公约》的合宪性的质疑。[20]虽然有争议,[21]但在伊莱休·鲁特的建议下,这种异议通过1910年批准公约的附加议定书予以解决,即一旦遇到宪法困难,缔约国只能在国际捕获法院通过重新起诉的方式得到赔偿,进而消除公约第 8 条规定的赔偿的补救办法以及其他具有上诉性质的内容。[22]否则,美国就愿意在批准《捕获法院公约》并编纂捕获习惯国际法的问题上追随英国这一在当时具有最强大海军的国家的立场。

根据公约第 7 条,在没有条约的情况下,捕获法院应适用"国际法的规则"(the rules of international law);若没有普遍承认的规则,那么法院应依照"正义和公平的一般原则"(the general principles of justice and equity)予以审理。由于法院中的英美法官是少数,因此美国和英国面临很大的风险,即英美法系在捕获法某些方面的观点将被大陆法系传统所取代。因此,英国坚持认为,在批准《国际捕获法院公约》之前,首先要把捕获习惯国际法编纂成条约形式。[23]

伦敦宣言

第二次海牙和平会议未能成功编纂海战法之后,1908年底,英国在伦敦召集了世界主要海洋强国(德国、美国、西班牙、法国、英国、意大利、日本、荷兰和俄国)的代表参加会议，以确定《国际捕获法院公约》第 7 条所述的公认国际法原则。[24] 这次会议的结果便是1909年的《伦敦海战法宣言》。[25]《伦敦宣言》建立在第二次海牙和平会议上制定但未通过的关于海战法典化的非正式折中方案基础之上，该折中方案涉及禁运品、连续航行与封锁的规则。[26]

捕获法院公约及其附加议定书与《伦敦宣言》均获得了美国参议院的建议和同意。[27] 作为来自纽约州的联邦参议员，伊莱休·鲁特在获得参议院批准这三个条约的过程中发挥了主导作用。[28] 参议院很快批准这些条约是因为运作良好的国际捕获法院制度将大大惠及诸如美国等国家，这些国家预计将在欧洲发生另一场全面战争时保持中立。

但是，美国政府不愿在没有英国合作的情况下交存批准书。这从来没有发生过，因为英国人更愿意考虑宣言中某些条款和缺陷，考虑它们对未来与德国的海战的潜在影响，而不是仅凭该公约是英美和欧洲大陆在封锁、禁运品、连续航行、毁坏捕获船、非中立服务等方面的合理妥协的情况下就批准该公约。[29]

英国特别关注的是：《伦敦宣言》未能处理的商船可否合法地在公海改装为军舰的问题。先前，第二次海牙和平会议的公约已经避开了将商船改装为军舰的问题。[30] 出于纯粹的军事利益考虑，英国坚决拒绝承认一个国家有在公海上将商船不受限制地改装为军舰的权利。[31] 当然，英国当时拥有世界上最强大的海军舰队。

更令英国公众反感的是宣言第 24 条，其将食品归类为有条件的禁运品，根据宣言第 33 条，如果经证明系供敌国军队或政府部门使用的，应予拿捕。[32] 宣言没有将食品归为根据第 28 条规定的不得征用的自由物品，这可以说严重危及了战时外国食品在非自给自足和孤立的不列颠群岛的重要流通。反对宣言的人，成功地利用大饥荒的恐惧挫败了英国对宣言的批准。

海军捕获法案

因此，旨在修正英国有关战争的海军捕获法以使其能够加入《国际捕获法院公约》的 1911 年《海军捕获法案》(*the Naval Prize Bill of* 1911)，获得了英国下议院的批准，但由于公众的反对未获得上议院的批准。[33] 由于在没有英国的情况下推进国际捕获法院或《伦敦宣言》没有意义，因此这两个项目都没有自动生效。这一失败也注定了美国关于授予国际捕获法院以拟议的仲裁法院的权力和职能的建议，以及上文提到的基于有限的国家任命国际捕获法院法官的轮流制度以创建国际仲裁法院的四国提案的失败。

然而，《伦敦宣言》的初步规定表明，缔约国一致同意宣言中各项规则"实质上与国际法一般公认的原则相一致"[34]。这一规定为未来海战中的交战方提供了适用宣言所阐述的规则的可能性，因为这些规则作为海战中的习惯国际法地位得到了普遍承认。例如，《伦敦宣言》的规定被自愿应用于1911年意大利和土耳其战争期间的海军行动，尽管前者是尚未批准宣言的缔约国，后者既不是缔约国也不是支持国。意大利的一项法令要求在符合意大利法律的情况下遵守宣言。在俄国的压力下，土耳其表示打算遵守宣言的规定。[35]

伦敦宣言和第一次世界大战

同样，美国政府于1912年修订了海战法以符合《伦敦宣言》。[36] 相类似的，1913年英国海军将《伦敦宣言》作为其新的海军捕获手册的核心内容。[37] 这是证明两国政府认为宣言中规定的海战规则构成习惯国际法（即法律确信）的极好证据。基于这样有分量的认可，1914年第一次世界大战开始时《伦敦宣言》被普遍认为是海战规则最权威的阐释并不让人意外。[38]

因此，战争爆发后不久，中立的美国政府正式向交战国提议，同意在互惠条件下适用《伦敦宣言》中规定的海战规则，以"防止可能出现在交战国和中立国之间的严重误解"。[39] 德国和奥匈帝国随后同意接受该宣言，并在其他交战国互惠条件下受宣言条款的约束。[40] 同盟国相信，适用宣言的规则对它们有利。[41] 另外，英国及其领导下的俄国和法国，同意接受《伦敦宣言》，"但必须作出某些修改和补充，他们认为这些修改和补充对于海军有效展开行为是必不可少的"[42]。

英国对《伦敦宣言》的限制性条件非常严格，以至于促使美国政府撤销了其关于适用宣言的最初建议，而选择不考虑《伦敦宣言》，转而坚持美国在战争期间根据现行国际法和美国订立的条约享有相应的权利和义务。[43]美国特别谴责英国将连续航行主义运用于附条件的禁运品——先是美国的食品，然后是美国的原材料——这违反了宣言第 35 条并与战前英国对食品应视为自由品的关切相矛盾。[44]具有讽刺意味的是，英国坚持后一项原则导致《伦敦宣言》以及《国际捕获法院公约》在英国上议院的失败。[45]

交战国在开战前两年继续适用它们各自内化的《伦敦宣言》。[46]然而，随着冲突激烈程度的加剧，双方逐渐采取了公然违背《伦敦宣言》中规定的最基本法律原则的海战做法。[47]这些做法造成了违法、报复和反报复的恶性循环，逐渐演变成严重违反武装冲突中的人道主义法和中立国家权利的非法行为。最后，1916 年 7 月，英国和法国政府宣布出于纯粹军事目的的原因，打算退出早先有选择地遵守的《伦敦宣言》的立场，然后根据现有的关于战争法的国际公约和"万国法"（law of nations）行使其交战国权利。[48]据称，《伦敦宣言》在一战的剩余时间里已成为"一纸空文"。[49]

国际秩序：法律、武力与帝国崛起（1898—1922）

美国介入战争

回过头来看，这种当时对《伦敦宣言》在法律上无效的负面评估应该仅在技术上的法律实证主义意义上适用。因为宣言的原则是围绕第一次世界大战期间交战国敌对行为的国际法规则定义框架的一个保障。这些法律规则为合法与非法、正确与错误、正义与非正义等观点的产生提供了源泉，使中立国家——特别是美国——感知事态的发展，并据此最终决定是否加入战争以及支持谁。[50]

例如，美国内部普遍认为，协约国侵犯其在《伦敦宣言》中规定的中立权利的行为，即故意剥夺生命与财产，在性质和数量上与同盟国大不相同，且远不如同盟国所犯下的罪行更令人发指。[51] 对美国公众舆论和政府决策产生决定性影响的是德国通过对商船和客船的"无限制"潜艇战政策肆意摧剥夺无辜者的生命（美国、中立国和敌国的平民）。[52]

这一政策始于德国1915年2月4日在英格兰和爱尔兰境内划定的"战区"，包括整个英吉利海峡。当时德国并未宣称有任何摧毁中立国船只的意图，但确实警告过后者特别是在英国滥用中立旗帜的情况下穿越被禁海域时可能会遇到严重危险。[53] 这一政策在两年后达到高潮，德国政府宣布：从1917年2月1日起，所有海上交通，包括中立船只，禁止在英国、法国、意大利和东地中海周围的指定封锁区内携带任何可用武器,不再另行通知。[54] 这种行为显然违反了《伦敦宣言》的若干条款,[55] 这些条款被普遍认为不仅是海洋战争的习惯国际法,而且是任何文明国家人道主义行为的基本准则。[56]

美国政府特别关注的是第48条、第49条和第50条,这些条款专门用以下文字讨论了对中立捕获船的毁坏:

> 第四章 中立捕获船的毁坏
>
> 第48条 凡中立船只被捕获后,其捕获者不得加以毁坏,而应将其拘留至一适当港口,以决定关于捕获是否有效的各种问题。
>
> 第49条 凡因遵守第48条规定而危及交战者军舰的安全或妨碍其所进行的战斗行为的成功,则该军舰所捕获并应予没收的中立国船只可视为例外而加以毁坏。
>
> 第50条 在船只毁坏之前,应把船上的所有人员安置到安全地带,所有船只的文件及有关各方认为对于决定捕获有效与否至关重要的其他文件,应移置于军舰上。

很明显,德国无限制的潜艇战争政策,完全不符合《伦敦宣言》的这些规定。

无限制潜艇战

从战术上看，德国的潜艇作战只能部分抵抗英国及其协约国的海上霸权地位，当时后者成功地在经济上扼杀了所有可能流向德国及其盟国的中立商业。对德国潜艇来说，为了浮出水面并遵守《伦敦宣言》中拦截涉嫌为敌国水面军舰运输禁运品的商船的规则是极度危险的行为。事实上，英国的标准做法是用"防御性"武器来武装其商船和客轮，这种武器足以摧毁一艘浮出水面的薄壳潜艇，[57]并在英国商船上悬挂中立旗帜，以欺骗敌国潜艇指挥官。[58] 在这种情况下，如果德国潜艇适用《伦敦宣言》规定的海战法规则将基本排除潜艇战的大多数实际目的，从而使英国及其协约国在战争期间从中立国——尤其是美国——商人那里几乎不间断地购买军事和商业物品。

当然，从法律上讲，德国政府将其实施战区法令的行为视作对英国严重并多次违反《伦敦宣言》以及公认的国际法原则的正当报复手段，并声称德国严格遵守了这些规则。[59] 此外，德国抱怨说，中立国不能或不愿对英国施加足够的压力使其遵守海战和中立的习惯法与条文法，以保证其国民与德国及其同盟国持续贸易的权利。[60] 中立国家未能有效对英国主张他们的权利——或者说，他们拒绝至少按比例减少由他们自己的商人自由流通到英国的武器、弹药和物资——这给德国造成巨大的军事和经济损害。

"反人类战争"

尽管德国的这些反对意见不无道理，但就美国公众和政府的意见而言，如果德国不能在遵守国际法的情况下使用这些潜艇，那么德国就应该放弃无限制的潜艇战，而不是背弃海战的人道主义法。[61] 德国一直拒绝让步，击沉载有大量无辜生命的商船和远洋船，这直接促使美国决定干涉德国[62]和奥匈帝国[63]，因为后者支持德国的做法。正如伍德罗·威尔逊总统在1917年4月2日在国会参众两院联席会议上提出的对德国宣战的请求中所说的那样：[64] "目前，德国旨在摧毁贸易的潜艇战是反人类的战争。"[65] 美国决定放弃中立，加入战争，不可避免地意味着同盟国的失败。这被证明是对德国违反《伦敦宣言》行为之最终和最有效的"制裁"。

事实上，这正是国际联盟成立之前欧洲国际公法体系的运作方式。一个国家对另一个国家诉诸战争，被普遍认为是对违法者严重和一再侵犯受害者国际法权利的最终制裁。因此，以历史的后见之明可以确定，就第一次世界大战而言，从第二次海牙和平会议到伦敦海军会议所编纂的海战法典只不过是"一纸空文"。美国最终参加了第一次世界大战正是为了维护海战和中立的国际习惯法和条文法。[66]

结 论

国际社会没有在第一次世界大战前成功完成创建规范海战的国际机制的任务,这主要是因为英国的反对,其反对的理由最终在战争期间被推翻。这一案例研究表明:大国不应反对在和平时期为国际关系某些功能性领域建立国际机制,因为他们对未来战争期间的政策预测必然是短视的。如果希望防止、限制并缓和任何战争或冲突,那么建构国际机制会好很多。

历史一再表明,基于战争假设的政府政策会成为自我实现的预言。相反,基于避免和限制战争的政府政策也可以成为自我实现的预言。所有国际机制在成立之初,都有缺陷、不足和问题。但随着时间的推移,它们都可以走上正轨,超越最初的局限。

具体到当代海洋法方面,里根政府主要基于意识形态的原因拒绝了 1982 年《联合国海洋法公约》(*UN Convention on the Law of the Sea*),这非常短视。尽管该条约中关于深海海底采矿的次级机制存在可疑缺陷,但 1982 年的《海洋法公约》是试图创建对地球表面近四分之三区域的几乎所有重要功能进行监管的新的国际机制。1982 年的《海洋法公约》直接继承了《国际捕获法院公约》与《伦敦宣言》。然而,世界上最强的海军国家在海洋国际机制的建立过程中再一次扮演了破坏者的角色。

但是这一次,世界其他国家不顾最强海军国家的意愿继续前进。作为对此的直接反应,即将上任的克林顿政府再次审视《海洋法公约》,决定加入并支持,而非忽视和削弱该公约。克林顿政府参加了关于深海海底采矿的一项修正案的谈判,然后于1994年7月29日签署了这个经过修改的《海洋法公约》,并表示打算在美国参议院和总统批准程序之前适用该公约。[67] 克林顿总统于1994年10月7日将修改后的公约提交参议院,但被参议院束之高阁,这正发生在本书付梓之时。[68]

当然,世界最强海军国家对确保并维护海上和海底的和平与稳定有着最大的利益。这一原则在20世纪初成立,在20世纪末仍然成立。这方面值得注意的是,美国参议院建议并同意了《国际捕获法院公约》及其附加议定书、1912年《伦敦宣言》。我很怀疑美国参议院今天是否准备好做同样的事情。只有时间才能知道,参议院是否有一天会对修正的《联合国海洋法公约》提供建议和同意。当然,这是美国人民应得的。

美国在20世纪初一直处于为维护国际和平与安全而创建国际法、国际组织、国际机构和国际制度运动的前沿。但在20世纪末,美国已经开始不信任和破坏已经存在的国际机制,并反对建立其无法控制和主导的新制度。今天,美国更倾向于相信自己的力量和自己的幻想,就像英国在第一次世界大战之前所做的那样。尽管我无法预测未来,但如果历史可以借鉴,除非美国改革其现实政治方式,否则可能注定要遭受英国的命运。[69]

5
创制和平解决国际争端的新机制

限制军备

即使在1898年，美国法律人也不免有些愤世嫉俗地指出：俄国沙皇建议召开会议致力于"建立保证所有国家得益于真正持久和平的最有效方式，并将裁减军备问题置于所有问题之前"，[1] 是为了减轻其政府的外交和国防预算的外部压力，以便沙皇专制政权能够巩固其内部地位，对抗国内日益增长的反对派。[2] 美国决定出席会议，尽管表示与西班牙的战争使这时削减军备"不切实际"，这无论如何，"即使是现在其削减军备的意愿无疑也远低于欧洲主要大国愿意采取的措施"。[3] 因此，国务卿约翰·海伊指示出席第一次海牙和平会议的美国代表团，将限制军备问题的倡议留给某些相关国家的代表。[4] 总的来说，美国代表在1899年的会议上未就军备限制问题发挥建设性作用。[5]

事实证明，第一次海牙和平会议完全无法就全面限制或削减军备采取任何实质性措施。[6]德国坚决反对任何暂停军备开支的做法。[7]因此，会议不得不通过赞成限制军事预算的一致决议,[8]一致通过提请各国政府审查达成关于使用新型和新口径步枪和舰炮协议的可能性,[9]以及达成限制陆、海军兵力和军事预算协议的可能性。[10]这贫乏的成果证实了美国国际法学界普遍信奉的传统智慧，即限制和裁减军备的严肃提案只有在通过新的国际法规则与和平解决国际争端的新机构来缓和国际紧张局势后才能成功，而不是之前。[11]

为此，第一次海牙和平会议提出了《和平解决国际争端公约》，该公约设立了常设仲裁法院和其他新的规则、程序和机构，以实现这一明确目的。因此，可以认为1899年公约及其1907年的修订版试图建立现代历史上第一个和平解决国际争端的国际机制。该机制将被《国际联盟盟约》与之后的《联合国宪章》继承和补充——尽管不是取代。在今天，和平解决国际争端的两项海牙公约仍然在和平解决国际争端的国际法和国际组织机制方面发挥重要作用。

国际人道主义法的积极发展

第一次海牙和平会议通过三项宣言来禁止使用某些类型的

武器，尽管控制军备和裁军不是其主要目的：（1）在五年内，禁止从气球上或其他新的类似方法投掷投射物和爆炸物；[12]（2）禁止使用在人体内易于膨胀变扁的子弹等；[13] 以及（3）禁止使用专用于散布窒息性或有毒气体的投射物。[14]

这三项宣言明确指出，它们是受1868年《圣彼得堡宣言》中"内容的启发"而达成的，该宣言规定放弃在战争中使用"任何重量在400克以下的爆炸性投射物，或充满易爆或易燃物质的投射物"。[15] 在本质上，《圣彼得堡宣言》的指导宗旨是"使战争的必要限度与人道法律相协调"。[16]1899年通过三项海牙宣言的主要动机是出于人道主义的考虑，而非出于对限制或减少军备的真正愿望。

第二次海牙和平会议

尽管俄国政府试图从第二次海牙和平会议的议程中排除军备限制，以免阻碍其在1904—1905年日俄战争失败后的军事集结，但英国和美国特别坚持该事项应予以考虑。[17] 然而，第二次海牙和平会议同样未能就全面限制军备采取实质性措施。[18] 在英国的提议和美国的支持下，会议简单确认了1899年会议关于限制军费开支的决议，并非常希望各国政府再次认真审查这一问题。[19]

1907年《关于敷设自动触发水雷公约》[20] 以及作为1899

年宣言延续的 1907 年《禁止从气球上投掷投射物和爆炸物宣言》[21] 都主要是出于人道主义考虑而订立，并未被普遍认为是真正的武器管制措施。直到第一次世界大战后，国际社会在军备限制方面才取得重大进展。那时，美国政府主动召开了一次主要盟国和相关国家（英国、法国、意大利、日本和美国）以及其他国家关于限制军备问题的会议，该会议于 1921 年底在华盛顿特区举行。[22] 这次会议被称为华盛顿海军会议，其结果将在第 8 章讨论。

第一次世界大战中毒气的使用

除潜艇之外，在第一次世界大战期间另一种震撼"文明世界"（civilized world）良知的丑陋作战手段是毒气。两组最初的交战国最终都使用了毒气，而不考虑它们都在 1899 年被毫无保留地批准了禁止使用毒气的宣言，[23] 尽管美国不是缔约国。出于之前解释的原因，第一次世界大战期间大规模使用毒气并非有关裁军和限制军备一般原则的失败，而是武装冲突的人道主义法发展的倒退。

裁减军备和人道主义的国际法——尽管相互关联——是以根本不同的理论基础为前提的，并旨在为不同的目的服务。第一次世界大战后，1925 年的《日内瓦议定书》重申了 1899 年关于禁止在战争中使用"窒息性的、有毒的或其他气体以及类似的液体、物质或器具",并扩大到禁止使用细菌作战。[24] 第二次世界大战期间,除日本外,所有的交战国都普遍遵守《日内瓦议定书》。后来,1925年的《日内瓦议定书》连同1972年的《生物武器公约》构成了一个单独的次级机制被嵌套在规范当代国际关系中威胁和使用武力的总体国际机制中。[25] 这个次级机制现在还必须加上《关于禁止发展、生产、储存和使用化学武器及销毁此种武器的公约》,美国1997年4月25日批准该公约,其于1997年4月29日生效。

斡旋和调停

除了设立常设仲裁法院外,1899年和平解决国际争端公约还确立了第三方为冲突中的两个国家提供斡旋和调停的新式做法,以实现争端的和平解决。公约第2条规定,各缔约国同意,当遇到严重分歧或争端时,"如情势允许",则在诉诸武力之前应请求一个或多个友好国家进行斡旋或调停。[26] 第3条确立了非争议当事国的权利,即"在情势许可的情况下,主动向争端当事国提供斡旋或调停"。[27] 与争端无关的第三方,即使在敌对过程中,也有权提供斡旋或调停。

最重要的是,争端的任一方绝不能将第三方行使此项权利视为不友好的干涉行为。在制定本公约之前,对建立和平有兴趣的中立国家总是冒这种风险,这种风险阻碍了防止或制止战争的外部努力。尽管第 7 条规定：接受调停，除非有相反的协议，否则并不具有中止、推迟或阻碍动员或其他战争准备措施的作用。如调停发生在敌对行为开始后，除非有相反的协议，进行中的军事行动无须停止。

第 8 条是国际法学家弗雷德里克·W. 霍勒斯（Frederick W. Holls）的主意，他是第一次海牙和平会议美国代表团的成员。[28] 该条创建了一个特别调停程序，模仿了私人决斗时对手的选择。遇有足以危及和平的严重纠纷时，争端各国分别选择一个国家并委托分别选择的国家直接联系另一方选择的国家，以防止和平关系的破裂。此项授权的期限，除非有相反的协议，否则不得超过三十天。在此期限内，争端各国停止有关争端问题的任何直接联系，此项争端应视为已全部移交各调停国。调停国必须尽一切努力解决纠纷。遇有和平关系确已破裂时，这些调停国家均负有利用一切机会以恢复和平的共同任务。[29]

当西奥多·罗斯福总统在 1904—1905 年的战争中向俄国和日本提供斡旋和调停的时候，这些关于和平解决国际争端的海牙规定取得了成果。[30] 此后，交战双方的代表在美国会面，于 1905 年 9 月 5 日缔结了所谓的《朴次茅斯和约》，以有利于军事胜利者——日本的条件结束了战争。[31] 由于罗斯福的成功倡议，他被授予 1906 年的诺贝尔和平奖。[32]

国际调查委员会

1899年《和平解决国际争端公约》的第三编[33]规定，凡属既不涉及荣誉也不影响切身利益，而仅属对于事实问题意见分歧的国际性争端，各缔约国认为，由未能通过调停达成协议的各方在情势许可的情况下，成立一个国际调查委员会（第9条）。国际调查委员会由争端各方通过一项专约组成，调查专约规定需要调查的事实和委员的权限（第10条）。除非另有规定，国际调查委员会按照1899年公约第32条规定的方式成立，该条规定适用于常设仲裁法院关于组建审判法庭的程序。

争端各国承允在"它们认为可能广泛的范围内"，与国际调查委员会合作（第12条）。国际调查委员会应向争端各国提出经全体签名的调查报告（第13条）。国际调查委员会的报告仅限于查明事实，绝对不具有裁决的性质，由争端各国完全自由地决定对报告结果的处理（第14条）。然而，这一程序背后的理论是：一旦这些事实被公正地查明、证实并与争端各国进行沟通，那么在委员会报告的基础上，和平解决冲突应该很容易实现。

多格滩事件

在法国的建议下，国际调查委员会成功解决了英国和俄国之间的多格滩争端（Dogger Bank controversy），这一争端源于日俄战争。[34] 在这一案件中，俄国波罗的海舰队在前往太平洋途中向北海的英国渔船开火，造成两名渔民死亡、其他渔民受伤，并造成实质性的财产损失。这一争端不解决，即使不发生战争，也可能导致当事国之间发生一场非常严重的冲突。[35] 国际调查委员会以有利于英国的方式成功解决了多格滩事件，向整个国际社会表明，即使是大国之间涉及其荣誉和切身利益的争端，也可以通过某种程序来和平解决。[36] 这一经验导致第二次海牙和平会议修订了1899年《和平解决国际争端公约》，以改进和扩大国际调查委员会的运作程序。1907年的公约增加了22项关于该问题的附加条款。[37]

第一次海牙和平会议提出的和平解决国际争端的两个新程序的作用在日俄战争中得到了证明。第一次世界大战之前，根据海牙公约的规定，组织了另外两个国际调查委员会，每个调查委员会均负责调查交战国和中立国之间的战时事件。[38] 同样，为促进和平解决国际争端而设立国际调查委员会的机制后来构成了所谓布赖恩和平条约（Bryan peace treaties）的核心，本书在第八章对该条约进行了分析。《国际联盟盟约》第15条也突出了这一设计,使行政院和大会能够在会员国之间发生"可能导致破裂"的争端而未将争端提交仲裁或审判时履行国际调查委员会的职能。

最终,《联合国宪章》第 34 条赋予安全理事会之广泛"调查任何争端或可能引起国际摩擦或惹起争端之任何情势,以断定该项争端或情势之继续存在是否足以危及国际和平与安全之维持"的权力。这样的规定可能导致安全理事会根据《宪章》第七章的规定而采取"强制措施"。所以,安全理事会有权调查"情势"(situation)并有效采取行动防止其成为"争端"(dispute)。

关于战争开始的公约

第二次海牙和平会议提出的关于国际争端的另一项重大实质性和程序性的创新是:1907 年《关于战争开始的公约》(*Convention Relative to the Opening of Hostilities*)。[39] 与当时的主流哲学思想相一致的是,战争不是非法的,而是国际生活不幸的事实,公约并没有试图对发动战争的理由进行规制,而只是规范了战争进行的方式。然而,人们希望该公约可以为第三国创造时间和机会向争端当事国提供斡旋或调停,或说服后者将事项提交给常设仲裁法院裁决。[40]

缔约方同意,它们之间的敌对行动不会在没有明确通知的情况下开始，会以合理的宣战形式或附条件宣战的最后通牒的形式开始。战争状态必须毫不拖延地向中立国公布，在它们收到通知或明确知晓战争状态从而得以适用中立法律之前，战争状态对中立国而言并不发生法律效力。公约旨在适用于海战和陆战。[41]

直到本公约确定的时候，宣战或在敌对行动开始之前发出最后通牒均属于国际交战惯例的例外，而不是规则。[42] 1904年2月日本偷袭位于阿瑟港的俄国海军舰队证明了这一观点，这也标志着日俄战争的开始。这一经验表明，该公约可能倾向于支持较弱的国家而非较强的国家，因为前者通常从出其不意的因素中获得更大的相对战略利益。

因此，在会上提出的关于在提交宣战书或最后通牒与开始敌对行动之间确定强制性间隔的建议未获通过。[43]该公约基本上允许每个缔约国自由地确定最符合自己利益的间隔时间，虽然从战术上来说，间隔时间只要设置得很短就足以让敌人措手不及。然而，在第一次世界大战开始的时候，大多数主要的交战方却忠实履行了1907年条约的条款。[44]

珍珠港

事实上，除了阿瑟港的军事行动之外，日本试图遵守1907年《关于战争开始的公约》的条款已超过三十五年，直到1941年11月7日袭击珍珠港。日本指示其驻华盛顿的外交代表，在既定的敌对行动开始之前不久向美国宣战。[45] 东京的耽搁导致宣战书的延迟。[46] 因此，日本政府违背了自己的意愿，最终违反了公约条款。

1907年《关于战争开始的公约》成为美国政府官僚式观念中有关第二次世界大战中国际法规则框架的重要组成部分。日本公然违反国际法的对珍珠港的"偷袭"（sneak attack），深刻影响了美国在整个战争中对日本的舆论，也影响了在1945年7月26日的《波茨坦公告》中阐明的关于同盟国政府对日本无条件投降或"迅速而彻底的毁灭"（prompt and utter destruction）的最后通牒。[47] 最令全人类感到遗憾的是，广岛和长崎成为日本违反1907年公约的最终"制裁"地点。[48]

古巴导弹危机

当然，尽管是间接的，但1907年《关于战争开始的公约》在第二次海牙和平会议被通过后的大约五十五年间，对维护国际和平与安全做出了最深远的贡献。1962年10月古巴导弹危机爆发时，为处理此事而成立的美国政府决策小组（所谓的执行委员会）的绝大多数成员都认为，对在古巴的苏联导弹基地进行"外科手术式精准的突然空袭"是应对赫鲁晓夫在距离美国大陆海岸不远的地方秘密部署这些极其危险的威胁性武器的唯一可行做法。[49]轰炸之前，通知赫鲁晓夫或卡斯特罗的选项被排除在"军事或其他原因"（for military or other reasons）之外。[50]

司法部长罗伯特·肯尼迪（Robert Kennedy）在听取了执行委员会发动偷袭的提议之后，向他的兄弟（总统）递了一张便条说："我现在知道东条策划珍珠港事件时的感受了。"[51]罗伯特·肯尼迪坚决反对偷袭，因为这完全不符合美国建国和应该代表全世界的道德价值:[52]"在最初的五天里，我们在这个道德问题上花的时间比其他任何事情都要多。"[53]出于这个原因，罗伯特·肯尼迪与国防部长罗伯特·麦克纳马拉（Robert McNamara）一起主张在古巴周围实施海上封锁，随后美国向美洲国家组织寻求支持。[54]

封锁相较于偷袭的一个主要优势是：前者将允许美国在美洲国家组织和联合国面前为其行为提出合理的法律理由，以争取它们支持或至少不反对美国的行动。任何国际场合，偷袭在法律上都是站不住脚的。[55]最终，封锁的替代办法战胜了偷袭方案，美国得到美洲国家组织对其"封锁"古巴的一致支持。[56]罗伯特·肯尼迪认为："对全面军事攻击最有力的反驳就是，偷袭将会侵蚀甚至可能摧毁美国在全世界的道德立场，尽管这并不是令人满意的答案。"[57]整个西半球对美国立场的坚定支持被证明是说服赫鲁晓夫从古巴撤出苏联导弹和轰炸机的关键因素。

国际秩序：法律、武力与帝国崛起（1898—1922）

法律-道德义务

第二次海牙和平会议与古巴导弹危机之间的历史过渡期，1907年《关于战争开始的公约》成功地完全转变了政府对接受偷袭作为国际敌对行为开始的一种方式的态度。该公约提出了国际法规则的清晰框架，使得当代政府决策者能够有意或无意地从中得出合法与非法、正确与错误、正义与非正义的观念。通过这种方式，1907年规则形成的观念成为五十多年后影响古巴导弹危机中美国政府决策者的前提。

美国对1941年日本偷袭珍珠港的"背信弃义"的行为表示一致和强烈的反感，此后，1907年《关于战争开始的公约》被转变为一种比任何国际法原则都具有更大约束力、效力和意义的现象：一种法律道德义务。就美国政府而言，通过时间和惨痛的经历，一项最初有保留的和含糊不清的国际法规则变成了一项绝对的法律道德义务，即使在严重的国际危机期间国家本身的生存受到威胁时也必须遵守这一义务。作为一项法律道德义务，1907年公约的规定能够阻止最初针对古巴境内的苏联导弹基地的"外科手术式精准的突然空袭"。

当然，1907年《关于战争开始的公约》并非旨在意图阻止或预防战争的爆发。但是，它关于偷袭的禁令以珍珠港事件为媒介间接阻止了可能于1962年10月爆发的第三次，也许是最后一次世界大战。因此，1907年《关于战争开始的公约》已经证明是第二次海牙和平会议对维护二战后国际和平与安全的重大贡献。

波特公约

第二次海牙和平会议制定的和平解决国际争端的最后一个机制是《限制使用武力以索偿契约债务公约》。[58] 这一条约通常被称为《波特公约》，以纪念出席第二次海牙和平会议的美国代表贺拉斯·波特（Horace Porter）将军，他代表美国政府提出该条约，并努力争取使条约获得通过。[59] 各缔约国同意不得因一国政府向另一国政府拖欠其国民的"契约债务"（contract debts）[60] 而诉诸武力。但是，当债务国对交付仲裁的提议表示拒绝或不予答复，或在接受仲裁提议后使仲裁协议不能成立，或仲裁不服从裁决，则上述约定不能适用（第1条）。

这种仲裁将根据与常设仲裁法院有关的1907年和平解决国际争端的海牙公约第四编第三章而进行。除非双方另有协议，常设仲裁法院的仲裁裁决应确定索偿的合法性、债务数额、付款的时间和方式（第2条）。然而最重要的是，公约没有包含对当这类仲裁涉及切身利益、荣誉、独立和第三方利益时通常所做的保留。但是美国政府针对《波特公约》达成了一项"谅解"，即只有通过与争议当事方缔结一项一般性或特别的仲裁协议,才能诉诸常设仲裁法院。[61]

随着《波特公约》的生效,债权国不得不将国民对债务国的契约索赔提交国际仲裁。这一要求创造了一种途径,可以通过不偏不倚的方式查明、否认或减少欺诈、虚假或夸大的索赔,从而阻止强大的债权国国民滥用其债权。与之相反,《波特公约》甚至确定了债务国要求外国公民对其提出的契约索赔进行国际仲裁的权利。然而,这显然意味着,如果债务国不愿遵守常设仲裁法院仲裁程序的条款,债权国将保留其据称根据习惯国际法所拥有的使用武力来收取债务的任何行动自由。

尽管存在这个漏洞,但随后的历史证明《波特公约》取得了非凡的成功。它实际上终止了过去被普遍容忍的做法,即更强大的债权国(主要是欧洲国家)威胁或使用武力来收取较弱的债务国(通常是拉丁美洲或加勒比地区国家)欠其国民的契约债务。此后,国际关系中为收回政府债务而使用武力的唯一案例是在1923年德国拖欠第一次世界大战的赔款后,比利时和法国对鲁尔区的占领。然而,法国以《凡尔赛条约》允许这一行动作为辩护理由。[62]

德拉戈主义

第二次海牙和平会议上,美国支持《波特公约》的动力来自1902年关于委内瑞拉拖欠公共债务的争议。英国、意大利和德国试图通过使用武力来收回国民的索赔，包括封锁委内瑞拉的海岸线，捕获其舰队以及炮击一些堡垒。[63] 1902年12月29日，阿根廷外交部长路易斯·德拉戈（Luis M. Drago）向华盛顿发了一份照会，他主张美国应该坚持任何一个美洲国家的公共债务不能作为欧洲国家武装干涉或军事占领其领土的借口的原则。[64]此照会是所谓的德拉戈主义的起源，即在任何情况下都不得使用武力逼债。

德拉戈主义的前提，即不干涉政策，是现代国际公法体系中所有国家自由、独立和平等的必然结果。否则，承认这种干涉权就为强国提供了借口，使强国得以干涉军事弱国，以便建立其势力范围或推动其他帝国主义事业的发展。德拉戈还指出，美国如果不遵循这一规则，无异于是对门罗主义的违反。由于显而易见的原因，德拉戈认为，美国在第二次海牙和平会议上推动《波特公约》时犯了错误，因为它实际上使作为逼债手段的战争合法化。[65]

委内瑞拉债务争议

罗斯福总统更关心的是，欧洲债权国可能占领委内瑞拉领土，以偿还其国民的债务，从而可能违反门罗主义。除非美国在某种程度上纠正这种情况，否则很容易为欧洲债权国持续干涉拉丁美洲和加勒比地区的债务国动荡的政治和经济事务创设一个不幸的先例。因此，罗斯福决定通过外交手段干预委内瑞拉争端，他试图说服债权国允许通过一系列混合委员会解决其索赔，并让封锁国向常设仲裁法院提出给予其债务支付优惠待遇的要求，以进行仲裁，这便导致上文所述的委内瑞拉优惠案。[66]

和平解决委内瑞拉债务争议开创的先例，最终载入由美国在第二次海牙和平会议上成功主张的《波特公约》。当然，《波特公约》并没有达到德拉戈主义的境界，因为该公约并没有禁止在任何情况下使用武力逼债。尽管如此，《波特公约》仍然被认为是美国外交政策的胜利。一项主要旨在保护拉丁美洲国家免受欧洲军事干涉的多边协定的缔结，被解释为所有签署方默示承认门罗主义的有效性，而门罗主义则部分体现在这一新的国际公法原则中。[67]

第三次海牙和平会议

美西战争之后的二十五年间，美国法律人为国际政治而提出的预防战争方案的第五个也是最后一个要素就是建立国际社会各国定期召集和平会议的机制，以完成、完善并推进第一次和第二次海牙和平会议的工作。第一次海牙和平会议是在俄国沙皇尼古拉二世的倡议下召集的。最后决议的若干条款打算召开后续会议以处理各种未决问题，但对于谁有权启动会议或什么时候召集会议没有任何具体说明。1904年日本和俄国在中国东北的战争爆发使沙皇主动倡议召开第二次和平会议显得很尴尬，即使这在政治上可行。这就提出了一个普遍的问题：在没有俄国外交倡议的情况下，其他国家是否拥有合法权利并应承担政治义务来召集另一次海牙和平会议。

1904年9月，各国议会联盟在密苏里州圣路易斯市举行了会议并通过一项决议，要求美国总统向世界各国询问它们是否愿意参加第二次和平会议。[68] 此后不久，西奥多·罗斯福总统开始了这项倡议，向第一次海牙和平会议的缔约国发出通知照会。[69] 该照会指出，1898年沙皇发出邀请时，美国和西班牙没有缔结结束战争的和平条约，然而第一次海牙和平会议并没有试图干涉它们之间的和平条款的制定。罗斯福认为，日俄战争同样不应中断世界朝向实现普遍和平的进程，而随后的会议也不会试图干涉日俄战争。

然而这场冲突结束后，沙皇尼古拉要求罗斯福将第二次会议的倡议交给他，罗斯福欣然同意。1907年6月15日，第二次海牙和平会议开始审议有关事项。[70] 1907年10月18日，第二次海牙和平会议的最终决议与相关公约被签署。

这些文件中有一项提议，即第三次和平会议应在与第一次会议以来所经历的时间期间类似的时间间隔内举行（即8年间隔或1915年召开），日期由各大国共同商定。[71] 最后决议还指出，在会议之前约两年的时间内，各国政府应召集一个预备委员会以负责收集会议审议的各种议题，拟定一个方案并确定第三次会议的组织方式和程序。[72] 美国法律人认为，第二次海牙和平会议最后决议关于第三次会议的语言明确表明：出席第一次或第二次海牙和平会议的任何国家都可以主动召集第三次海牙和平会议，从而含蓄地驳斥了俄国拥有专属优先权的假定要求。[73] 在第二次海牙和平会议上，美国代表团是终止沙皇主张其享有召集未来海牙和平会议的专属权益的运动先锋。[74]

为筹备第三次海牙和平会议，美国国际法学会决定在1912年4月举行的第六届年度会议上讨论和平会议的方案、组织和程序。[75] 所审议的一些主题是：一般仲裁条约的缔结、海战法的编纂、战争对国际公约和私人契约的影响、海洋地带和领水，当然还包括设立国际常设法院。此时，美国国际法学家对拟议的仲裁法院可以在第三次海牙和平会议召开之前投入运作表现出了极为乐观的态度。[76]

1912年总统选举结束后不久，即将卸任的塔夫脱总统任命了一个政府咨询委员会，审议关于第三次海牙和平会议方案的提议。[77] 1913年，第十九届莫霍克湖国际仲裁年度会议通过了一项原则宣言，其中包括一项提议，即美国国务卿敦促世界各国立即成立第二次海牙和平会议最后决议所要求的第三次会议国际筹备委员会。[78] 然而，当时某些国家反对在英国批准《伦敦宣言》和设立国际捕获法院之前举行第三次会议，这两项都曾于1911年12月被英国上议院驳回。

1914年1月31日，伍德罗·威尔逊的国务卿威廉·詹宁斯·布赖恩向参加第二次海牙和平会议的美国外交官员们发出了一份相同的通知照会，提议后者将第三次和平会议国际筹备委员会的职责委托给海牙常设仲裁法院行政理事会（由荷兰外交部长和派驻海牙的缔约国外交代表组成），并于1915年举行第三次会议。[79] 鉴于一些国家的各种答复，布赖恩于6月22日发布了一份后续通告照会，修正了他先前的提议，建议第三次会议于1916年6月在海牙举行，并将国际筹备委员会的职责交由一个从常设仲裁法院理事会成员中选出的委员会。[80] 此后不久，1914年6月26日，荷兰政府邀请参加第二次海牙和平会议的缔约国指定一名会议筹备委员会成员，于1915年开会审议提交第三次海牙和平会议的问题。[81] 两天后，奥匈帝国的弗朗西斯·斐迪南大公（Archduke Francis Ferdinand）和他的妻子在萨拉热窝被一名塞尔维亚民族主义者暗杀，从而引发了第一次世界大战。[82] 似乎无处不在的詹姆斯·布朗·斯科特被选为第三次海牙和平会议国际筹备委员会的美国代表，并在战争爆发时取消了他因此目的前往欧洲的行程。[83]

结论

这种同时发生的事态表明了第一次世界大战降临在欧洲大国身上的意外和突然。[84] 结束第一次世界大战的1919年巴黎和平会议不得不发挥从未召开过的第三次海牙和平会议的作用。[85]然而，为国际社会所有国家定期召开和平会议以建立某种机制的长期的美国法律主义目标最终得到实现，事实上，国际联盟的成立远远超越了这一目标。

6
美国在拉丁美洲、加勒比与远东地区的法律帝国主义政策

国际法与美国帝国主义政策

从美西战争到国际联盟和国际常设法院的创立,美国对国际法与国际组织的外交政策的历史,假设不包括对拉丁美洲和加勒比地区的美国法律主义态度与政策的简要分析,如果从材料上讲不是误导性的,那么从实质上讲也是不完整的。可以肯定的是,美国政府开创并推动了西半球的预防战争方案,该方案基本上包括构成当时对欧洲外交政策的五个法律主义要素:仲裁、判决、编纂、和平解决国际争端的其他法律手段以及定期召开区域会议。然而,到了19世纪末,美国对旧世界和新世界的外交政策之间的实质性差异是基于一个不可避免的历史事实,即美国已成为西半球地缘政治的积极参与者和公认的主

导力量。例如，1895年克利夫兰总统的国务卿理查德·奥尔尼（Richard Olney）相当坦率地说："现在美国事实上已经控制了整个美洲大陆，对所有美国能够施加影响的地区而言，美国的法令就是法律。"[1]

由于在1898年轻松战胜西班牙，美国迅速采取行动将拉丁美洲和加勒比地区纳入势力范围，类似于主要欧洲帝国殖民列强在非洲和亚洲大陆所划分的势力范围。在西半球，美国基于国际法和国际组织考虑的预防战争方案与美国帝国主义的权力和自负的政治现实近头相撞。这两种相互对立——如果不是完全相反——的国际关系意识形态之间的直接对抗，给美国外交政策决策机构造成了一系列无法解决的困境。

在未来三十年中，美国政府将试图通过实际的和威胁的军事干涉与武装占领来应对墨西哥、中美洲和加勒比地区不稳定的政治和经济问题。这种干涉主义的外交政策，明显违反了美国的情感、哲学原则、美国政府为在全球国际关系体系内以及在单独的美洲内部的国际法、国际组织和美国积极寻求建立的机构中所普遍适用的国际公约。从那时起，干涉主义的后果长期困扰并折磨着美国对拉丁美洲和加勒比地区国家的外交政策决策。大体上，可以公平地说，在整个20世纪，美国政府试图在西半球建立国际法和国际组织"机制"，以巩固、推进并合法化其在该地区的霸权地位。

6 美国在拉丁美洲、加勒比与远东地区的法律帝国主义政策

门罗主义

1898—1922年间，美国在拉丁美洲和加勒比地区的所有外交政策的焦点都是对门罗主义（Monroe Doctrine）的合适解释，门罗主义最初是美国政府设计的、旨在阻止欧洲神圣联盟帮助西班牙夺回其在拉丁美洲的领土的一项政策。[2] 正如1823年12月2日詹姆斯·门罗总统在国会的国情咨文中宣称：美国政府认为美洲大陆不得再被任何欧洲国家视作未来的殖民目标；欧洲国家不得将其政治制度扩展到西半球；美国不会干涉任何欧洲国家在西半球现有的殖民地或属地；美国在西班牙和南美洲新独立政府之间的战争中保持中立，但不允许西班牙重新统治；最后，美国将继续遵守华盛顿告别演说中的原则，在欧洲事务中保持中立，除非权利受到严重威胁。[3] 门罗主义的所谓波尔克推论（Polk Corollary）后来创造了一个额外的禁令，即欧洲国家不能通过另一个欧洲国家的割让而获得西半球的领土。[4]

20世纪之交，美国国际法学家坦率承认：门罗主义没有被提升到构成世界各国承认的国际公法的一般原则。相反，门罗主义只不过是美国政府对国际政治政策的官方声明，出于政治、外交和军事上的权宜之计，欧洲国家默认了这一声明。[5] 从美国的角度来看，这是一个优势。承认门罗主义是政策而非法律，意味着与之有关的问题或争端不能根据美国政府当时倡

导的各种强制仲裁条约和争端解决方案成为国际仲裁或裁决的适当议题。[6]

尽管美国致力于仲裁或裁决国际争端的一般原则，但美国坚决声明，它打算单方面保持其认为合适的方式解释和执行门罗主义的能力。[7]法律人认为这一点至关重要，因为门罗主义建立在美国政府自卫的主权基础上，这是国际公法所承认的特权。在当时战争尚未被禁止而只是被容忍的国际关系体系中，自卫的最终保障不是仲裁或裁决，而是野蛮的军事力量。根据美国法律主义的逻辑，同样的原理必然适用于门罗主义。

罗斯福推论

从拉丁美洲的角度来看，最初的门罗主义在理论上并不令人反感。因为在他们看来，美国的这一政策立场在一定程度上是要对拉丁美洲国家保持独立于各自的前欧洲殖民国家的能力负责的。[8]真正的问题源于西奥多·罗斯福总统在1904年12月6日国会的年度咨文中所宣布的所谓的门罗主义的罗斯福推论：

> （拉美国家）时常发生的越轨行为，或因虚弱无能而造成文明社会的纽带普遍松弛，在美洲也正如在其他地区一样，终将需要某个文明国家的干涉，而在

6 美国在拉丁美洲、加勒比与远东地区的法律帝国主义政策

西半球美国之奉行门罗主义,迫使美国,虽非出于心愿,亦将不得不在这种越轨行为或虚弱无能的重大案件中行使一种**国际警察的权力**。[9]

虽然适用于西半球国家的任何国际不法行为的措辞有些笼统,但这一原则的实质是:美国政府声称对拉丁美洲和加勒比地区国家的国内事务有先发制人的干涉权利,在其公共债务拖欠方面,通过在美国的直接监督下建立妥善管理前者的公共财政和清偿债务的机制,以防止欧洲债权国的干涉。如果认为必要,这一目标则将通过美国军队以强行扣押并占领该外国领土和海关的手段来实现。

事实上,上述《波特公约》防止欧洲出于经济原因干涉西半球方面的实际成就在很大程度上被认为是对基于门罗主义的罗斯福推论的执行。因为《波特公约》减少了欧洲干涉拉丁美洲和加勒比地区国家内政的理由,罗斯福推论丰富了旨在为美国干涉行为辩护的理由。因此,在这个意义上,《波特公约》也必须被适当地解释为美国对拉丁美洲和加勒比地区帝国政策的附属物。

国际警察

从拉丁美洲的角度来看,罗斯福推论被认为宣布了美国对

西半球实行霸权帝国主义的单边政策,这类似于欧洲列强在世界范围内推行的均势政治和势力范围制度。上文讨论的德拉戈主义的创始人路易斯·德拉戈强烈表示,美国不应像当时在多米尼加共和国所做的那样,代表欧洲承担讨债人的职责。[10]拉丁美洲不是美国的势力范围,美国没有权利在该区域行使"国际警察职能"(international police functions)。

在拉丁美洲看来,罗斯福推论显然违反了以不干涉、国家平等和主权独立为基本原则的门罗主义。甚至,美国前国务卿理查德·奥尔尼和伊莱休·鲁特——前一位是克利夫兰总统的国务卿,后一位是西奥多·罗斯福总统的国务卿——最终也加入了拉丁美洲的抗议,声称门罗主义的真正本质并不是要求美国成为西半球的"国际警察"或是成为其他债权国及其国民的追债代理人。[11]在这一点上,他们与路易斯·德拉戈和亚历杭德罗·阿尔瓦雷斯(Alejandro Alvarez)这样著名的拉丁美洲法学家所主张的立场完全一致。[12]

然而,美国国际法学界的大多数观点则赞成罗斯福新颁布的对门罗主义的干涉主义解释。[13]随着美国凭借战胜西班牙而在西半球建立势力范围,人们普遍认为,美国政府现在必须承担"执行"(enforcing)门罗主义的积极角色,通过经济、外交和军事手段干涉那些在履行对欧洲国家的国际法责任方面失职的拉丁美洲和加勒比地区国家的内政。否则,欧洲国家可能会反过来通过军事干涉和占领,以不符合门罗主义的方式纠正所谓的侵犯其权利的行为。根据美国的法律帝国主义逻辑,凭借

6 美国在拉丁美洲、加勒比与远东地区的法律帝国主义政策

罗斯福推论,美国政府已成为在西半球执行国际法的"警察"。

巴拿马运河

在那个特殊时期,美国政府觉得有必要在中美洲和加勒比地区扮演警察的角色,因为它最近在保护拟议的巴拿马运河通道问题上拥有了所谓的"至关重要国家的安全利益"[14]。1903年,美国海军陆战队曾在巴拿马共和国从哥伦比亚独立的过程中扮演了"助产士"的角色,并参与了当年的美巴条约(Hay-Bunau Varilla Treaty)谈判。[15] 这项条约永久地授予美国一个横跨巴拿马地峡的10英里宽的运河区,并赋予美国行使所有权利、权力和权威,[16] 就好像它是美国的领土那样而行使主权。

关于最近有争议的问题是:第3条这种奇怪的措辞是否实际意味着美国在法律上不具有对运河区的主权,因为当时美国被认为是出于保护巴拿马运河的一切目的而对运河区具有的"实际的主权"。[17] 然而,一些严厉的批评认为,美国对于巴拿马的干涉严重违反了关于国家平等的国际公法的基本原则,并将其作为美国违背先前实践而未维护弱国在外交事务中权利的例子。[18] 美国前国务卿理查德·奥尔尼甚至提议,美国因占有运河区域而应补偿哥伦比亚。最终,美国向哥伦比亚支付2500万美元的赔款,以"消除1903年11月在巴拿马政治事

件中产生的所有误解"。[19]

另外，一些美国国际法学家试图以"具有深远影响的永久的国家或国际利益"[20]（permanent national or international interests of far-reaching importance）为其对巴拿马的干涉辩护，这可能会损害国际公法禁止军事干涉的基本规定。在这个时代，大多数美国国际法学家基本上都接受了对"美国的"巴拿马运河的强行建造和永久占领，认为这是在国际公法领域之外的地缘政治生活的必然需要。[21]这种态度与他们以明显虚假的理由为美国的西半球干涉编造易被识破的法律理由的普遍偏好是一致的。[22]

罗斯福政府试图以1846年与新格林纳达（后来的哥伦比亚）的条约为理由，为其在巴拿马的干涉辩护。因此，美国保证了新格林纳达的主权、财产权以及自由通航巴拿马地峡的权利。[23]美国政府拒绝哥伦比亚向海牙常设仲裁法院提交针对该条约解释的请求。[24]

军事干涉主义构成了美国从美西战争直到第一次世界大战结束后对拉丁美洲和加勒比地区外交政策的基石。在政治上，该政策以门罗主义的罗斯福推论为依据。在法律上，该政策的依据要么是强加于目标国的一些条约的条款，要么是依据习惯国际法规定的权利，美国政府采取军事干涉以保护其海外国民的生命和财产免受据称超出东道国政府控制的危险的国内状况的影响——这通常充其量只是一个借口。[25]战略上，美国对拉丁美洲和加勒比地区的干涉主义外交政策的支点转向了巴拿马运河，该运河连接着美国两岸，成为美国大陆与其最近在远东所获领地之间进行政治、军事和经济交流的高速公路。

多米尼加共和国贷款公约

在多米尼加共和国混乱的形势下，门罗主义的罗斯福推论正式颁布。在那里，政府实际上陷入了一种破产的状态，并面临着欧洲国家为其国民强行讨债而进行军事干涉的迫在眉睫的威胁。这种情况再次显示出像上文讨论的委内瑞拉债务争议那样的凶险预兆。[26]

根据1907年美国和多米尼加共和国之间缔结的一项公约，美国总统被授权任命一位首席破产管理人，负责征收和妥善管理所有多米尼加的关税收入。[27]美国管理人将这些资金用于有序的利息支付，并分期偿还多米尼加共和国发行和出售的2000万美元的新债券。新债券的收益连同海关收入将一起支付给政府的债权人，作为财务重组的一部分，这些债权人已经同意大幅度减少索赔的名义金额。三十年后，一位美国历史学家总结道："美国通过军事力量启动破产管理的说法，大致是正确的。"[28]

多米尼加共和国1907年公约没有明确给予美国军事干涉的权利以确保其履行任何职责，但根据公约第2条，美国可以向首席管理人及其助手提供"履行职责所必需的保护"。[29]然而，在欧洲第一次世界大战的阴影下，1916年11月29日伍德罗·威尔逊总统决定以多米尼加共和国未履行公约条款为由进行干涉并将其置于军事占领之下。[30] 占领多米尼加共和国的海军陆战队于1924年被撤回，但对其的海关接管直到1940年才终止。[31]

《多米尼加共和国贷款公约》被证明是美国1911年与洪都拉斯（未批准），[32] 1911年（未批准）[33] 和1914年（批准）[34] 与尼加拉瓜，以及1915年与海地之间关于经济接管协议谈判的一个粗略而现成的模型。[35] 1912年，美国海军陆战队入侵尼加拉瓜，占领该国直到1925年，于第二年返回，最后于1933年撤回。[36] 海军陆战队于1915—1934年占领海地，并对其破产管理一直维持到1947年。[37] 海军陆战队于1924年登陆洪都拉斯，直到第二年才撤回。[38] "美元外交"和"炮舰外交"在20世纪前三十年的美国对中美洲和加勒比地区的外交政策制定过程中相互融合，携手并进。[39]

古巴和普拉特修正案

1898年美西战争的表面原因是西班牙在镇压古巴独立革命期间犯下了暴行。因此，在对西班牙宣战的联合声明中，美国国会否认了对古巴行使主权或控制权的任何意图，并明确指出：美国最终会将古巴政府和古巴的控制权交给古巴人民。[40] 根据结束战争的《巴黎条约》，西班牙放弃了对古巴的所有主

6 美国在拉丁美洲、加勒比与远东地区的法律帝国主义政策

权,美国根据国际法承担了占领古巴的责任。

美国政府将《普拉特修正案》强加于古巴,作为古巴独立以及美国在美西战争结束后撤回驻留在古巴的美国占领军的条件。作为罗斯福推论的预告,《普拉特修正案》规定:

> 古巴政府同意美国有权进行干涉(干预),以维护古巴的独立,并维持一个足以使人民的生命财产和个人自由得以保障并能履行《巴黎条约》赋予美国对古巴的义务(这项义务现在由古巴政府在承担)的政府。[41]

这段文字最初作为《1901年陆军拨款法》一个修正案的一部分,后成为1901年2月21日古巴宪法附录的第3条;[42] 最后写入1903年5月22日《古巴和美国关于确立关系的条约》的第3条。[43]《普拉特修正案》是时任美国国务卿伊莱休·鲁特的主意,他认为保护美国在巴拿马的战略地位至关重要。[44]

《普拉特修正案》是美国从1906年开始对古巴进行一系列实际的或可能的军事和外交干涉的法律借口,[45] 直到1934年因成为富兰克林·罗斯福(Franklin Roosevelt)对拉丁美洲"睦邻"政策的一项内容而被正式废除。[46] 美国政府实际上于1906年、1912年、1917年和1920年均派遣军队进入古巴。[47]《普拉特修正案》所阐述的干涉理论被认为是有益的,因此人们普遍建

123

议将其作为美国在整个加勒比盆地外交政策的综合基础。[48]这一时期,在美国政府试图强加给中美洲和加勒比地区国家的各种国际协议中,总是可以发现一个又一个确保美国能够干涉这些国家的条款。

美国对中美洲和加勒比地区的帝国保护关系

除了以《普拉特修正案》、罗斯福推论、所谓的自卫权利和据称需要保护巴拿马运河通道为理由外,美国国际法学家还以诸如"减少国际妨害""维护国际法和国际秩序的特殊权利和普遍利益"等似是而非的理由,为美国在"姐妹共和国"的武装干涉和长期占领辩护。[49]美国国际法学家发明的另一个肤浅的理由是,美国政府有所谓的道德义务,即把这些落后国家的人民从他们通常专制、腐败和低效的统治者手中解救出来,这些统治者可能会将该地区推入无休止的无政府状态和混乱状态。[50]根据美国法律帝国主义的逻辑,美国政府必须帮助美洲的其他国家在国际关系和国内事务上向更高层次的文明和自治迈进。然而,在它们到达这个阶段之前,国际法不干涉的根本原则并不适用于保护中美洲和加勒比地区的国家,从而使其避免成为美国帝国的保护国。许多美国国际法学家无视这种可能主要是出于国际强权政治、军事战略和经济贪婪的动机的所谓的有益和利他的政策。[51]

6 美国在拉丁美洲、加勒比与远东地区的法律帝国主义政策

美国的帝国政策以及日本在远东地区的帝国政策

对美国在西半球的帝国行为的这些似是而非的理由，引发了美国一面对中美洲和加勒比地区与另一面对远东的外交政策之间有害的相互作用的过程，这成了四十年后日本偷袭珍珠港的前奏。1898 年，美国对夏威夷[52]、关岛和菲律宾的兼并标志着美国帝国主义开始向太平洋的东部边缘进军。在这里，美国很快就与另一个从 1895 年对中国以及 1905 年对俄国的军事胜利中迅速扩张的帝国列强日本发生了严重的冲突。后者的扩张行动使其于 1905 年将朝鲜变成其保护国，并于 1910 年吞并了朝鲜。

美国在太平洋东端的法律评论者对日本公然征服朝鲜的行为做出了温和但短视的解释，认为这仅仅是日本努力获得与新旧大陆列强一定程度平等的一部分，从而和其他列强一样获得合法的"一席之地"（place in the sun）。[53] 当然，这种追求类似于同一时期美国在西半球和远东地区进行的帝国主义探索：在干涉主义的罗斯福推论支持下，利用被侵占的巴拿马运河作为美国帝国两个部分之间的战略联系。如果让美国国际法学家针对日本在其亚洲大陆的所谓"势力范围"的剥削做出严厉指责，那将是非常虚伪的。如美国法律人所看到的那样，正像美国目前正巩固其在西半球的霸权地位，日本注定要成为一个涵盖西

太平洋盆地大部分地区在内的亚洲帝国的领导者。[54] 因此，罗斯福政府正式默许了日本对朝鲜的接管，以换取美国在菲律宾的自由行动权以及禁止日本移民到美国的协议。[55]

中国的门户开放

然而，给予日本帝国在太平洋上的尊重，并不能否认地缘政治的现实，即美国在远东领土的扩张取决于阻止日本在亚洲大陆获得任何额外领土的程度。[56] 特别是，具有不可估量的战略和经济价值的中国领土、人口和资源绝不能在日本的统治之下。当然，中国也不能再进一步分裂为一个由欧洲列强行使专属经济或政治的控制区，这些国家已经在中国和东南亚建立了帝国的据点。

因此，20世纪初美国在远东外交政策的基石是维护中国剩下的领土完整和政治独立。[57] 这些考虑促使美国支持英国政府提出的对中国的"门户开放"政策。[58] 这一政策旨在确保所有在中国的西方帝国主义列强在各自的"势力范围或利益内"[59]，在通商行船方面享有平等待遇，换句话说，这是事实上而非法律上瓜分中国线路的规则。

6 美国在拉丁美洲、加勒比与远东地区的法律帝国主义政策

义和团运动

美国在 1900 年 7 月 3 日扩大了对中国门户开放政策的解释,国务卿约翰·海伊向各欧洲列强发出照会,考虑组建一支国际远征队(包括美国军队)以援救当时被反对西方殖民帝国主义的义和团围困在北京的各国公使馆。[60] 正如海伊所说,美国对华外交政策的目的是确保中华帝国的永久安全与和平,维护其领土和行政的完整,保护根据条约或国际法所赋予的外国人的所有权利,并维护所有列强在中国进行平等和公正贸易的原则。[61] 海伊在通知照会中阐明的原则,最终得到主要帝国列强在第一次世界大战爆发前缔结的几项重要协议的认可。

在这些条约中最重要的是:1900 年 10 月 16 日英国与德国就确定彼此对在中国的共同政策所签署的协议;[62] 1902 年 1 月 30 日英国和日本的同盟条约,[63] 该条约被 1905 年 8 月 12 日的条约所取代,[64] 而 1905 年的条约又被 1911 年 7 月 13 日的另一同盟条约修正和延长;[65] 1905 年 9 月 5 日,俄国和日本的《朴次茅斯和约》的第 3 条和第 4 条,[66] 以及 1907 年 7 月 17 日(30 日)的《圣彼得堡条约》;[67] 1907 年 6 月 10 日,日本和法国达成协议;[68] 最后是 1908 年 11 月 30 日美国和日本缔结关于太平洋属地的《鲁特-高平协定》(*Root-Takahira Agreement*)。[69]

一位重要的美国法学家表达希望称:世界列强在远东关于

中国的门户开放政策的共同协议,连同英国、法国、俄国在三方协约中的联系以及日本和英国的盟约——所有这些国家都通过一系列双边仲裁条约进一步与美国联系在一起——可能为谈判达成一项涵盖欧洲、亚洲和美洲大陆的全球"和平协定"(peace pact)创造条件。[70]

墨西哥革命

在太平洋的另一边,根据1848年的《瓜达卢佩-伊达尔戈条约》将里约格兰德河以北的墨西哥领土主权割让给美国之后,[71]在第一次世界大战之前美国对墨西哥的主要关切不是战略性的而是经济性的,因为大量美国资本投资在墨西哥,这是美国基金在国外投资的主要流向地。[72]这些投资的安全性在1910年墨西哥革命爆发时面临无可挽回的威胁,墨西哥总统波菲里奥·迪亚斯(Porfirio Diaz)决定违背当年不寻求连任的承诺,并因此修改墨西哥宪法以允许他这样做。[73]

在美国政府暗中支持下,弗朗西斯科·马德罗(Francisco Madero)发动了针对迪亚斯的武装起义,并于1911年当选为总统。[74]1912年3月14日,美国国会通过了一项联合决议,授权总统禁止向任何他认为存在国内暴动情况的美洲国家出口战争武器或弹药。[75]据此,塔夫脱总统颁布了对墨西哥的武器禁运,以加强马德罗政府对其内部对手的打击。[76]

6 美国在拉丁美洲、加勒比与远东地区的法律帝国主义政策

美国的承认政策

然而，1913年维塔里亚诺·韦尔塔（Victoriano Huerta）将军推翻并谋杀了马德罗，在宪法没有许可的情况下统治这个国家。[77] 该事件为即将继任的威尔逊政府提供了拒绝承认韦尔塔政权的理由，尽管美国驻墨西哥大使支持韦尔塔推翻马德罗，但这显然没有得到华盛顿方面的批准。[78] 尽管在美国与拉丁美洲国家的交往中并非没有先例，[79] 但由于政府没有按照其正式的宪法程序建立而拒绝给予外交承认，这违反了美国此前一贯的外交惯例，这一惯例可以一直回溯到托马斯·杰斐逊总统1792—1793年与美国公使古弗尼尔·莫里斯（Governeur Morris）关于法国革命的通信。

杰斐逊的指令大意是，美国将"承认任何由国家意志组成的并充分公开宣布的政府是合法的"。[80] 正如杰斐逊所解释的：这一原则意味着，美国认为每个国家都有权通过其所希望的任何形式的政府来管理自己，有权以自己认为合适的方式替换这些政府，并有权通过其认为适当的任何机关来处理外交关系。[81] 如果美国按照另外的外交承认原则行事，则无异于干涉别国的主权事务。

相比之下，美国拒绝外交承认韦尔塔政权被认为是蓄意实现墨西哥的政府更替。此后，威尔逊政府对整个中美洲和加勒

比地区不根据各自宪法程序成立的政府奉行不承认政策，以此作为一种旨在促进毗邻巴拿马运河战略区域和平与稳定的外交干涉手段。[82] 整个20世纪，美国政府一直对中美洲和加勒比地区国家实行这种有目的的干涉性承认政策。

海豚号军舰事件

当威尔逊总统后来认为武器禁运实际上有利于韦尔塔而不利于维纳斯蒂亚诺·卡兰萨（Venustiano Carranza）的宪政党时，禁运于1914年2月3日解除。[83] 然而，无论外交干涉还是对美国中立法的操纵，都不足以达到卡兰萨取代韦尔塔的目标。这个目标最终通过美国的军事干涉得以完成。而武装干涉的借口是墨西哥拒绝向美国国旗无条件鸣放二十一响礼炮，作为对逮捕并释放从当时停靠在坦皮科的海豚号军舰上的美国海军陆战队队员的道歉。[84]

韦尔塔提议将海豚号军舰事件提交海牙国际仲裁，或通过1848年《瓜达卢佩-伊达尔戈条约》第21条进行仲裁。后者授权两国就有关条约或其他有关两国政治或商业关系的其他事项进行仲裁。国务卿威廉·詹宁斯·布赖恩拒绝了海牙的仲裁提案。威尔逊总统决定使用武力，而不是按照《瓜达卢佩-伊达尔戈条约》第21条的要求将海豚号军舰事件提交仲裁。[85] 当美洲国家间的争端与美国的帝国政策发生冲突时，和平解决就

6 美国在拉丁美洲、加勒比与远东地区的法律帝国主义政策

到此为止。

应威尔逊总统的请求,国会于1914年4月22日通过了一项联合决议,赋予总统使用美国武装部队以强制要求墨西哥政府对海豚号军舰事件进行赔偿的权力。[86] 参议员亨利·卡博特·洛奇(Henry Cabot Lodge)提出的一项修正案被否决,该修正案认为墨西哥政府在革命期间未能保护美国公民的生命和财产,因此应该授权美国总统军事干涉墨西哥,而这无疑拓宽了授权的理由。[87] 然而,国会明确否认了对墨西哥人民的任何敌意以及对墨西哥开战的意图。

维拉克鲁斯干涉

然而,在获得立法授权的前一天,威尔逊已经下令海军陆战队在维拉克鲁斯登陆,以便占领墨西哥海关以阻止德国的武器和弹药运往韦尔塔的部队。这一干涉促使卡兰萨宣布扣押是一种敌对行为,于是威尔逊于4月23日决定重新实施对墨西哥的武器禁运。[88] 然而,两天后在美国国际法协会的年度宴会上,美国国务卿布赖恩借此机会宣布了美国接受阿根廷、巴西和智利(ABC)特使斡旋调停争端的提议。第二天,韦尔塔接受了三国的提议。[89]

许多政府的代表在加拿大的尼亚加拉瀑布前举行了会议,谈判很快超越了单纯解决海豚号军舰事件,而扩展到考虑制定

一些全面终止墨西哥内战的办法。作为全面解决方案的一部分，韦尔塔同意下台，这促成了1914年6月24日协议的签署。根据该协议，决定在墨西哥设立一个由美国和三个斡旋国家承认的临时政府。[90]

作为回报，墨西哥临时政府同意设立国际委员会来谈判解决外国人"因军事行为或国家当局的行为"（as a consequence of military acts or the acts of national authorities）而在内战期间遭受的损害提出索赔。[91]从表面上看，这种限制性措辞似乎默认了墨西哥的主张，即一国政府不应对内战或国内动乱期间外国人的损害承担责任，也不对政府不负直接责任的暴民暴力行为所造成的外国人的损害承担责任。[92]因此，这似乎表示美国在第一次世界大战前夕对墨西哥敏感性问题的让步。

然而，当第一次世界大战结束时，1923年墨西哥被迫同意成立一个混合的索赔委员会，来决定应该赔付给美国公民在墨西哥革命期间遭受损害的金额。[93]公约的第3条似乎使墨西哥承担了内战期间对美国公民造成的几乎所有损害的责任。尽管如此，所有提交给委员会的索赔都被驳回。最终，墨西哥向美国支付了一笔一次性的款项。

潘乔·维拉袭击哥伦布市

1914年8月底，卡兰萨已宣誓就任墨西哥总统；大约三

6 美国在拉丁美洲、加勒比与远东地区的法律帝国主义政策

个星期后,威尔逊总统下令美国军队撤出维拉克鲁斯。然而,美国的撤军被墨西哥全国持续性的革命动乱所耽搁。[94] 直到1915年10月19日,美国才承认卡兰萨政府是墨西哥事实上的政府。[95]

然而,卡兰萨仍然没有真正控制潘乔·维拉(General Pancho Villa)将军的部队,后者巩固了他们在该国北部各州的军事地位。1916年3月9日,为了回应美国对卡兰萨政府的承认,维拉将军向新墨西哥州哥伦布市发动袭击,[96] 造成17名美国平民和士兵的死亡。[97]

潘兴远征军

3月10日,威尔逊总统发表声明说:将立即派遣一支军事部队追击维拉,与此同时,美国将对墨西哥的主权保持"严格的尊重"(scrupulous respect)。[98] 同一天,墨西哥政府为了阻止似乎不可避免的情况,试图与美国缔结一项协定:如果类似于哥伦布市的事件再次发生,各国都有在另一方领土上以部队追捕跨界匪徒的权利。[99] 美国政府非常狡猾地将这一谈判提议视为允许美国远征军在约翰·潘兴将军的指挥下进入墨西哥迎战维拉,然后迅速接受了这一提议,但墨西哥政府很快否认了这一解释,同时要求美军立即撤离墨西哥。[100]

国际秩序：法律、武力与帝国崛起（1898—1922）

所谓的紧追原则

墨西哥政府质疑美国的军事干涉是对其领土主权的侵犯，这只能被解释为针对墨西哥的敌对行为，需要对其采取强有力的合法自卫措施。[101] 作为回应，美国坚持认为：根据国际法，自己有权进入墨西哥对哥伦布市的偷袭者进行"紧追"，因为墨西哥政府已证明其完全没有能力阻止所谓的墨西哥匪徒团伙越过边界对美国人的生命和财产进行劫掠。[102] 在墨西哥政府能够充分保证其愿意并有能力来履行其在这方面根据国际法所承担的不可否认的义务之前，美国将继续采取行动以减轻这种等同于国际公害的行为。[103]

墨西哥-美国联合委员会

两国政府之间的事态一直持续到 1916 年 6 月底，当时墨西哥军队根据卡兰萨政府的直接命令，迎击潘兴远征军，以阻止他们进一步进入该国。[104] 如果边界两侧都没有更冷静的领导人物，局势很容易恶化为两国之间的全面战争。7 月 4 日，卡兰萨政府表示希望和平解决争端，[105] 并于 7 月 12 日提出成立联合委员会，就彻底解决哥伦布市事件进行谈判，包括美军从墨

6 美国在拉丁美洲、加勒比与远东地区的法律帝国主义政策

西哥撤军，两国就部队相互跨越边界追捕匪徒达成协议以及调查和确认过去与未来事件的责任。[106]

当月晚些时候，美国接受了关于成立联合委员会的想法。[107] 联合委员会于1916年9月4日在纽约召开会议。[108] 委员会的成立是根据上述《瓜达卢佩–伊达尔戈条约》第21条产生的，该条为两国之间的争端建立了仲裁机制，以维护它们的和平关系。[109]

11月24日，联合委员会成员签署了一项议定书，规定只要墨西哥军队保证边界安全，美军就从墨西哥撤出。[110] 然而，在签署议定书之前，美国专员声明说，美国保留在必要时进入墨西哥追捕匪徒的权利。[111] 卡兰萨政府反对这一附加声明，因为这似乎是认可了墨西哥的外国驻军。[112]

美国撤离墨西哥

由于未能获得对本议定书的修改，卡兰萨政府拒绝批准该议定书，[113] 于是联合委员会于1917年1月15日解散。[114] 然而，在美国即将加入欧洲战争的压力下，威尔逊总统下令美国军队于1917年1月28日从墨西哥撤出，并于2月17日派回美国驻墨西哥大使。[115] 威尔逊政府最终于8月31日在卡兰萨根据墨西哥新宪法当选总统大约四个月后，在法律上承认了卡兰萨政府。[116]

美国国际法学家几乎没有讨论，美国对墨西哥的惩罚性袭击是否违反了《瓜达卢佩-伊达尔戈条约》第21条的字面意义或至少是该条的精神。普遍的看法是：根据国际法，美国有权进入外国，以追捕和惩罚那些撤退到本国寻求庇护的越境匪徒，而属地国政府已经被证明无法有效惩处镇压这些匪徒。[117]然而有人认为，既然美国承认了卡兰萨政府，就不应在后者不知晓和不明确许可的情况下进行军事干涉。[118]在这种情况下，美国政府将国际法的执行掌控在自己手中，这被认为是一种坏政策。

结 论

遗憾的是，本章并不能得出结论，因为第二次世界大战后美国以各种借口军事干涉拉丁美洲和加勒比地区国家事务的历史在危地马拉、古巴、巴拿马、多米尼加共和国、海地、尼加拉瓜、萨尔瓦多、洪都拉斯、哥斯达黎加、格林纳达、巴西、智利等国家一再上演。20世纪即将结束时，美国政府在这个地区正在犯下与20世纪初同样的错误。[119]

在这里，试图总结或理解20世纪美国在西半球的军事干涉主义没有任何意义：因为没有任何改变，没有吸取任何教训，没有取得任何进展。

对于美国外交政策的未来，新千年的黎明时分我们可以套

6 美国在拉丁美洲、加勒比与远东地区的法律帝国主义政策

用苏格拉底的话：我们知道我们不知道。这种坦率地承认必须是以美国对拉丁美洲和加勒比地区的外交政策进行严肃和根本的修正为核心。也许是时候让美国政府在西半球做一件过去一个世纪没做过的事：收拾行李，回家。让这些饱受折磨的人民自己去面对他们的命运。[120]

7
国际关系的泛美体系及其中美洲子体系

哲学纽带

即使是总体上支持20世纪前三十年美国政府在墨西哥和整个中美洲、加勒比地区实施干涉主义外交政策的那些美国国际法学者,也承认从长远来看美国以法律和政治理由或借口进行单方面干涉本身是不可取的,远不如在必要时由西半球所有国家建立一个集体干涉制度,通过集体制裁以确保每个国家都履行其国际责任的想法更受人欢迎。[1] 这一观念是形成美洲国际法律、政治和经济关系背后的推动力,该体系旨在区别于并优于欧洲均势体系。

毕竟,美国的国际关系体系,如果不是对立的话,在本质上也不同于欧洲的不可避免的建立在君主政体、均势、势力范围、战争、征服、帝国主义以及威胁和使用武力基础上的国际公法和政治体系。美国政府有时在与某些拉丁美洲国家的关系中也可能实行这种政策，但这一事实绝不能让门罗主义最初蕴含着的主权平等、国家独立、不干涉、和平解决争端、相互合作原则，以及民主作为理想政府形式的根本承诺等精神显得逊色。

这些美洲姐妹共和国之间的哲学纽带，在欧洲启蒙运动的思想发酵中找到了共同的渊源，并因反对旧世界殖民地国家的独立革命的共同经验而得到调和。这种相似的传统使人们深刻地认识到，美洲地区所有国家在促进适用于它们之间关系的国际行为的高级规则方面都有共同利益，这些规则在不久的将来可能会扩大到适用于国际社会所有国家之间的关系。由于这些原因，似乎有可能在美洲地区建立一个国际法和国际政治"体系"[2]，该体系将由一套比当前旧世界各国之间运作得更严格、更人道、更开明、更自由和更道德的原则支配，特别是在威胁和使用跨国武力方面，尽管美洲国家在与非美洲国家的关系中可能不得不继续遵守这种倒退和即将破产的规则。

尽管美国在该地区有帝国主义外交政策，但美国政府对这些主张的有效性没有任何异议，并把自己定位为建构独特的国际法律、政治和经济的泛美体系运动的先锋。以这种方式，美国在西半球的国家利益与道德、法律和政治理想之间的二元张力如果不是完全消失的话，也可能得到有效缓解。美国促进在西半球建立正式泛美体系的政策，与在国内同时促进国际法和国际组织发展的努力不谋而合并相互促进，这些努力是为欧洲列强和日本建构的预防战争方案的一部分。与此同时，一个可行且独立的泛美体系的存在，将促进美国政府认为的至关重要的国家安全利益的实现，即让欧洲大国永远置身于西半球事务之外。[3]

首届泛美会议

拉丁美洲联盟的计划可以追溯到解放者西蒙·玻利瓦尔（Simon Bolivar）。1826年，他呼吁在巴拿马召开新独立的美洲国家会议。虽然会议没有什么真正的成果，但可以确切地说：这次会议是泛美主义现象的开端。[4]

泛美体系组织结构的正式开端可追溯到1881年11月29日，由国务卿詹姆斯·布赖恩呼吁于1882年在华盛顿召开美洲国家会议，以讨论防止他们之间发生战争的方法，[5] 其主要动机是为了更好地促进美国对拉美经济的渗透。[6] 该提议因总统詹姆斯·加菲尔德（James Garfield）被暗杀后布赖恩的辞职而推迟。在克利夫兰总统的国务卿托马斯·F.贝亚德（T. F. Bayard）的倡议下，首届泛美会议最终于1889年在华盛顿举行。[7]

该会议之后，1901年在墨西哥城举行了第二届会议，1906年的第三届会议在里约热内卢举行，1910年的第四届会议在布宜诺斯艾利斯举行。原定于1914年举行的第五届泛美会议因第一次世界大战而被推迟，直到1923年才在圣地亚哥召开。这些不同的会议和战后的后续会议作为建立关于国际政治、机制、法律和经济关系的泛美体系的制度框架，最终促成了第二次世界大战之后美洲国家组织的成立。[8]

美洲的强制仲裁

在其他项目中，[9] 首届泛美会议通过了一项旨在解决美洲国家之间争端的仲裁方案。[10] 根据示范条约第 1 条，这些美洲国家通过仲裁"作为解决两个或两个以上国家之间可能出现的分歧、争端或争议的美洲国际法原则"。第 2 条规定了关于所有与外交和领事特权、边界、领土、赔偿、航行权，以及条约的有效性、解释和执行有关事项的强制仲裁。

第 3 条是一项笼统的规定，为所有其他案件规定了强制仲裁，"无论其来源、性质或对象如何"，但第 4 条规定的唯一例外情况除外。第 4 条规定：涉及争议的任何国家裁判可能危及其独立问题的强制仲裁豁免。在这种情况下，仲裁对该国是选择性的，但对另一国是强制性的。

第 5 条规定，所有悬而未决或此后发生的争议将提交仲裁，即使争议起源于条约缔结之前。然而，第 6 条明确规定：仲裁条约不能适用于已达成明确协议的任何问题。在这些情况下，只能诉诸仲裁来解决有关这类协议的有效性、解释和执行的问题。

141

第 8 条规定，仲裁法院可以由各国共同选定的一人或多人组成，当发生分歧时，每个国家都有权指定一名代表自己的仲裁员。当法院的仲裁员组成人数是偶数时，有关国家将任命一名公断人，其唯一的职能是决定仲裁员可能不同意的所有问题（第 9 条和第 11 条）。如果争端中的国家未能就公断人的选择达成合意，则公断人将由已经任命的仲裁员选出（第 9 条）。

少数仲裁员的缺席或回避，不能妨碍多数人履行职责（第 14 条）。除非仲裁协议中明确要求就某一问题达成一致意见，否则多数仲裁员的决定将是最终决定（第 15 条）。因此，按照标准的仲裁惯例，美洲国家之间的这种示范性强制仲裁条约考虑了争端当事国之间就具体事项提交仲裁而订立的单独仲裁协议。

第 18 条规定，条约自批准书交换之日起，有效期为二十年。此后条约将继续有效，直到其中一个缔约方通知所有其他缔约方其终止的意愿。发出通知的国家有义务遵守条约一年，一个或多个国家的退出不会使条约在其他有关国家间失效。

首届泛美会议结束后不久，玻利维亚、巴西、厄瓜多尔、萨尔瓦多、危地马拉、海地、洪都拉斯、尼加拉瓜、美国、乌拉圭和委内瑞拉签署了一项与示范仲裁公约几乎相同的正式条约。但是该条约从未生效，因为缔约国未在规定的时间内交换批准书。[11]

违法的征服

首届泛美会议还吸纳了阿根廷和巴西提交的一项关于将征服行为视为违反美洲公法的提案。[12] 美国希望将缔结上述关于争议强制仲裁条约作为接受这一原则的条件，该条约包括对涉及国家独立事项的豁免。[13] 会议一致通过一项折中方案（智利弃权），提议采用下述声明：（1）在仲裁条约存续期间，征服行为不被美洲公法允许；（2）仲裁条约存续期间，在战争威胁或武装部队存在的情况下做出的所有领土割让行为均属无效；（3）任何被要求转让领土的国家可以要求就该割让行为的有效性提交仲裁；（4）在战争威胁或武装部队存在的情况下，任何放弃仲裁权利的行为均为无效。[14]

由于会议提议的仲裁条约从未生效，因此宣布征服为非法的方案也没有正式生效。尽管如此，美洲早期的国际法和政治理想背后蕴含的原则最终将在1928年《凯洛格-白里安非战公约》（或《巴黎和平公约》）第1条中得到整个国际社会的支持，该条约第1条规定："缔约各方以其各国人民的名义郑重声明，它们斥责用战争来解决国际纠纷，并在其相互关系上，废弃战争作为实行国家政策的工具。"[15]

尽管美国当时奉行孤立主义的外交政策，但是美国政府和法国政府在世界范围内共同推动了《巴黎和平公约》的缔结。

该公约试图推翻卡尔·冯·克劳塞维茨（Cal von Clausewitz）在其经典著作《战争论》（*On War*, 1832）所称的战争是国家政策的工具。人们普遍认为，这种战争哲学对第一次世界大战的爆发负有责任，它必须被国际社会明确谴责和否定以作为防止再次发生世界大战的重要步骤。

后来，美国政府在1932年1月7日颁布所谓的"史汀生不承认主义"，宣布日本关于侵略而征服满洲为非法，试图以此来贯彻《凯洛格-白里安非战公约》的规定。据此，美国政府不承认违反《凯洛格-白里安非战公约》的任何行为的法律效力。[16]"史汀生不承认主义"于1932年3月2日获得国际联盟大会的一致通过和批准。根据该决议，大会宣布"国际联盟成员有责任不承认任何可能通过违反《国际联盟盟约》或《巴黎和平公约》的方式而导致的情势、条约或协议"。[17]

后来，1945年纽伦堡法庭的判决肯定了"史汀生不承认主义"。[18] 将征服定义为非法的这一美洲国家之间的国际法和国际政治原则，已获得整个国际社会在《联合国宪章》第2条第4项中的明确承认："各会员国在其国际关系上不得使用威胁或武力，或以与联合国宗旨不符之任何其他方法侵害任何会员国或国家之领土完整和政治独立。"

7 国际关系的泛美体系及其中美洲子体系

泛美联盟的起源

回顾过去,首届泛美会议最重要、最直接、最实际的成果是提议参加国组成"美洲共和国国际联盟"(The International Union of American Republics),以收集和分发商业情报。[19] 该联盟将由"美洲共和国商务局"代表,设在美国首都华盛顿特区,由美国国务卿监管,负责监督与联盟有关的所有翻译、出版物和信件。美国政府将在第一年向国际联盟提供最多3.6万美元用于商务局的费用,并在其后的每一年支付一笔类似数额的费用。

美国的花费将由其他成员国根据各自人口比率确定的分摊表偿还。联盟自其组织之日起10年内继续有效,在此期间任何成员不得退出,之后除非大多数成员国提前12个月通知它们终止联盟的意愿,否则联盟将连续存在10年。美洲共和国商务局成立于1890年,[20] 在期限届满且没有任何成员通知退出的情况下又自动延续了10年。[21]

美洲功能整合

首届泛美会议通过了一项涉及欧洲国家的建议,即它们和美洲国家之间的争端提交仲裁解决。[22] 它还通过了采用统一度量衡的正式建议[23]（即十进制）；采用通用的商品命名法；建立洲际铁路；通过了一项卫生公约；通过了保护专利和商标的《蒙得维的亚条约》；通过了关于国际私法、民法、商法和程序法的《蒙得维的亚公约》；在墨西哥湾和加勒比海港口之间，以及在美国和巴西之间建立班轮；促进与太平洋沿岸国家的海事、电报和邮政通讯；成立美洲国际货币联盟；通过商业互惠条约的谈判，最终促成美国和南美洲、欧洲以及西印度群岛政府之间约二十项商业互惠条约的缔结；[24] 简化港口税；设立美洲国际银行；遵守关于国际刑法的《蒙得维的亚条约》与同美国缔结的引渡条约；将卡尔沃主义采纳为美洲国际法原则；以及确认沿岸国在共享河流的通航自由。然而，尽管首届泛美会议通过了这么多的正式建议、报告、提议和决议，却没有提及有关召开第二届会议的事项。

卡尔沃主义

根据阿根廷法学家和外交官卡洛斯·卡尔沃（Carlos Calvo）的学说，在外国的侨民享有与所在国国民同等的被保护权，但仅此而已。因此，外国无权代表本国公民对其居住国进行外交干涉，除非后者表明"拒绝司法救济"。正如卡尔沃所看到的，这一理论源于国家主权平等原则。拉丁美洲坚持卡尔沃主义的目的，是结束美国和欧洲强国对拉丁美洲弱国滥用外交保护的行为。

相比之下，美国则认为外国人根据国际法有权享有基本的最低权利标准，如果该权利不受居住国的保护，美国政府就会在美国公民用尽国内补救办法后进行外交干涉，前提是这些补救措施是可获得的和有效的。很明显，美国的立场是保护海外美国公民的经济投资和利益。即使在今天，卡尔沃主义的有效性仍然受到拉丁美洲国家的普遍支持，同时遭到美国的否定。[25]

第二届泛美会议

根据威廉·麦金利总统的倡议，第二届泛美会议于1901年10月至1902年1月在墨西哥城举行。[26] 根据美国的相关建议，本会议通过了一项议定书，承认将第一次海牙和平会议上签署的三项公约中规定的原则作为美洲国际公法的一部分。[27] 这里需要注意的是，美洲国家已经建立了自己的国际公法体系，这一体系不同并优于世界其他地区的国际法规则，但仍是世界其他地区国际法规则的一部分。

上述三项1899年海牙公约是：（1）《和平解决国际争端公约》；（2）《陆战法规和习惯公约》；（3）《日内瓦公约原则适用于海战的公约》。[28] 议定书还授权墨西哥和美国政府——出席第一次海牙和平会议的美洲国家——与其他海牙公约缔约国进行谈判，争取美洲国家加入1899年《和平解决国际争端公约》。[29]

因此，第二次海牙和平会议上，美国政府获得1899年公约缔约国的同意从而通过一项议定书，即根据1899年公约第60条的要求允许未出席第一次会议而参加第二次会议的非缔约国加入修订后的《和平解决国际争端公约》。[30]根据这项议定书，荷兰外交部长开启了一个口头程序（procès-verbal），接收拉丁美洲国家加入1899年公约。[31]最终，阿根廷、玻利维亚、巴西、智利、哥伦比亚、古巴、多米尼加共和国、厄瓜多尔、萨尔瓦多、危地马拉、海地、尼加拉瓜、巴拿马、巴拉圭、秘鲁、乌拉圭和委内瑞拉加入了1899年《和平解决国际争端公约》。[32]

重新审视强制仲裁

第二届泛美会议还请墨西哥总统确定与会国政府对可起草和批准的一项更完善的一般仲裁公约的意见，并为该公约及必要协议制订实施计划。[33]会议结束时，阿根廷、玻利维亚、多米尼加共和国、萨尔瓦多、危地马拉、墨西哥、巴拉圭、秘鲁和乌拉圭签署了一项关于争端强制仲裁的公约。[34]

本公约第1条规定，当事国必须将它们之间存在或可能发生的不能通过外交途径解决的一切争端提交仲裁，除非利害关系国认为这会影响到其独立或国家荣誉。然而，第2条明确规定，这一豁免并不包括关于外交特权，边界，通航权利，或条约的有效性、解释和履行有关的任何争端。第3条指定海牙常设仲裁法院为仲裁法庭，除非当事国愿意组织一个特别法庭。

继1899年《和平解决国际争端公约》之后，1902年的仲裁公约第7条规定：每一缔约国有权向两个或两个以上争端当事国提供斡旋或调停，即使在敌对行动期间也不被视为不友好行为。同样，1902年仲裁公约的第13—19条规定了设立国际调查委员会的程序，以调查和报告因事实分歧而产生的国际性争端。该条约将在至少三个签署国向墨西哥政府表示同意后立即生效。最终，该条约得到了多米尼加共和国、萨尔瓦多、危地马拉、墨西哥、秘鲁和乌拉圭的批准。[35]

契约债务

在委内瑞拉债务争端的刺激下，1902年强制仲裁公约的9个缔约国联合美国、哥伦比亚、哥斯达黎加、智利、厄瓜多尔、海地、洪都拉斯和尼加拉瓜在第二届泛美会议上签署条约，呼吁将各自国家公民提出的、不能通过外交手段解决的并且值得被仲裁的所有关于金钱损失或损害的索赔提交给海牙常设仲裁法院。[36] 该条约将于五个缔约国批准后生效，有效期为

149

五年。在得到萨尔瓦多和危地马拉（1902年）、秘鲁（1903年）、洪都拉斯（1904年）和美国（1905年）批准后，该条约于1905年生效。[37] 1902年《金钱索赔仲裁条约》也得到哥伦比亚、哥斯达黎加、厄瓜多尔和墨西哥的批准。[38]

第三届泛美会议于1906年举行，会议宣布同意将1902年条约的有效期延长至1912年12月31日。[39] 随后，智利、哥伦比亚、哥斯达黎加、古巴、厄瓜多尔、危地马拉、洪都拉斯、墨西哥、尼加拉瓜、巴拿马、萨尔瓦多和美国批准了1906年公约。[40] 后来，1910年第四届泛美会议通过了一项关于金钱索赔仲裁的公约，在被延长的1902年条约期满后，公约于1913年立即生效，并无限期有效。[41] 随后，巴西、哥斯达黎加、多米尼加共和国、厄瓜多尔、危地马拉、洪都拉斯、尼加拉瓜、巴拿马、巴拉圭、美国和乌拉圭批准了该公约。[42]

重组美洲局

在其他规划中，[43] 第二届泛美会议还重组了美洲共和国商务局。[44] 该局的管理委托给缔约国派遣到华盛顿特区的外交代表所组成的理事会，由美国国务卿担任理事会主席。该局还被明确授权通过驻华盛顿的外交代表与美洲共和国的行政部门联系。

7　国际关系的泛美体系及其中美洲子体系

更多的美洲功能整合

继首届泛美会议的社会、经济和人道主义工作之后，在墨西哥城举行的第二届泛美会议通过了一系列决议、建议和公约，包括泛美铁路和银行、海关会议、国际公法和国际私法的法典、版权、专利和商标、引渡、国际卫生监控等一系列主题，[45] 以及一项有争议的包含卡尔沃主义的外国人权利公约，而美国拒绝签署该公约。[46] 与上一届不同，第二届泛美会议通过了一项决议，呼吁五年内召开下一次会议。[47]

第三届泛美会议

根据上述建议，美洲共和国商务局确定，第三次泛美会议于1906年7月21日在里约热内卢举行。[48] 在国际仲裁的重要问题上，这次会议通过了一项决议，宣布坚持遵守仲裁原则，并建议与会国指示其即将参加第二次海牙和平会议的代表务必确保缔结一项世界性的一般仲裁公约。[49] 在美国政府的提议下，会议还批准了一项决议，要求第二次海牙和平会议审查强制征收公共债务的问题以及减少纯粹金钱性质的国际争端的最佳方式。[50]

后一项泛美会议的决议,直接促成了第二次海牙和平会议通过 1907 年《限制使用武力以索偿契约债务公约》(即《波特公约》)。[51]《波特公约》得到萨尔瓦多、危地马拉和美国有保留的批准;得到海地、墨西哥和巴拿马无保留的批准;尼加拉瓜有保留地遵守公约;智利、古巴、巴拉圭、阿根廷、玻利维亚、哥伦比亚、多米尼加共和国、厄瓜多尔、秘鲁和乌拉圭没有批准该公约。尽管上述国家都签署了该公约,但只有三个国家没有作出保留。[52] 事实上,《波特公约》并未明确在任何情况下都禁止使用武力催收公共债务,这使那些赞成德拉戈主义的拉丁美洲国家政府感到不满。

美洲的国际法和国际政治体系

第三届泛美会议又将美洲共和国商务局的存在延续了十年,并大大扩展了其职能。[53] 会议还表示支持建造一座大楼以便商务局在华盛顿特区活动。[54] 第三次会议除了继续前几次会议在社会、经济和人道主义事务方面的工作外,还通过了一项公约,要求设立一个国际法学家委员会(International Commission of Jurists)以起草"规范美洲国家之间关系"(regulating the relations between the Nations of America)的国际公法和国际私法法典供第四届泛美会议审议。[55]

该委员会于 1912 年在里约热内卢举行了会议,比预定时

7 国际关系的泛美体系及其中美洲子体系

间晚了五年。该委员会被分为六个分委员会，分别负责编写关于下列主题的法典草案：海战、陆战和内战、和平时期的国际法、和平解决国际争端、国际法庭的组织、外国人的权利和国际私法的其他事项。[56] 第一次世界大战的爆发干扰了委员会的审议工作，尽管其在战后又恢复了工作。[57]

政府专家为编纂国际公法和国际私法所做的努力，得到了在智利圣地亚哥举行的第一届泛美科学大会（1908年12月至1909年1月）[58] 和在华盛顿特区举行的第二届泛美科学大会（1915年12月至1916年1月）的补充。[59] 第二届泛美科学大会与美国国际法协会以及新成立的美洲国际法研究会的年度会议一起举行。[60] 后一个组织是智利的亚历杭德罗·阿尔瓦雷斯和美国国际法杂志总编辑詹姆斯·布朗·斯科特的心血结晶，其设计意图在于使每个美洲共和国的国际法协会加入该研究会。[61]

1916年1月6日，美洲国际法研究会通过了《国家权利与义务宣言》，该宣言旨在体现美洲人对国际法和国际政治的态度。[62] 宣言承认每个国家都有：生存的权利；独立和平等的权利；领土及专有管辖的权利；被其他国家尊重其权利的权利；最后，国际法同时是国家的和国际的。第一次世界大战后，在1923年正值门罗主义诞生一百周年之际，沃伦·哈定总统（Warren G. Harding）的国务卿查尔斯·埃文斯·休斯（Charles Evans Hughes）在美国政治和社会科学学院（the American Academy of Political and Social Science）发表演说，对美洲国际法研究会的声明表示赞同,并表示该宣言"得到了美国最高法院判决的支持","体现了美国对拉丁美洲各共和国政策的基本原则"。[63]

第四届泛美会议

根据第三届泛美会议通过的一项决议的规定,[64] 第四届会议于1910年在布宜诺斯艾利斯举行。除其他提议外,[65] 第四届会议通过了关于版权、[66] 金钱索赔、[67] 发明和专利,[68] 以及商标[69] 的一系列公约。第四届会议继续了美洲共和国国际联盟的生命——它由第一届会议设立并于第二届和第三届会议存续——但将其更名为美洲共和国联盟(the Union of American Republics)。商务局更名为泛美联盟(Pan American Union),并赋予了更广泛的职能。[70] 不过,第四届会议通过了一项决议,建议缔结一项关于组织永久性的泛美联盟的公约。[71]

本研究的下一卷,将详细介绍1923年在圣地亚哥举行的第五届泛美会议、1928年在哈瓦那举行的第六届泛美会议、1933年在蒙得维的亚举行的第七届泛美会议、1936年在布宜诺斯艾利斯举行的泛美维持和平会议、1938年在利马举行的第八届泛美会议的历史。[72] 可以这么说,所有这些努力最终在1948年波哥大举行的第九届泛美会议达到了顶峰,该会议通过了《美洲国家组织宪章》(*Charter of the Organization of American*

States).[73] 因此，在美国政府的积极参与和领导下，第一次世界大战之前关于国际政治、机制、法律和经济关系的泛美体系的制度框架得以建立。借用那个时代一位敏锐和有预见性的美国国际法教授的话来说："美洲国家国际会议在世界各大国际组织中已经具备了明确而有尊严的地位。"[74]

中美洲子体系

除了大力支持建立一个涵盖西半球大部分地区的正式的泛美体系之外，美国政府还积极支持在这一体系内部建立一个有组织的子体系，该子体系涵盖中美洲各国：哥斯达黎加、萨尔瓦多、危地马拉、洪都拉斯和尼加拉瓜。美国的主要动机是在中美洲地峡营造一个和平与稳定的区域以保护美国在巴拿马运河的战略性和经济性投资。由于巴拿马共和国1903年与美国签署条约而实际上成为美国的保护国，[75] 因此没有理由再费心将巴拿马纳入美国旨在打造的美洲关系中单独的中美洲子体系计划。这就解释了这样一个事实，即在20世纪很长一段时间里，巴拿马相对远离了席卷中美洲的自相残杀的动乱。截至1998年，巴拿马事实上仍处于美国的军事占领之下。

国际秩序：法律、武力与帝国崛起（1898—1922）

马布尔黑德和平

1906年，当危地马拉与洪都拉斯、萨尔瓦多之间爆发战争时，西奥多·罗斯福总统和墨西哥总统迪亚斯为解决其争端提供了斡旋。[76] 这促成了交战各方在美国军舰马布尔黑德号（Marblehead）上达成和平协议。[77] 根据马布尔黑德和平公约，中美洲国家会议将于两个月后在圣何塞举行，以制定一项有关和平、友好和航行的一般条约。会议确实召开了，但由于尼加拉瓜拒绝参加，反而重新与洪都拉斯开战，并在萨尔瓦多挑起了麻烦，会议的努力注定会失败。[78] 墨西哥和美国再次提供了斡旋，当年晚些时候即1907年9月，五个中美洲共和国在华盛顿签署了关于召开和平会议的议定书。[79]

中美洲和平会议

1907年12月20日，中美洲和平会议（Central American Peace Conference）的五个参加国签署了八项公约：一项为期十年的公约，其中第3条确立了洪都拉斯的绝对中立；[80] 一项《和平与友好总条约》的附加公约，规定不承认政府在民众不认可的情况下通过政变或革命掌权的原则、不干涉内战的原则以及各国政府更迭的原则;[81] 一项关于设立中美洲法院的公约;[82] 一系列关于引渡、[83] 通讯、[84] 设立中美洲事务局[85] 和中美洲教育学院的公约,[86] 以及关于召开未来中美洲会议的公约。[87] 一般认为,所有这些规划中,1907年中美洲和平会议的最大成就是成功建立了中美洲法院。

中美洲法院

由美国政府提议建立的中美洲法院,基本上遵循了第二次海牙和平会议上通过的美国提议的仲裁法院计划。[88] 中美洲法院对于在缔约国之间产生的无法通过外交手段解决的所有争议或问题,毫无例外地具有强制管辖权。[89] 因此,它是现代世界第一个强制裁决国家间争端的常设仲裁法庭。[90]

类似于第二次海牙和平会议通过的《国际捕获法院公约》,中美洲法院可以处理中美洲国家的国民同任何其他缔约国政府就可能违反条约或具有国际性质的争议而提起的仲裁申请,而不论其国籍国政府的意愿如何,前提是该公民已用尽当地补救办法或在司法程序中遇到拒绝司法的情况。[91]

法院于1908—1918年存在的十年中,只作出了两项肯定的判决并宣布不接受个人提出的所有五次诉讼请求。[92] 然而,它的第一个裁决——洪都拉斯诉危地马拉和萨尔瓦多(1908年12月19日)[93]——通常被认为防止了整个中美洲爆发一场重大战争。[94] 成功防止这次战争，证明了建立中美洲法院的奠基者所付出的努力是非常值得的。

七年后，威尔逊政府轻率地批准了与尼加拉瓜的《布赖恩-查莫罗条约》（Bryan-Chamorro Treaty），[95] 这对中美洲法院的破坏负有直接和故意的责任。[96] 根据该条约，美国政府试图建设一条通过尼加拉瓜提供的替代性跨洋运河，并获得在尼加拉瓜的丰塞卡湾建立海军基地的权利以保护该运河。哥斯达黎加和萨尔瓦多都将尼加拉瓜告上法院，理由是《布赖恩-查莫罗条约》与它们依据先前条约和一般法律原则所享有的合法权利不符。这两个案件中法院都裁决尼加拉瓜败诉，但尼加拉瓜拒绝接受这两项仲裁。因此，当建立法院的公约根据其自身条款于1918年到期时，所有恢复它的努力都是徒劳的。[97]

中美洲联盟

根据1907年公约条款举行的第一次中美洲会议（由华盛顿会议开始的系列会议的第二次会议）于1909年1月在特古西加尔巴举行，随后于1910年2月在圣萨尔瓦多举行了另一次会议。第二次会议通过了关于统一货币、统一度量衡、商业、领事机关、中美洲教育学院和中美洲事务局的公约。[98] 1912年1月在马那瓜举行的下一次会议，继续推动整合中美洲各项事务的势头，通过了七项类似功能的相关主题公约。[99]

　　这种在法律、经济和政治一体化方面的巨大进展使人们确信一个中美洲联盟的成立将是必然的。[100]1921年1月19日，危地马拉、萨尔瓦多、洪都拉斯和哥斯达黎加签署了中美洲联盟公约，部分实现了这一预测。[101] 由于尼加拉瓜未能加入，所以成立中美洲联邦共和国的计划被搁置[102]——至少暂时是这样。

又一次中美洲和平会议

　　为稳定中美洲局势的另一项努力是：洪都拉斯、萨尔瓦多和尼加拉瓜总统于1921年8月20日在停泊于丰塞卡湾的塔科马号军舰上举行会晤。这次会议让人联想到1907年所谓的"马布尔海德和平"（Marblehead Peace）会议，而前者直接导致了大约一年内中美洲和平会议的再次召开。

　　应美国政府的邀请，中美洲和平会议于1922年12月4日至1923年2月7日在华盛顿特区举行，洪都拉斯、尼加拉瓜、萨尔瓦多、哥斯达黎加和危地马拉参加了会议。[103] 值得注意的是，墨西哥并非像1907年那样是这次中美洲和平会议的共同主办国。墨西哥革命后遗留下来的未决争端导致美国主动发起这次会议，而将墨西哥排除在外。

　　在美国的强大压力下，五个中美洲共和国缔结了十二项条约和公约以及三项议定书和声明。[104] 所有五个中美洲共和国按照它们1907年签署的引渡公约的规定签署了另一项引渡公约；制定了关于筹备选举立法方案的公约；统一劳工保护法公约；设立农业试验和畜牧业的公约；中美洲学生互换公约；自由职业的执业公约；以及，设立常设中美洲金融和通讯委员会的公约。此外，危地马拉、萨尔瓦多、洪都拉斯和尼加拉瓜还缔结了建立自由贸易的公约，并规定了未来哥斯达黎加加入的条款。

此外，所有五个中美洲共和国根据1907年《和平友好条约》签署了《和平与友好总条约》，其中有一些附加条款：

> 中美洲各共和国认为，它们的首要义务是维持和平；五个共和国宣布，对它们当中任何一国的宪法组织进行暴力或非法改变应被认为是对上述所有国家和平的威胁，各缔约国政府都有义务不承认其他任一国家通过政变或革命而产生的政府，亦不予以承认被宪法取消当选资格的人当选；在内战情况下，任何一国政府有义务不得通过支持或反对而对产生纠纷的国家政府进行干涉；寻求进行宪法改革以使共和国总统或副总统不得连选的义务；各共和国有义务不干涉其他共和国的内部政治事务，并不允许在其本国领土内组织革命活动以反对中美洲任何其他共和国承认的政府；最后，各缔约国政府承担不缔结秘密条约的义务。[105]

显而易见，这些条款构成了长期以来困扰中美洲的一系列问题的清单，而且回顾过去，这些问题在20世纪剩下的时间里仍然继续存在。

中美洲五个共和国还签署了关于建立中美洲国际法庭的公约以取代已经失效的中美洲法院。[106]该公约规定设立一个国际法庭用于裁决中美洲各共和国之间通过外交手段无法解决的、不影响有关国家主权和国家独立的所有争议。为弥补其在中美洲法院解散过程中所扮演的角色，美国政府与五个中美洲共和国签署了一项议定书，宣布其"完全赞同"新成立的中美洲法庭的宗旨，并愿意指定其15位公民在法庭任职。[107]美国政府也以类似的和解方式，与中美洲五个共和国签署了关于建立国际调查委员会的公约，该公约将按照第五章讨论的海牙国际调查委员会的方式运作。[108]

最后，根据最近结束的1921—1922年华盛顿海军会议的精神，中美洲五个共和国签署了限制军备公约。根据下列计划表在五年内限制其常备军和国民警卫队的士兵人数：[109]危地马拉，5200；萨尔瓦多，4200；洪都拉斯，2500；尼加拉瓜，2500；哥斯达黎加，2000。军备限制公约要求中美洲五个共和国"按照最有效率的现代方法组织"建立国民警卫队，包括为此聘用外国军官担任教官。[110]该公约为美国20世纪后期参与训练和控制大部分中美洲共和国的国民警卫队打开了大门，这些国民警卫队实际上在20世纪后期统治了大部分中美洲共和国。

结论

当然，可以提出一个好的论点，即除非美国政府撤出其所有的军事部队、国民警卫队训练员、政治顾问和秘密人员，否则中美洲统一、民主化和经济发展的进程不能也不会成功。在这方面，1999年12月31日将是美国对中美洲所谓诚意的一次关键考验，届时美国必须遵从1977年《巴拿马运河条约》从巴拿马撤出其军事力量。[111] 布什政府1989年对巴拿马的非法入侵，使人们对这一承诺的诚意和可行性产生了严重怀疑。[112]

类似的考虑也适用于整个国际政治、法律、组织和经济的泛美体系的未来。1948年4月30日在波哥大签署的《美洲国家组织宪章》第15条、第16条、第17条和第18条本应该代表美国政府对罗斯福推论、"炮舰外交"、"美元外交"、美国军事干涉的所有其他借口和理由以及对拉美国家政治经济胁迫的明确否定：

> 第15条 国家或国家集团都无权以任何理由直接地或间接地干涉任何其他国家的内政或对外事务。对国家的人格或其政治、经济和文化的因素，前述原则

7　国际关系的泛美体系及其中美洲子体系

不仅禁止用武装力量而且禁止用任何其他干涉形式或企图威胁。

第16条　国家不得采用或鼓励采用一种经济的或政治性质的强迫措施，来胁迫另一国家的主权意志以及从该国取得任何利益。

第17条　一国的领土不可侵犯；无论任何理由，领土不得直接地或间接地成为即使是暂时的军事占领的客体或另一国家采用其他武力手段的客体。用武力或其他强迫手段而取得的领土或特殊利益，均不应加以承认。

第18条　美洲各国，除依照现有条约或履行现有条约规定而进行自卫的场合外，在其国际关系中，应约束其本身不从事于使用武力。[113]

《美洲国家组织宪章》的这些规定在给予美洲国家在相互关系中权利和保护方面有明显进步，这些权利和保护在过去和现在都比《联合国宪章》中的规定更加人道、自由、进步、详细和无懈可击。没有什么比签署《美洲国家组织宪章》更清楚地表明：美国同意放弃其政治、外交、军事和经济干涉拉丁美洲国家内外事务的帝国历史。

然而，1954年冷战爆发后不久，美国和苏联之间在朝鲜半岛的矛盾升温，美国政府推翻了危地马拉民主选举的阿尔本斯政府，这明确违背了其对拉丁美洲所有国家所做的庄严承诺。随后，美国政府又操纵并滥用美洲国家组织以作为其现实政治行为、冷战、西半球外交政策的工具，特别是在与古巴菲德尔·卡斯特罗的多次故意的对抗过程中。这种操纵政策最终导致美国在1965年获得美洲国家组织的批准后，直接军事干涉多米尼加共和国。

自那次冒险之后，美国对美洲国家组织的操纵和滥用对于西半球的所有国家和人民都变得如此非法、明目张胆，令西半球所有国家和人民反感，以致该组织作为和平解决国际争端的独立机构失去了所有信誉。拉丁美洲集体的不满情绪，使得美国政府不能再控制美洲国家组织。那时，美国开始削弱、破坏和排除美洲国家组织积极有效地参与和平解决美洲国家间争端的努力。

可以肯定的是，卡特政府1979年试图说服美洲国家组织派遣一支国际维和部队前往尼加拉瓜，以防止桑地诺的支持者（Sandinistas）夺取政权，因为他们即将战胜由美国支持的独裁者阿纳斯塔西奥·索莫扎（Anastasio Somoza）。拉丁美洲国家拒绝同意美国炮制的在美洲国家组织的主持下夺取桑地诺支持者最终胜利的计划。尽管失败了，但美国的这个战略却使桑地诺政府对美洲国家组织的独立性、可信性和公正性产生了合理的怀疑。

此后，美洲国家组织被证明完全没有能力阻止：里根政府对尼加拉瓜人民的反恐战争；里根政府非法入侵格林纳达；里根政府单方面对萨尔瓦多内战进行军事干涉；里根政府将洪都拉斯军事化；里根政府对哥斯达黎加的欺凌；布什政府1989年入侵巴拿马，并试图以其自称的对抗毒品"战争"的名义将秘鲁、玻利维亚和哥伦比亚军事化；1994年9月克林顿政府出于政治动机入侵海地。

事实上，从布什政府开始，美国政府正在以其自称的反毒品的"战争"为名，对拉美国家进行又一轮直接、间接和秘密的干涉。伴随着这些努力，美国政府试图复兴、复苏和重振美洲国家组织，作为其在西半球所谓的新国际秩序（New World Order）的支柱。本书作者非常认真地怀疑，拉丁美洲国家是否会附和美国政府利用美洲国家组织以任何名义或借口将北美帝国秩序重新强加于西半球的明显虚假的努力。

尽管如此，可以说，美国一个多世纪以前发起的泛美运动已经被自己的创始人扼杀了。美洲国家组织的"尸体"被保存在华盛顿特区的总部，但是玻利瓦尔最初设想的泛美运动的生命无疑已经终结了。

8

美国在第一次世界大战中的中立

诺克斯条约

1913年4月23日,伍德罗·威尔逊总统的国务卿威廉·詹宁斯·布赖恩向世界各国政府发出一份通知照会,提出通过签订一系列双边条约来组建一个常设国际调查委员会,用于和平解决缔约国之间可能出现的争端。[1] "布赖恩和平计划"(Bryan Peace Plan)建立在前国务卿诺克斯于塔夫脱政府时代代表美国与法国、英国谈判达成的两项未经批准的仲裁公约的基础上。[2]《诺克斯条约》相比上文所述的鲁特仲裁条约有了明显的进步,因为前者不包含对强制仲裁的典型明示豁免。

《诺克斯条约》第1条规定,当事国出现的所有不能通过外交手段调整的分歧,涉及"各缔约国因条约或其他方面对其他缔约国提出的权利主张,以及因适用法律或公平原则的决定，在本质上是可审判的国际事务"时，[3]应按照常设仲裁法院程序的规定将争端提交海牙常设仲裁法院，除非当事国另有仲裁协议。诺克斯从美国最高法院关于堪萨斯州和科罗拉多州之间有关用水权的判例中借用了"可审判的"一词。[4]

此外，《诺克斯条约》第2条规定，联合高级调查委员会（Joint High Commission of Inquiry）可在当事国将争议提交仲裁之前，调查当事国之间第1条范围内的任何争议，对于当事国认为不属于第1条的范围的任何其他争议，如果任何一方提交委员会，则可以推迟一年以便给予外交机会调解争议。拟议中的联合高级调查委员会将按照1907年关于和平解决国际争端的海牙公约中有关国际调查委员会的程序规则运作。

第3条确立了一个新的程序：在当事国就争议是否属于第1条所规定的仲裁事项不能够达成一致的情况下，该问题将提交联合高级调查委员会。如果委员会全部或除一个以外的其他成员同意并报告该争议在第1条范围内，则该事项将根据《诺克斯条约》提交仲裁。这一规定对于美国参议院来说尤其不能接受，参议院对条约进行了修改，规定关于争议的"可审判性"（justiciability）决定应由总统和参议院共同作出。虽然参议院也对《诺克斯条约》做了其他修正，但塔夫脱总统认为第3条是条约的核心，因此他决定不批准该条约。[5]

国际秩序：法律、武力与帝国崛起（1898—1922）

布赖恩和平计划

威廉·詹宁斯·布赖恩负责把一年冷静期（cooling-off period）纳入《诺克斯条约》。布赖恩接受成为威尔逊的国务卿之前，获得了威尔逊的同意以继续他的和平条约计划。[6] 布赖恩和平条约一个典型的规定：双方之间的所有争端，"无论其性质如何"（of whatever nature they may be），如果不接受仲裁也不通过外交手段解决，则应将争端提交给现存的五名成员的国际调查委员会调查并报告。[7] 在交换了条约批准书后：各国政府应尽快从各自国家中选出一名成员；每国政府再从第三国选出一名成员；第五名成员由两国政府协商一致选出，但不应是任何一国的公民。因此，委员会大多数成员不是争端当事国的国民。

如有争议，各方有权要求委员会进行调查。该委员会负责在调查开始后一年内编写报告，报告必须由委员会成员的大多数通过。委员会将尽可能以1907年《和平解决国际争端公约》第9—36条规定的海牙国际调查委员会的程序为指导。

缔约国同意，在调查期间和提交报告之前不宣布战争或开始敌对行动。实质上，这为争端当事国创造了一年的冷静期。期满之后，当事各方保留就争端采取独立行动的充分自由，可能包括威胁或使用武力并诉诸战争。然而，布赖恩和平条约背后的理论是：一项公正的调查和报告等同于和平解决争端，因为争端当事国国内的选民和世界舆论将要求当事国遵守该报告。[8]

布赖恩和平条约不是为了取代，而是为了补充已经存在于缔约国之间的一般仲裁条约。因此，布赖恩还必须同时为1908年的鲁特仲裁条约的续订进行谈判，根据条款该条约当时还有五年到期。[9]然而，与鲁特仲裁条约不同，布赖恩和平条约不包含涉及影响任何一方独立、荣誉或切身利益或第三国利益事项的豁免条款。

因此，布赖恩的国际调查委员会将对通常被认为是强制仲裁之外的事项拥有进行调查和报告的管辖权。依靠布赖恩和平条约与新的鲁特仲裁条约，美国和另一国家之间任何可能的争端都将受制于某种和平解决的正式机制。这可以使美国首先避免与另一缔约国开战，或者不参与其他国家之间正在进行的战争，只要这些国家都是缔约国。

1913—1914年间，国务卿布赖恩代表美国缔结了31项"促进普遍和平的条约"，其中只有9项未能生效。[10]1914年8月13日和20日，几乎在欧洲全面战争爆发后，美国参议院就立即给予建议和同意，批准了提交给它审议的20项布赖恩和平条约中的11项。[11] 1914年9月，布赖恩利用与中国、西班牙、法国和英国签署此类条约的机会表达了他的信念，即"这些条约将使缔约国之间的武装冲突几乎（如果不是完全）不可能发生"。[12]最终，美国与所有主要协约国（法国、英国、俄国和意大利）缔结了布赖恩条约，尽管反复示好，但主要的同盟国（德国、奥匈帝国和奥斯曼帝国）都没有签署该条约。一位法律评论员认为，这些条约至少可以防止美国与任何一个或所有协约国因第一次世界大战引发的任何争端而发生战争。[13]

布赖恩和平条约所规定的和平解决国际争端的原则在后来被纳入了《国际联盟盟约》。[14] 特别是关于冷静期的规定被纳入《盟约》第12条，而有关联盟行政院调查和解决国际争端的程序则被纳入了第15条。[15] 虽然《联合国宪章》没有为国际争端设立正式冷静期，但第六章和第七章赋予了安理会，如前所述的，调查和解决国际争端以及可能导致国际摩擦或争端的"情势"。

布赖恩辞职

然而，1915年6月8日，布赖恩辞去了国务卿一职，这是关于美国参战的一个不祥预兆，因为他不同意威尔逊总统对击沉英国客轮卢西塔尼亚号而造成美国人生命财产惨重损失的德国采取强硬态度。[16] 取而代之的是罗伯特·兰辛（Robert Lansing），他曾是美国国务院的顾问，也是美国国际法协会的创始成员。[17] 布赖恩希望威尔逊向德国提议根据布赖恩和平条约的规定设立一个国际调查委员会，并希望美国政府即便不阻止也要警告美国公民不要乘坐交战国或携有弹药的船只旅行，即使他们可能在国际中立法下享有完全的权利这样做。

威尔逊没有听从布赖恩的建议而是选择重申美国以前的主张,即要求德国从官方层面否定其潜艇击沉卢西塔尼亚号以及击沉其他商船的正当性,以及支付赔款并要求德国政府保证它将防止其潜艇再次造成类似的严重违反海战人道主义原则的情况。[18] 在布赖恩看来,威尔逊对这个问题的态度与1914年开战时奥地利对塞尔维亚最后通牒的语气和主旨相似。就布赖恩而言,威尔逊坚持德国应遵守国际中立法和海战法,这只能促使美国卷入欧洲的战争。

国际中立法

由于中立问题不在第一次海牙和平会议的俄国议程上,因此,第一次海牙和平会议本身并没有通过任何关于中立法的公约,而只是折中誓约(voeu)即下次会议应审议中立国在战争中的权利和义务问题。[19] 根据这一愿望,第二次海牙和平会议通过了《关于中立国家和人民在陆战时的权利和义务公约》(the Convention Respecting the Rights and Duties of Neutral Powers and Persons in Case of War on Land),[20] 以及《关于中立国在海战中的权利和义务公约》(the Convention Respecting the Rights and Duties of Neutral Powers in Naval War)。[21] 此外,1907年《关于敷设自动触发水雷公约》(Convention Relative to the Laying of Submarine Mines)[22] 主要是为保护中立航运而设计，1907年《关于对海战中行使拿捕权的某些限制的公约》(Convention Relative to Certain Restrictions on the Exercise of the Right of Capture in Maritime War) 包含了对中立邮政通信的保护。[23]

当1914年夏天欧洲爆发第一次世界大战时，美国已经是这四个海牙公约的缔约国。事实上，自那次战火以来，1907年关于陆战和海战的海牙中立公约被普遍认为阐明了关于这一问题的习惯国际法的基本规则，对缔约国与非缔约国均具有约束力。出于这个原因，1907年关于陆战和海战的中立公约代表了第一次世界大战前美国法律主义外交政策对维护二战后国际和平与安全的又一重大贡献。有理由认为，有关中立的国际法机制是嵌套在当今国际关系中控制威胁和使用武力的国际法和国际机构总机制的次级机制。

美国国内中立立法

在国内方面，现存的美国中立立法可以追溯到1794年6月5日的第一个中立法案，[24]该法案在两年后到期，并于1797年延长了两年[25]，最终于1818年4月20日成为永久法案。[26]1818年的法案认定下列行为是犯罪行为：美国境内的美国公民接受外国政府的军事职务并参与同美国处于和平状态的另一外国政府的战争；任何人在美国领土内征募或促成他人征募，或在美国领土以外意图征募外国部队，但须遵守过境外国人的附带条件；美国领土内的任何人为了代表一个外国主权国家对另一个与美国处于和平状态的外国主权国家进行敌对行为而装备和武装船只；美国领土以外的任何美国公民为了对美国公民或其财产实施敌对行为而装备和武装战争船只；美国境内的任何人增加或扩大与美国处于和平状态的另一外国政府处于战争状态的外国武装船只；最后，美国领土的任何人针对与美国处于和平状态的外国主权国家的领土发动军事远征或军事行为。总统被授权动用陆军部队或海军部队或民兵执行1818年法案的规定，或根据国家法律或条约义务的要求迫使任何外国船只离开美国。

"阿拉巴马号"仲裁案

从历史上看，美国政府在有关中立的国际法机制发展方面发挥了主导作用，其在18世纪、19世纪和20世纪初对这些问题的政策声明得到了欧洲国家的普遍认同。[27] 美国之所以如此积极支持和推动这一"中立"的次级机制，是因为美国在其历史中的孤立主义时期，预期在欧洲发动另一场全面战争时保持中立。例如，上述美国国内中立立法和实践中的有关禁令最终发展成为美国和英国之间1871年签订的《华盛顿条约》的三大原则，该条约处理了著名的美国内战期间因英国向南方邦联提供援助而引发的"阿拉巴马号"仲裁案（Alabama

Claims)。[28]

《华盛顿条约》规定设立国际仲裁法庭负责处理每一当事国就另一方违反中立规则的各种行为提出索赔。而且，在本案中《华盛顿条约》实际上规定了法庭本身所适用的规则。从技术上讲，英国同意了这些规则，但始终坚称它们并非习惯国际法规则。这三条重要的规则规定于第6条：

> 中立国政府有以下义务：
>
> 第一，应尽职尽责，防止在其管辖范围内配备、武装或装备任何有合理理由相信是打算巡航或与其处于和平状态的国家进行战争的船只；同时，也要用勤勉的手段来防止任何打算进行巡航或进行上述战争的船舶离开其管辖范围，此类船舶在该管辖范围内全部或部分经过特别改装以战争为用途。
>
> 第二，不允许或忍受任何交战国利用其港口或领水作为海战的基地，或用于更新或增加军事物资或武器，或招募人员。
>
> 第三，在其港口和领水内以及其管辖范围内的所有人员应尽职尽责，以防止违反上述义务和责任的情况发生。

这些规则的修订版被纳入1907年海牙公约《关于中立国在海战中的权利和义务公约》[29]的第5条和第8条，并由此成为习惯国际法。

简而言之，英国急于避免同美国因内战期间的事件而爆发战争。当时，美国国内的舆论强烈反对英国对失败的南方邦联的不中立的支持。因此，两个大国明智地决定把这个争端提交国际仲裁，以避免一场两国政府都不希望的战争。如上所述，"阿拉巴马号"索赔仲裁的显著成功通常被认为是现代国际仲裁的滥觞。

美国在第一次世界大战的中立

美国政府在确定国际中立法的确切内容方面不断变化的态度，最终分别体现在 1907 年关于陆战和海战的两大海牙中立公约的众多条款中。第一次世界大战爆发时，这两个海牙中立公约连同未被批准的《伦敦宣言》所规定的对中立航运和商业的保护一起构成了管理中立的美国与欧洲各个交战国之间的复杂法律权利和义务关系的基本框架。此外，美国总统于 1915 年 3 月 4 日签署了一项由国会批准的联合决议，旨在于欧洲战争期间更好地执行和维护美国的中立政策。这项立法授权总统指示海关官员扣留有合理理由被认为是违反美国中立国义务将某些物品和人员运送到交战国舰船的任何船只的放行证。[30]

最初认为，1818 年法案与 1915 年的联合决议足以使美国政府充分遵守国际法规定的中立义务。[31] 然而，1916年随着冲突的激烈程度愈演愈烈，美国政府感到有必要通过额外的立法更好地保护其中立政策以免受战争的蹂躏。[32] 具有讽刺意味的是，在美国放弃中立立场并加入协约国的战争之后，这些拟议中的修正案最终被制定成所谓的反间谍法案。[33]

中立的哲学基础

总而言之，国际中立的次级机制在战争被认为是国际生活不可避免之事实的国际关系体系中运作，然而，即使主要国家之间爆发战争，也并不会自动导致所有世界大国之间全面系统的战争。根据中立的国际法机制，交战国的敌对行为应该在军事必要的最低限度内扰乱中立国国民与交战国敌人之间的日常国际交往。[34] 这种安排旨在允许中立国置身于冲突之外，同时允许其国民与交战各国进行国际商务和国际交往。

国际中立法的政治和战略维度因以下事实而变得复杂：它们是在法律虚拟的基础上运作的，即中立国政府被认为对其公民在战时对交战国实施的本质上非中立的行为不负责任。[35] 一般来说，交战国不能就中立国公民的私人活动追究中立国政府的责任，即使这些活动直接损害了交战国的战时安全利益。[36]

中立法的实质是建立在洛克关于政府性质及其与公民适当关系上的假设：政府的政治功能必须尽可能不影响公民的私人

事务，特别是在经济领域，拥有和追求私人财产是公民的基本权利。[37]这种洛克观点的典型表现是：1899年和1907年海牙公约所附的《关于陆战法规及习惯公约》的第46条都有禁止没收私人财产的规定。[38]美国政府在第一次和第二次海牙和平会议上就关于公海战争期间非禁运的私人财产免受捕获和没收的原则达成国际协议的徒劳努力也属于洛克范畴。[39]

两项海牙中立公约

中立国家的首要义务是在与所有交战国的政府关系中保持严格公正性。然而，中立法明确否认中立国政府有保证其国民以类似方式或说按照最基本的规则处理与交战国事务的任何义务。例如，根据1907年海牙公约《中立国家和人民在陆战时的权利和义务公约》的规定：中立国的领土"不得侵犯"（第1条）；禁止交战国的部队和武装军火或供应品的运输队通过中立国领土（第2条）。

中立国没有义务阻止为交战国一方或另一方输出或过境运输武器、弹药以及通常对军队或舰队有用的任何物品（第7条）——没有义务禁止或限制交战国使用属于它或公司或私人所有的电报或电话电缆以及无线电报器材（第8条）——所采取的一切限制或禁止措施，以应对交战国双方公正不偏地适用。中立国应监督拥有电报或电话电缆或无线电报器材的公司或个人遵守同样的义务（第9条）。中立国向交战一方提供物资或贷款，但供应者或贷款人既不应居住于另一方领土，也不应居住于另一方所占领的领土，且所供应的物资不应来自上述领土（第18条）。最后，第10条规定中立国即使使用武力抵抗侵害其中立的行为，也不得被认为是敌对行为。

相似地，根据1907年海牙公约《关于中立国在海战中的权利和义务公约》的规定，交战国必须尊重中立国的主权，并避免在中立国领土或领水内从事任何可能构成违反中立的行为，假使任何国家有意允许这些行为（第1条）。交战国军舰在中立国领水内的任何敌对行为，均属侵犯中立，应严加禁止（第2条）。禁止中立国以任何方式将军舰、弹药或任何作战物资，直接或间接供给交战国（第6条）。

然而，中立国没有义务阻止交战国任何一方载运武器、弹药以及通常为陆、海军所需的物资出口或过境（第7条）。中立国应将它对交战国军舰或捕获船只进入其港口、锚地或领水方面所制订的条件、限制或禁令，公平地适用于交战双方。最后，第26条清楚地规定，中立国政府行使本公约所规定的权利，绝不能被接受上述有关条款的交战国一方或另一方视为不友好行为。

8　美国在第一次世界大战中的中立

中立的现实

中立国国民向交战国一方运送战时禁运品，交战国另一方可以适当地拿获和没收。然而，交战国在执行上述行动时必须遵守海战和国际捕获法。历史上，美国政府曾反对强制禁运交战国与中立国国民之间的战时禁运品贸易，以确保战时本国公民的经济福祉。[40]

美国法律人认为，这种安排提供了一个额外的好处：战争期间，中立国的存在将避免敌对各国在战争准备时过度武装，因为它们知道作为交战国在战争发生时可以轻易地从中立国商人处获得武器。[41]法律人认为，中立国与交战国在战时的贸易自由将抑制大国在和平时期进行大规模浪费性的和不必要的军备竞赛。可以推测，国际中立法以这种方式为维护世界和平做出贡献。然而，他们提倡这一观点时，20世纪早期的美国国际法学家和政治家则试图将纯粹的经济利益考虑提升为法律和道德美德。

然而，更重要的是，如果不承认国际法和国际政治关于中立的正式次级机制，非交战国实际上则会因形势所迫在战时选择立场，以便与至少一方交战国保持政治和经济关系。从理论上讲，中立国从经济上出发不愿意参与战争，因为它的公民可以通过与所有急需物资的交战国进行适度限制的国际贸易以获

179

得丰厚利润。反过来,交战国也不愿意侵犯中立国的权利或其国民的权利,以确保中立国不会加入敌对方阵营。另一种理论认为,由于未来战争中,中立国的数量和实力相应地大于交战国,中立国可以一起迫使交战国遵守中立法。[42]

然而,在实践中,每个中立国的国际贸易模式总是为一方交战国带来更大优势。[43]因此,处于劣势地位的另一方交战国不得不进行复杂的成本效益分析,用来决定是继续容忍贸易中的战略劣势的危害大,还是通过彻底破坏中立国商业以终止贸易而冒险引发中立国加入战争的危害更大。此外,中立国并不作为中立的国际社会的一部分而行事,而是根据自己切身的国家安全利益进行相当自私的计算,不断评估在整个战争期间保持自身中立与参战的相对优势与劣势。除非有条约保障,否则侵犯一个中立国的权利并不意味着另一个中立国有义务向侵犯者宣战,甚至采取报复措施。

例如,美国参加第一次世界大战并不是为了抽象地捍卫国际中立法。这在美国没有将德国入侵中立的比利时或中立的卢森堡作为宣战的理由中得到了印证。直到德国一再严重侵犯美国公民与英国交往和贸易的中立权利,严重干扰其从事国际商业的能力,并导致美国人的生命和财产遭到大规模破坏时,美国政府才以中立为理由参加第一次世界大战。[44]如上所述,美国国内普遍认为:协约国侵犯美国中立国权利的质量和数量与同盟国有本质区别,而且远没有同盟国所做的那么令人发指——前者虽然故意破坏财产,但远不像后者那样是故意破坏生命和财产。[45]

善意中立

通常情况下,美国国际法学界在欧洲战争开始时就支持美国政府采取严格公正的中立态度。[46]然而,作为国际法学家,他们认可德国和奥匈帝国必须对战争爆发承担全部法律责任的结论。[47]他们认为,德国在没有任何正当理由的情况下公然违反国际条约入侵中立的比利时[48]和中立的卢森堡[49]是完全应受谴责的行为。[50]

美国国际法学家眼中,值得特别谴责的是德国总理贝特曼·霍尔维格(Bethmann Hollweg)在国会发表了臭名昭著的演讲,他公开承认德国入侵比利时和卢森堡违反国际法,但辩称德国是"形势所迫,情出无奈,罪可赦免"(in a state of necessity, and necessity knows no law)。[51]当天晚些时候,他又向英国大使发表了臭名昭著的声明,宣布1838年保证比利时中立的条约成为一纸空文。[52]

捍卫国际法规则的使命使得美国国际法学家很清楚他们应该站在战争的哪一方,即使他们的政府仍然保持中立。就他们而言,德国严重违反国际法的行为使美国继续保持中立成为高度可疑的主张。[53]这种法律主义观点对美国的中立政策产生了深远的影响,它使得美国政府严格的中立政策演变成了支持协约国和反对同盟国的"善意中立"立场。[54]

这些法律主义的观点,也对威尔逊总统的战争观产生了重要影响。[55] 毕竟威尔逊是普林斯顿大学的政治学教授,曾教过国际法。[56] 事实上,从 1914 年战争爆发到 1917 年美国参战,威尔逊对这场冲突的全部政策都是基于国际法而出台的。[57] 由于已经解释过的原因,现行的国际中立法和海战法非常适合美国的国家安全利益,即置身于战争之外并从中获利,同时可有效地协助协约国进行战争。

随着战争强度的提高,协约国对美国运往欧洲大陆的贸易实施进一步管制,[58] 同盟国主张美国政府有义务采取措施以纠正不平衡的武器、弹药和补给品的贸易,因为美国国民相当成功地将这些物资运送给协约国军队,而没有运送给他们。美国政府和美国国际法学界非常有力地反驳这一控诉:如果一方交战国因不幸的战争而在无法确保中立贸易安全通过其海岸,这是该交战国问题而不是中立国政府的问题,中立国政府根据国际法拥有允许其公民与军事力量更强大的另一方交战国继续贸易的权利。[59] 中立国政府为弥补交战国双方军事上的不平衡而偏袒较弱的交战国将构成不中立的行为,这可能会导致较强的交战国对其宣战。此外,有人认为,即使中立国政府禁止其公民与交战国双方进行的所有有关战争禁运品的贸易,这也肯定偏离了关于正在进行的战争的中立实践,从而会损害其中立性。[60]

8 美国在第一次世界大战中的中立

美国决定参战

当然，美国卖出的武器几乎全部流向英国和法国。战争期间，美国私人金融机构的贷款对维持协约国的生存至关重要。[61] 按照洛克的观点，非政府战争贷款不被认为违反了国际中立法。[62] 但德国政府很快就会看到，美国已经与协约国一道成为战争至关重要的参与者，即使在国际法的标准下它仍保持着技术上的"中立"。德国认为，在美国能够有效地并竭尽全力地对战争施加影响之前，无限制的潜艇战将使英国屈服。

美国政府坚持其公民与协约国进行贸易的国际法权利，这是促使同盟国决定不顾国际中立法和海战法而恢复无限制潜艇战政策，以摧毁至关重要的中立贸易的重要因素。[63] 美国政府以参加第一次世界大战作为对德国这一做法的回应，以确保其国民的权利，从而维护国际中立法和武装冲突法。这正是国际联盟及其集体安全制度确立之前欧洲国际公法体系的运作方式。

一国对另一国诉诸战争被普遍认为是对加害国严重和一再侵犯受害国的国际法权利的标准和适当反应。因此，美国根据国际关系的法律主义进路，并没有以诸如"维护"或"恢复"欧洲均势体系等模糊的理由加入第一次世界大战。[64] 相反，美国放弃了中立立场，为维护其权利，纠正同盟国对其国际法规

183

定的基本权利的严重侵犯的现实目的，依靠了当时国际社会普遍认可的最有效的方式：战争。[65]

同盟国对构成国际法规则最重要部分的中立和海战法规的严重、反复和肆意违反在很大程度上导致了美国加入第一次世界大战并站在协约国一方。[66] 这被证明是对德国违反国际中立法和海战法的决定性和最有效的"制裁"。无论是对是错，德国将为其无视国际法付出最终代价：《凡尔赛条约》。

法律主义与威尔逊主义

当然，与美国参加第一次世界大战的合法理由相结合的是威尔逊总统对参战行为的政治理性化和宣传道德化，即美国放弃中立是为了加入了一场伟大的普世道德运动，从而代表正义（即民主）力量反对邪恶（即专制）力量。[67] 专制政府被认为不可避免地天生好战，而民主政府则在本质上爱好和平。因此，整个国际社会的和平需要彻底摧毁专制，并在全世界范围内以民主形式的政府取而代之。用伍德罗·威尔逊总统的话来说："世界必然因民主而安全（The world must be made safe for democracy）"。[68]

1917年4月2日，威尔逊（既是法学家又是政治学家）在国会参众两院联席会议上发表讲话时，试图将美国国际关系中传统的"法律主义"进路与他新发明的"道德主义"元素结合起来,从而要求国会允许美国向德国宣战。但是,这种融合违背了国际关系的美国"法律主义"进路奠基者的基本原则,所有的道德说教都应被排除在国际法实证主义研究的"科学"之外。[69] 威尔逊主义的道德要素与美国国际法学界在1898-1911年间的学术著作及其在白宫和美国国务院的外交政策中所形成的美国国际"法律主义"是完全不相容的。按照传统的定义和阐述,美国的法律主义与威尔逊关于民主固有优越性的道德说教背道而驰。无论在当时还是现在看来,第一次世界大战前的美国国际法学界成员都应该被归为坚定的"法律现实主义者"(legal realists);如果当时流行这样的称号,他们会感到自豪。[70]

中立与集体安全

关于中立的国际次级机制背后不合适的假设经不起20世纪囊括所政治、军事、经济和宣传层面要素的"总体战"(total warfare)的严峻考验。第一次世界大战显示了运用国际中立法及其机制以实现限制战争范围的目的的惨败。这一悲惨的经历使许多美国国际法学家、外交官和政治家不可避免地得出一个结论:战后世界的国际社会不得不放弃中立作为可行的国际法和政治概念,而建立一个国际体系,在这个国际体系中将由一些组织承担对顽固国家实施国际法的任务。[71]

185

从此以后，一个国家的国际法权利必须被视为与所有国家有关的权利。国家安全不再仅仅是一个国家关切的事项，它必须是整个国际社会共同承担的集体责任。所以，虽然第一次世界大战前，美国国际法学界并没有花费太多精力来推动有执行力的"国际警察权力"的形成，但第一次世界大战的经历和保护美国免受战争祸害的中立次级机制的失败促使美国政府内外许多有影响的国际法学家支持建立执行和平联盟，这后来又成为国际联盟的基础。[72] 换句话说，他们寻求建立国际法和国际组织的全球机制，以明确控制、减少和逐步消除各国在国际关系中威胁和使用武力。

当时许多（当然不是所有）美国国际法学家都认为，美国政府必须最终彻底放弃和平孤立主义与战时中立的传统政策，以便成为国际联盟建立的新的全球集体安全体系的正式参与者。诚然，这种新的力量平衡是由野蛮的军事力量造成的；然而，如果通过采用并有效地执行《国际联盟盟约》所规定的国际法原则，这种力量平衡的继续存在即使不能被神圣化也仍然可以被合法化。美国重要的国家安全利益与它宣称的哲学和道德理想最终可以成功地调和，并通过加入联盟使两者相互配合和巩固。

关于国际联盟的不同法律态度

然而，美国是否应该加入国际联盟，如果加入，应该依照何种条件加入，激起了美国国际法学界成员之间尖锐而无法调和的观点分歧。有影响的少数派反对美国成为联盟成员，因为这一步骤将彻底否定美国自华盛顿告别演说以来使美国国家安全利益获益良多的和平孤立主义与战时中立政策的传统立场。另一些人认为，无论继续奉行孤立主义的好处是什么，目前提议的国际联盟有致命的缺陷，因为《盟约》第10条保证维持一种本质上不公正的现状，即有利于法国但不利于在和平与战争期间未得到美国支持的德国。[73] 具体而言，第10条规定："联盟会员国担任尊重并保持所有联盟各会员之领土完整及现有之政治上的独立，以防御外来之侵犯。如遇此种侵犯或有此种侵犯之任何威胁或威胁之虞时，行政院应筹履行此项义务之方法。"伊莱休·鲁特和詹姆斯·布朗·斯科特持中间立场，认为美国应该加入联盟，但对第10条提出保留。[74]

对威尔逊总统而言，《盟约》第10条是国际联盟的核心。该条款有关领土的保证是威尔逊的想法，并在威尔逊的坚持下被列入《盟约》。[75] 同样，对威尔逊而言，《国际联盟盟约》是《凡尔赛条约》的核心。因此，在巴黎他违背了共和党一些重要成员的意愿，使两者不可分割。[76]

参议院的民主党参议员亨利·卡伯特·洛奇与参议院反对《凡尔赛条约》的共和党人，要求伊莱休·鲁特为他们对《国际联盟盟约》拟定修正案提供建议。[77] 在他们的影响和压力下，威尔逊觉得有必要确保修订《盟约》草案在第 21 条明确承认门罗主义，在第 1 条第 3 款规定提前两年预先通告退出国际联盟的权利以及第 15 条第 8 款载明在国联行政院的职权下对美国国内管辖范围内的事项予以保留。[78] 但是，由于上述原因，威尔逊未对第 10 条做任何修订，这被证明是美国参议院批准该条约的无法逾越的障碍。[79]

国际联盟下的中立

无论《凡尔赛条约》的优点如何，关于批准《凡尔赛条约》的斗争将美国国际法学界分裂成一个亲联盟的多数派[80] 和一个有影响力的反联盟少数派。从这个时间点开始，就不再可能谈论存在一种相对同质的国际关系的美国法律主义进路。然而，无论从哪一个法律主义的角度来看，国际联盟的成功建立似乎敲响了关于中立的国际次级机制的丧钟，也敲响了有关中立的国际习惯法和条文法及其国际法机制的丧钟。《国际联盟盟约》第 10 条和第 11 条第 1 款非常清楚地表明了国际法律和政治关系的分水岭："兹特声明，凡任何战争或战争之威胁，不论其直接影响联盟任何一会员与否，皆为有关联盟全体之事。联盟应采取适当有效之措施,以保持各国间之和平。如遇此等情事,秘书长应依联盟任何会员国之请求,立即召集行政院会议。"

然而,这些关于"中立"即将消亡的预言被证明还为时过早。这是因为美国政府从来没有加入国际联盟,而是回到了以前和平孤立主义与战时中立的外交政策上。缺少美国的参与,国际联盟在来到这个世界的时候就夭折了。因此,具有先天缺陷的国际联盟最终无法在1930年代维护世界和平以抵御法西斯主义和独裁统治的冲击也就不足为奇了。毋庸置疑,中立的国际和国内法律制度最终被证明无法使美国摆脱第二次世界大战,特别是在总统富兰克林·罗斯福表达相反愿望的情况下。[81]

联合国下的中立

美国政府和美国人民对第二次世界大战的震惊反应使人们深刻认识到继续以和平孤立主义与战时中立基本原则为前提的外交政策极端危险。无论准确与否,本书认为,如果总是蓄意阻挠的美国参议院批准了包含《国际联盟盟约》的《凡尔赛条约》,则第二次世界大战可能永远不会发生。因此,有观点认为,为了避免自杀式的第三次世界大战,美国绝不能重复第一次世界大战结束后所犯的致命错误,即在和平孤立主义与战时中立中作茧自缚。这些看法使美国政府相信，迫切需要发起、创立和加入联合国。

因此，根据《联合国宪章》的机制，本组织及其任何成员国都不应在面对不合理的威胁或使用武力的情况下保持"中立"（第 2 条第 4 款），也不应在面对威胁和平、破坏和平或一国侵略另一国的情况下保持"中立"（第七章第 39 条）。根据第 2 条第 5 款，各会员国对于联合国依本宪章规定而采取之行动应尽力予以协助，联合国就任何国家正在采取防止或执行行动时，各会员国对该国不得给予协助。第 2 条第 6 款规定，本组织在"维持国际和平及安全之必要范围内"（so far as may be necessary for the maintenance of international peace and security），应保证非联合国会员国遵行上述原则。联合国会员国的这种权力僭越，以及对非成员国的公然威胁，与中立原则完全相反。

此外，第 24 条赋予联合国安全理事会，维持国际和平及安全之"主要责任"（primary responsibility），第 25 条要求联合国会员国同意依据《宪章》的规定"接受并履行"（to accept and carry out）安全理事会之决议。禁令包括根据第 41 条、第 42 条和第 43 条授权安全理事会强制采取的"执行措施"（enforcement measures），但是，最终该条款生效所需的特别协定从未达成。最后《宪章》第 51 条允许但并不强制要求联合国会员国根据"集体"（collective）自卫的国际法权利，向受到另一国武装攻击或武装侵略的受害者提供援助。

显然，如何使中立的国际法机制继续存在并不在《联合国宪章》起草者的考虑范围之内。尽管如此，有关中立的国际次级机制已经死亡的说法再次证明是被过分夸大了。联合国成立之时，最能合理预料到的是安全理事会将以某种方式维持、维护五大国在战时结成的不稳定的联盟，并将其延续到战后的世界，而这一方式的基本条件便是——大国一致。在某种程度上，如果安全理事会的五大常任理事国（即美国、英国、苏联、法国和中国）能够维持或至少有选择地重建其在第二次世界大战中的联盟以处理战后的国际危机，那么联合国安全理事会就可以提供一种被国际社会其他成员大致认为合法的机制来维持世界和平。

然而，在1945年6月26日旧金山签署《联合国宪章》后不久，甚至是1945年10月24日联合国组织成立前夕，美国使用原子弹轰炸了广岛和长崎。随后，美国和苏联在各自盟国的支持下爆发冷战，导致第二次世界大战联盟瓦解，而这个联盟是正式的和法律上的"联合国"。这使联合国安理会陷入僵局，因为《宪章》第27条第3款赋予五个常任理事国对实质性事项的一票否决权。

如果安全理事会不能在威胁和平、破坏和平或侵略行为的情况下采取行动，而联合国会员国选择不行使第51条所允许的集体自卫权以帮助被武装攻击或武装侵略的受害国，那么关于中立的国际法机制将开始生效，以管理中立国与各方交战国之间的关系。因此，即使在本质上非中立性的《联合国宪章》的规则下，如果安全理事会不采取"维持国际和平与安全的必要措施",那么关于中立的国际次级机制仍然可以通过限制正在进行的战争的范围和强度在维护国际和平与安全方面发挥重要作用。因此,上述有关中立的国际法和国内法仍然有效,并且在美国政府不(尚未)选择立场的情况下,将继续对美国外交政策的制定和实施产生重大影响。

例如,最近国际中立法在塑造美国对1979—1988年两伊战争的外交政策方面发挥了重要作用。[82] 美国国内的中立法仍然有效,并经常(尽管是选择性的)针对那些利用美国领土作为根据地而卷入外国冲突的美国公民施行。例如,我亲自参与了两项有关尼加拉瓜和北爱尔兰冲突的联邦刑事诉讼辩护。

华盛顿海军会议

很明显,美国需要处理第一次世界大战遗留下来的许多问题。但是,随着参议院最终否决《凡尔赛条约》,这些问题不能在国际联盟的范围内处理。因此,哈定政府决定于1921年11月11日——第一次世界大战结束三周年纪念日——召开所谓的华盛顿海军会议。会议议程包括海军军备和远东问题。[83] 伊莱休·鲁特代表美国政府参加会议毫不奇怪。

本书并不打算详细讨论华盛顿海军会议的实际进程和影响意义。事实上,公允地说,华盛顿海军会议开启了美国外交政策的新纪元,美国通过这一会议促进了国际法和国际组织在整个国际社会的发展,虽然它没有参与国际联盟。会议通过了《凯洛格—白里安非战公约》、史汀生不承认主义、各种裁军会议、中立立法和泛美会议。[84]事实上,这成为美国两次世界大战期间外交政策的总体目标和困境。

但是,为了在一定程度上结束这一章并与下一章保持连贯性,让我们简要回顾一下华盛顿海军会议的最终结果。美国国务卿查尔斯·埃文斯·休斯的主旨发言最终导致1922年2月6日所谓的五国条约的缔结,即要求美国、英国、日本、法国和意大利限制其航空母舰和主力舰的吨位,并各自根据5∶5∶3∶1.67∶1.67的比例来确定主力舰吨位。1922年2月6日签署的另一项五国条约,将适用于水面舰艇的作战规则适用于潜艇,并禁止使用毒气。因为并非所有五个缔约国均批准了第二项五国条约,所以它从未生效。最终,1930年伦敦海军会议通过一项条约,宣布潜艇受普遍接受的适用于水面舰艇的临检和搜查的通常规则约束。[85]

四国条约结束了1902年的日英同盟,同时达成一项协议,即英国、日本、法国和美国承诺尊重各自在太平洋的领土并在任何威胁情况下相互磋商。[86]1922年2月6日,美国、英国、法国、意大利、日本、比利时、中国、荷兰和葡萄牙之间的九国公约规定,除中国以外的缔约国得遵守在中国平等商业和工业机会的原则,并维护中国的独立和领土完整。[87]后一项协议将使剥削中国的门户开放政策多边化。

1925年的《日内瓦议定书》(*Geneva Protocol*)在国际联盟的

主持下缔结，其明文规定普遍禁止"在战争中使用窒息性的、有毒的或其他的气体以及一切类似的液体、物体或方法"。该议定书也同意"将这一禁令扩大到使用细菌作战方法"。不幸的是，美国直到1975年4月10日才成为《日内瓦议定书》的缔约国。[88]

结 论

仍在寻求国际秩序

历史学家、政治学家和国际法学家的主要解释是，在第一次世界大战和第二次世界大战之间，美国政府相对于世界其他国家，退回到了可回溯至华盛顿告别演说时的和平孤立主义和战时中立的传统外交政策。但实际情况要复杂得多。两次世界大战期间，美国政府继续奉行以积极促进国际法和国际组织为基础的外交政策。就这点而言，美国法律主义外交政策在1898-1922年与两次世界大战期间有着显著的连续性。

两次世界大战期间，美国外交政策的总体目标和困境之一是：如何在不参加国际联盟的情况下促进国际法和国际组织以推进实现美国切身的国家安全利益。这种对美国两次世界大战之间外交政策的解释，可以说明为何《凯洛格-白里安非战公

[144]

约》、史汀生不承认主义、华盛顿海军会议、美国中立立法、泛美会议等得以发生。美国政府只是继续在第一次世界大战前时代到整个两次世界大战之间奉行国际关系的法律主义进路，尽管它并没有与联盟进行合作。

概括地说，第一次世界大战前，美国国际政治的法律主义进路试图为防止、减少并规范在国际关系中威胁和使用武力，建立一个真正的国际法和国际组织"机制"。特别是其针对世界政治的预防战争方案包括下列具体目标：（1）建立国家间争端强制仲裁的一般体系；（2）设立国际法院；（3）将重要领域的习惯国际法编纂成积极的条约形式；（4）裁减军备，但只有在国际紧张局势缓和之后通过这些和其他法律手段和机制解决；（5）在国际社会中将所有国家定期召开和平会议的做法制度化。尽管已经制定了这些预防性的法律主义策略，预防战争方案的一个附属要素是加强公认的关于中立和武装冲突的人道主义法的国际法律机构，进一步使国际社会——特别是美国——与欧洲未来可能爆发的战争隔离开。

通过建立国际联盟，第五个关于创建某种定期举行国际和平会议机制的法律主义目标已经被实现并被远远超出。然而，鉴于已经解释过的原因，美国从未加入该联盟。此外，在参议院最终否决《凡尔赛条约》之后，美国政府也没有试图通过其他方式的谈判加入国际联盟。

尽管加入国际联盟不再是美国外交政策的目标，但美国政府仍然致力于加入国际常设法院。因为建立国际法院一直是美

结 论

国外交政策的目标，这一目标可以追溯到第一次海牙和平会议，所以参议院否决《凡尔赛条约》不等于拒绝接受美国加入国际常设法院。事实上，一个强大的党派政治因素可以解释尽管美国政府拒绝加入国际联盟，但并没有拒绝加入国际法院这一事实。

伍德罗·威尔逊上台之前，美国国际法律机构中最杰出的成员一直是坚定的共和党人。因此，在某种程度上，他们看不起威尔逊总统及其所谓缺乏经验的顾问，至少与他们相比是这样。他们认为，威尔逊倡导的联盟是一个由外行设计的"民主党"机构。但随着美国参议院拒绝加入联盟以及1921年哈定总统领导的共和党重返白宫，这些共和党国际法学家利用他们对新一届政府及其继任者的影响力，继续敦促美国加入国际法院。联盟通过制定《国际常设法院规约》的签字议定书正式与联盟分离使得这一切成为可能，因为该议定书的明确意图是允许美国加入国际法院而不必加入联盟。

有关建立国际争端的强制性仲裁或裁决的法律主义目标，在为建立常设国际法院而设立的法学家顾问委员会开会之后，大国否定了美国主张的创设国际法院对争端进行强制性裁决的长期目标。事实上，第一次世界大战给美国国际法学家带来了惨痛的影响并削弱了他们长期以来的信念，即某些国际法院对国际争端的强制性裁决可以为维护国际和平与安全做出积极贡献。

此外，第一次世界大战之后，美国显然已经成为世界最强大的国家，而这在战争爆发之前并不那么明显。因此，人们不再认为将美国与其他国家之间的所有争端强制提交国际法院符合美国切身的国家利益。《国际常设法院规约》签字议定书必须得到美国参议院的建议和同意，但参议院极不可能批准加入具有有强制性权力的国际法院来裁决美国政府可能成为当事国的国际争端。

尽管如此，作为对强制裁决争端原则的让步，《国际常设法院规约》签字议定书确实包括一项"任择条款"，即允许当事国在互惠基础上接受国际法院对某些类别争端之事实上的强制管辖权。因此，根据美国法律主义战略，参议院可以拒绝加入国际联盟、但同意加入国际常设法院并将就法院对某些争端具有强制管辖权的接受留到以后再说。遗憾的是，美国没有以任何方式加入国际常设法院。但是，在1945年，美国却创立并加入了它的继任者——国际法院。

习惯国际法的编纂仍然是美国在两次世界大战之间外交政策的重要目标。尽管美国不是《盟约》的缔约国，但美国仍然认为其切身的国家利益要求其参与整个世界为编纂某些领域的习惯国际法所做出的各种努力。然而，由于许多这样的编纂工作是在国际联盟的主持下进行的，因此美国政府很难在不正式与联盟建立联系的情况下与这些编纂工作建立联系。

军备控制和裁军仍然是美国在两次世界大战之间外交政策的目标。正是美国倡议召开了1921年华盛顿海军会议。美国也参加了1930年伦敦海军会议。本文将在稍后讨论这两次会

结 论

议对某些类型武器的军备限制和某种程度的裁军的意义。

最后,尽管美国政府在国际领域的行动因不参与国际联盟的活动而受到阻碍,但它仍然试图通过推行新的国际法和国际政治的新理念来打败国际联盟,即战争的非法化。正如前面提到的,这一国际法和国际政治原则可一直追溯到第一次世界大战前举行的泛美会议。这一想法被美国政府重新提出,并最终载入1928年的《凯洛格-白里安非战公约》,该公约宣布废弃战争作为国家政策的工具。随后根据1931年史汀生不承认主义,美国政府拒绝承认日本违反《凯洛格-白里安非战公约》侵略中国而产生的任何法律后果。史汀生不承认主义阐明的一般法律和政策原则,最终得到国际联盟大会的认可。战争的非法化后来被载入《联合国宪章》第2条第4款,作为第二次世界大战后世界秩序的基石:"各会员国在其国际关系上不得使用威胁或武力,或以与联合国宗旨不符之任何其他方法,侵害任何会员国或国家之领土完整或政治独立。"最后,纽伦堡法庭审判将对一些主要的纳粹战犯进行审判、定罪并判处死刑,罪名是发动侵略战争或发动违反《凯洛格—白里安非战公约》等国际条约的战争。纽伦堡危害和平罪将成为第二次世界大战后世界法律和政治秩序的另一支柱。

国际秩序：法律、武力与帝国崛起（1898—1922）

现实主义批判

今天，第二次世界大战后的时代，凭借历史的后见之明，国际政治现实主义者容易简单地认为，第一次世界大战前的美国国际法学家和政治家本应预见到新帝国的美国国家利益要求它在1898年以后积极参与欧洲的均势体系；美国成功取代了英国的地缘政治地位，有效地成了从欧洲向周边地区辐射的全球力量平衡的"掌控者"；这种平衡的掌控者的首要义务是在必要的时候愿意放弃"光荣孤立"以便当平衡受到威胁或破坏时"恢复"平衡；美国是时候应该取消传统的和平孤立主义和战时中立的政策，及时与另外两个主要的西方民主国家——法国和英国结盟，[1]以阻止欧洲全面战争的爆发，或者其应该在1914年战争爆发后立刻加入协约国；战后，美国的全球利益要求其愿意通过加入国际联盟来保证欧洲哪怕是不公正的现状，以实现世界和平。[2]

法律主义回应

回顾过去，当代各种类型的政治家、法学家、历史学家和现实主义者当然有权提出一个普遍性问题，即第二次世界大战

结 论

是否决定性地证明了1898—1922年就世界政治而言的美国法律主义预防战争方案是一次彻底的失败，因为它本质上是建立在国际法和国际组织能够有效减少国家使用武力的情况这一天真、理想主义和乌托邦的假设之上。然而，在正确回答这个问题之前，首先有必要从一个非事实的历史角度考虑另一组问题：[3]

• 如果德国在第一次海牙和平会议上没有反对强制仲裁原则，或者其在第二次海牙和平会议上缔结多边强制仲裁条约，情况会怎么样？

• 如果拉丁美洲国家不在第二次海牙和平会议上反对仲裁法院成立的组成问题，情况会怎么样？当然，这并不妨碍会议通过组建国际捕获法院的方案。

• 如果1911年英国上议院没有否决《伦敦宣言》和国际捕获法院，情况会怎么样？

• 如果1913年世界各国按照计划开始筹备1915年第三届海牙和平会议，情况会怎么样？

• 如果世界各国建立了某种制度，以便在出现紧张或敌对行动时自动召开国际会议，情况会怎么样？[4]

• 如果这些国际法发展中的一项或多项在事先发生，萨拉热窝事件是否还会引发第一次世界大战？

• 即便如此，如果奥地利接受了塞尔维亚的提议，将因暗杀弗朗西斯·斐迪南而引起的整个争端提交到海牙国际法庭（the International Tribunal of The Hague）[5] 或海牙的国际调查委员会

国际秩序：法律、武力与帝国崛起（1898—1922）

(Hague international commission of inquiry)，情况会怎么样？

・美国能够通过一个国际捕获法院，根据所有交战国批准的《伦敦宣言》作出裁决，实现其不被卷入第一次世界大战的既定任务吗？或者能够通过与德国的布赖恩和平条约[6]抑或至少通过两种机制的相互配合从而和平解决美国与德国在战争中产生的争端吗？

上述历史记录证实了这样一个论点：只要一些坚定的参与方在关键时刻，给予更多一点支持，第一次世界大战前美国法律主义预防战争方案就可能很快到位并创造出一种改良的国际关系结构，从而有利于消除欧洲爆发全面系统战争的条件。无论如何，没有证据表明，美国国际关系的法律主义进路要为第一次世界大战的爆发承担任何程度上的责任。此外，很难认为美国对国际法和国际组织所制定的计划与安排会使第一次世界大战更有可能发生。

1914年世界秩序的崩溃肯定不是由国际法和国际组织造成的，更不是由推动它们的美国法律主义外交政策造成的。事实上，可以提出一个很好的历史论点，即第一次世界大战的爆发很大程度上是因为国际法和国际组织太少造成的。当欧洲列强参与的第一次世界大战最终爆发时，尽管美国在这之前试图通过实施国际关系的法律主义进路努力地预防、阻止一场可怕的全球大战，但战争还是爆发了。

结 论

第二次世界大战的起因

同样的道理也可以用来反驳政治现实主义者的说法，即美国对国际法和国际组织的依赖在某种程度上是第二次世界大战爆发的原因。第一次世界大战结束后，在某种程度上，美国不参与国际联盟和国际常设法院的工作损害了这些组织的有效性，并且可以准确地说，它们的无效性促成了第二次世界大战爆发的历史条件，而这一责任必须完全由共和党控制的美国参议院中那些紧盯着1920年总统选举的孤立主义议员承担。[7]如果习惯于刚愎自用和因袭盲目的参议院通过对《凡尔赛条约》和《国际常设法院规约》签字议定书给予建议和同意来实现反映在《国际联盟盟约》中的由美国国际法学界于1898—1922年提出的预防战争方案，[8]那么第二次世界大战可能就不会发生了。

国际联盟和国际常设法院的成立是第一次世界大战前美国国际关系法律主义进路的直接结果，即使不算是最终成就。第一次世界大战前后，美国的国际法学家和政治家敏锐地带头推动世界各国支持创建这些国际组织及其前身。第一次世界大战之后，参议院拒绝接受他们关于世界政治预防战争方案的基本要素，这当然不是他们的错。

此外，所谓国际联盟在"预防"第二次世界大战上的

国际秩序：法律、武力与帝国崛起（1898—1922）

"失败"，在很大程度上应归因于美国坚决拒绝参与其活动。国际联盟属于伍德罗·威尔逊的十四点和平原则。联盟本应是美国给予旧世界的礼物，以无限期地维护国际和平与安全。国际联盟的整个结构是在巴黎和会上被设计和建造的，其基本前提是美国将成为最重要的成员。

由于遭到创始国的抛弃而得不到当时世界上最强大、最有原则国家的任何支持，所以国际联盟在阻止希特勒撕毁《凡尔赛条约》方面无能为力也就不足为奇了。毕竟，《国际联盟盟约》在事实上和法律上都是于1919年6月28日签署的《凡尔赛条约》以及于1919年和1920年签署的其他和平条约的一部分。如果《凡尔赛条约》真的是法国坚持强加给德国的不公正的和平，违反了威尔逊的十四点和平原则，那么在缺乏因加入第一次世界大战使得凡尔赛胜利成为可能的美国的有力支持下，国际联盟不可能维持《凡尔赛条约》打造的现状。

如果有什么不同的话，那就是欧洲国家——而不是美国——必须受到指责，因为它依赖国际联盟的外壳来保护他们在凡尔赛宫取得的成果免受可预见的德国复仇主义者的伤害。[9]但是当然，日内瓦令人印象深刻的外观就是美国留给欧洲的一切。尽管如此，第一次世界大战之后，美国政府当然并没有指望国际联盟在任何程度上保护其国家安全利益。相反，无论正确与否，美国只是认定，维护当时的《凡尔赛条约》，包括国际联盟，不是其国家利益。尽管美国国际法学界在相反的方向上尽了最大努力，两次世界大战之间美国对外政策的基本原则

结 论

将再次变成和平孤立主义与战时中立政策，但是仍然通过促进国际法和国际组织来寻求一定的世界秩序。

联合国的法律主义起源

第一次世界大战和第二次世界大战之间，美国固有的孤立主义倾向再次出现，并限制了美国新近出现的、以促进国际法和国际组织为特征的国际主义外交政策。因此，从美西战争到国际联盟和国际常设法院建立，被很好定义和阐述的美国国际关系的法律主义进路不应承担第一次或第二次世界大战的责任。如果说有什么问题的话，那就是，尽管美国国际法学家和政治家为通过创造关于和平解决国际争端的新的国际法规则与新的机构来预防两次世界大战的爆发作出了努力，但它们还是发生了，而不是因为他们的努力才发生的。

最终，第二次世界大战期间，美国人更好地理解了第一次世界大战前美国国际关系的法律主义进路的核心智慧。美国政府和美国人民对第二次世界大战的惨状感到震惊，深刻认识到继续奉行孤立主义外交政策的极端危险性。1943 年 10 月 30 日，美国、英国、苏联和中国发表了《莫斯科宣言》，确认："在一切爱好和平国家主权平等的原则基础上，建立一个普遍性的国际组织，所有这些国家无论大小，均得加入为会员国，以维持国际和平与安全。"[10] 据此，美国参议院于 1945 年 7 月

152

205

28 日以 89 票对 2 票的表决结果给予《联合国宪章》建议和同意。[11] 当美国参议院于 1946 年勉强接受国际法院的强制管辖权时，第一次世界大战前美国国际关系的法律主义进路终于结出了丰硕成果。[12]

当然，近四十年后的 1985 年 10 月 7 日，里根政府决定拒绝国际法院的强制管辖权以作为尼加拉瓜案中对美国不利裁决的回应。[13] 尽管这对美国和国际法院来说都是严重的挫折，但是自 1945 年以来，联合国对维持国际和平与安全做出了重大贡献，因此防止了一场自杀式的第三次世界大战的爆发。[14] 今天人类从中受益的很大一部分国际机构和世界秩序直接归属于美国政府在 1899 年第一次海牙和平会议和 1919 年巴黎和平会议之间设计和执行的国际关系的法律主义进路。这些事项将在附录中讨论。

前车之鉴

1898 年美国有意效仿旧世界的帝国主义国家，通过一系列赤裸裸的军事、政治和经济扩张行动成为主要的全球大国。从那时起，美国一直在努力应对这些重大决定的不可逆转的后果，而这些决定直接违背了美国本应建立的几项最基本的规范性原则。在美国历史上的帝国主义时代，促进国际法和国际组织发展成为使代表美国价值观和愿望的理想主义与世界政治和

结 论

历史条件的现实主义相协调的手段。事实证明，美国政府坚决致力于国际关系的法律主义进路，这对于维护美国的内部心理平衡至关重要，而这种平衡又是美国成功提升其全球地位的必要先决条件。

无论是在第一次世界大战前后还是在第二次世界大战后不久，美国在开拓创新的国际法规则与和平解决国际争端的新机构方面都建立了良好的记录。与1898—1922年的美国法律主义外交传统大相径庭，在参议院否决了《凡尔赛条约》后美国又开始奉行本质上基于和平孤立主义与战时中立的外交政策——或者第二次世界大战后不久在现代政治现实主义者的影响下，基于马基雅维利主义的强权政治政策——这一背离无论在国内还是国外层面都给美国政府带来了严重灾难。从1898—1922年美国外交政策的历史中可以吸取的一个主要教训是，当代世界各国——特别是美国——必须变得更有勇气和远见、更少自私和恐惧地促进国际法和国际组织的发展，并使国际法和国际组织成为核末日的屏障。[15]

从1898年到1922年，国际秩序的美国法律主义奠基者大胆地走向未来，其宏伟目标是在以国际法和国际组织为坚实基础的国际关系中设计一套预防战争和确保和平的方案。由于他们的远见卓识、全新计划和不遗余力，当今的世界对人类来说更加安全。为了我们的孩子和明天世界的孩子，我们也必须做同样的事。

附 录
国际法与使用武力：超越机制理论

本文收录于琳达·米勒（Linda B. Miller）、迈克尔·约瑟夫·史密斯（Michael Joseph Smith）编：《思想与理想：纪念斯坦利·霍夫曼的政治随笔》（*Ideas and Ideals*：*Essays on Politics in Honor of Stanley Hoffmann*），约19页。西景出版社1993年版权所有。经西景出版社许可转载。

1. 公理与强权

近年来，斯坦利·霍夫曼对所谓的"里根主义"进行批评回应，而在这个过程中——更重要的是——分析了国际法和国际秩序的伦理基础，尤其是关于超级大国的关系。[1] 霍夫曼认为，从更广泛的角度来看，当时超级大国之间"游戏"的"规则"并不构成国际政治学文献中界定的"机制/制度/体制"（regime）。霍夫曼认为，美国和苏联或其继承国俄罗斯之间不存在国际安全机制，当然是正确的。然而，确实存在国际关系中有关威胁和使用武力被认为是"机制"的现象。这种机制之所以能够存在，是因为两个超级大国尽管彼此可能存在

附录　国际法与使用武力：超越机制理论

不同，但在冷战期间有着共同的利益，这一共同的利益体现在规范和减少国际体系中其他行为者的跨国威胁和使用武力方面，即使这些其他行动者自己并不经常单独进行。

霍夫曼在最后指出，米哈伊尔·戈尔巴乔夫（Mikhail Gorbachev）领导下苏联国际行为的"大转变"（sea change）旨在引起超级大国的更多合作。戈尔巴乔夫的倡议当然值得美国回报。现实地说，在当今"存在性威慑／核武器恐惧"（existential deterrence）的世界中，合作似乎是美国唯一的选择。

无论如何，为了更好地理解关于威胁和使用武力的国际法与国际政治之间关系的性质，可以从机制理论的应用中学到很多东西。[2] 到目前为止，政治学机制理论已经确立了国际法和国际组织在国际贸易、货币政策、人权、自然资源、环境等领域的重要地位。但是，当涉及关于威胁和使用武力的问题时，一般结论似乎是：这一参照范围内确实没有"机制"。或者，如果有这样的机制，也不是非常"有效"（effective）。现在，新现实主义的政治学家们正在根据霍布斯式标准评估国际法和国际组织"机制"在国际冲突方面的"有效性"（effectiveness）。但即使从这个角度来看，一个很好的理由可以是国际法机制在维护国际和平与安全方面存在并且在相当有效地运作。

2. 现实主义与法律

政治学机制理论指出，霍布斯式"霸主"（hegemon）对创建国际机制至关重要。因此，美国第二次世界大战后几乎立刻完全垄断了核、军事、经济和政治权力，成为创建和维护当今

国际秩序：法律、武力与帝国崛起（1898—1922）

国际关系中仍然存在的规范威胁和使用武力的国际法机制的理论霸主。当时，规范和减少跨国威胁和使用武力的国际机制的创建被认为不仅与美国国家安全利益相一致，而且是其至关重要的一部分。第二次世界大战刚刚结束的时候，马基雅维利经典的"实然/是"（is）和"应然/应该是"（ought to be）之间的二分法并不适用于美国的外交政策决策。这种正义与私利相互吻合并相互加强，呼吁美国建立一个在国际关系中规范跨国威胁和使用武力的机制。

凭借它的胜利，保持由此产生的政治、经济和军事现状是美国的巨大优势。美国国家安全利益最适合创建适用于本国和其他国家的威胁和使用武力的国际机制，因为这样的机制将更好地维护现状并鼓励和平而不是暴力演化。美国最大限度地享受到当时国际关系格局的好处，更大程度地致力于创建并维持规范和减少跨国威胁或使用武力的法律和机构的国际机制。

在现象学上，法律是和平维护与和平改变任何国内或国际政治或经济现状的极好工具。从本质上讲，二战后国际法机制的建立（主要）是美国等处于优势的国际行动者以及其他战胜国——苏联、英国、法国和中国——试图使目前存在和提议的权力关系合法（即赋予其道德价值内容）。1939年以来的系统性战争使国际均势发生了根本性变化，导致规范威胁和使用武力的新的国际法和国际组织机制的建立，[3] 从而赋予这些战后大国关系以国际和国内的道德价值、合法性和认证授权的含义。正如汉斯·摩根索曾经教导他的学生那样，赋予合法性的权力（即所谓的法治）比单纯的权力更加强大、有效和高效。

即使是超现实主义者的马基雅维利，也曾在《君主论》中观察过："所有国家的主要基础……都包括良好的法律和良好的军队。"[4] 后来又说："你应该知道，有两种作战方式：一种是法律，另一种是武力。"[5] 一个致力于维护现状的政府，必须学会如何通过法律来"斗争"（fight）。

马基雅维利知道一些诡辩家卡里克里斯（Callicles）所不知道的：[6] 法律不是弱者创造的保护他们免受强者之害的社会习俗，而是由强者创造的、使他们能更好地抵御弱者变革要求的工具。[7] 这些同样的原则，普遍适用于美国及其同盟国的战胜国的国际法和国际组织机制。对第二次世界大战后国际政治体系现状中处于主导地位的国家来说，狐狸的智慧（即国际法和国际组织）变得和狮子的力量（即军事力量）一样重要。[8]

3. 机制的机构、规则和程序

这里没有空间讨论美国政府特别是在 1945 年以后成立的关于威胁和使用武力的国际法机制的所有机构、程序和规则。当然，其核心组成部分是联合国组织以及其在许多功能主义领域的附属组织和机构（例如，世界卫生组织、联合国粮农组织、联合国教科文组织、国际原子能机构、政府间海事协议组织等）。这份名单还应该加上美国政府为了控制国际经济秩序而同时建立的联合国附属国际经济机构，特别是国际货币基金组织、世界银行和关贸总协定。此外，所谓的区域组织也是通过《联合国宪章》第八章的方式附属于联合国组织（即美洲国家组织、阿拉伯国家联盟、后来的非洲统一组织,也许将来是东盟和欧安会)。当然,最重要的是根据《联合国宪章》第51条组织的所谓集体自卫安排,构成一个第二次世界大战后美国"遏制"(containment)苏联外交政策目标的组成部分:北约、里约条约、巴格达条约/中央条约组织、东南亚条约组织、澳新美安全条约等。最后,为了完全相同的目的,美国政府根据第51条与苏联周边国家和地区缔结了许多双边自卫条约,如日本、韩国、菲律宾、伊朗、巴基斯坦、中国台湾地区等。

显而易见,这需要用整本书讨论美国政府在第二次世界大战期间及之后建立的在国际关系中规范和减少威胁和使用武力的国际法和国际组织的现行机制的所有基本的机构、程序和规则。[9] 可以说,这一机制的基本原则过去是、现在仍然是两个强烈的倾向:(1)反对在国际关系中威胁或使用武力;(2)赞成和平解决国际争端。尽管如此,这一国际法机制的规则、程序、结构、重量和动量的运作强烈反对政府决策者诉诸威胁或使用武力。

美国政府在《联合国宪章》中,最直接和有效地确立了这些假设、取向和程序。在美国霸权的指导下,一个国家对另一个国家实施暴力和胁迫的唯一正当理由和程序由《联合国宪章》规定。《宪章》本身就包含这些规则,即通过自愿加入联合国的国际社会的虚拟的一致同意。这一现有的关于威胁和使用武力的国际法机制"鉴定"(authenticates)什么是合法和非法的威胁或使用武力,无论是拟议的还是正在进行的。正因如此，国际危机时期，基于符合《宪章》规定的条件，决策者面临着限制其采取威胁或使用跨国武力行动的巨大压力。

简而言之，这些规则包括《联合国宪章》第2条第3款和第33条第1款关于和平解决国际争端的义务；第2条第4款禁止威胁或使用武力；第51条将单独或集体自卫权限制在实际发生"武力攻击"（armed attack）或"武装侵略"（aggression armée）的情况下。与自卫权相关的是，其对威胁作出有力反应的"比例原则"（proportionality）和"必要性"（necessity）两项基本要求。此外，正如国务卿丹尼尔·韦伯斯特（Daniel Webster）在著名的卡罗琳（The Caroline）案中明确指出的那样，当"这种自卫的必要性是即时的、压倒性的，没有选择方式，也没有时间审议"的时候，"预先"（anticipatory）自卫可能是正当的。[10]因此，根据《联合国宪章》的法文文本——该文本与英文具有同等效力，欠缺实际"武力攻击"的"武装侵略"仍然会触发一国使用武力自卫的权利。

同样，有几个机构和程序作为规范和减少跨国威胁以及使用武力国际法机制的组成部分。仅提及最广为人知的部分：（1）联合国安全理事会按照《宪章》第七章规定采取的"执行行动"（enforcement action）；（2）按照第53条的要求和第八章的规定，由经安全理事会授权采取行动的适当区域组织采取"执行行动"；（3）根据第六章在安全理事会管辖下组织的所谓维和行动与监测部队；（4）根据联合国和平解决决议，在联合国主持下的维和行动；（5）有关区域组织按照其适当的宪法程序部署维和行动与监督部队。[11]

最后，如果政府决策者最终使用武力，这一关于跨国威胁和使用武力的国际法机制也包含将会起作用的规则、程序和机构：(1) 限制冲突的行动者数量及其涉及的地理范围；(2) 限制冲突的强度和激烈程度；(3) 鼓励和平解决潜在争议。第一项任务已经由公认的本身构成"嵌套"(nested) 的国际次级机制的中立的国际习惯法和条文法完成（例如，1907年两项关于陆海战的海牙中立公约）。

接下来，出于军事效率和人道主义关切，政府决策者历来认为军事行动的限制很重要。这双重理由孕育并维持了战争的国际习惯法和条文法（例如1907年海牙关于陆战法规和习惯的公约《海牙空战规则草案》，1909年《伦敦海军会议文件》，1923年《海牙空战规则草案》）以及人道主义武装冲突的国际法（如1949年的四项日内瓦公约及其1977年的两项附加议定书）。国际红十字委员会（ICRC）在嵌套于有关威胁和使用武力的总的国际法机制的人道主义次级机制内，发挥着监管者、仲裁者、调停者和保护者的多种功能。

这两个相互联系的中立和人道主义法的次级机制运作使武装冲突保持在有限的地理、数量和心理参数范围内，以便上述和平解决国际争端的国际机构和程序可以最终发挥作用：联合国安理会、联合国大会和联合国秘书长的"斡旋"（good offices）；关于区域组织和安排也是如此；联合国、区域和特设的维和行动与监测部队；国际法院以及国际仲裁、调停、和解；

等等。当政府决策者最终得出结论认为,他们使用武力已经用尽其效用时,他们会不约而同地诉诸有关威胁和使用武力的国际法机制和平解决其基本冲突——不然他们还能做什么呢?例如,以终结痛苦漫长的伊拉克—伊朗战争为证,两个精疲力竭的交战国最终求助于联合国安全理事会以实现停火并创建一支联合国监督部队来促进和保障停火。

4. 霸权稳定论

而且,关于威胁和使用武力的国际法机制的"有效性"(effectiveness)不再取决于曾经由美国政府提供的"霸权稳定"(hegemonic stability)。在这短短的篇幅内,只能通过引用和类比来引入已经由罗伯特·基欧汉(Robert Keohane)在《霸权之后》(After Hegemony)一书中提出的论点进行分析,解释为什么美国尽管从第二次世界大战结束到今天国际军事、政治和经济关系的霸权地位明显下降之际,仍然存在规范跨国威胁和使用武力的相当有效的国际法机制。相同的论证也见于罗伯特·阿克塞尔罗德(Robert Axelrod)的《合作的进化》(the Evolution of Cooperation)、肯尼斯·奥耶(Kenneth Oye)的《无政府状态下的合作》(Cooperation under Anarchy)(1986)以及邓肯·斯奈德尔(Duncan Snidal)从集体行动理论的角度,尖锐批判"霸权稳定"理论的论文。[12] 正如斯奈德尔在谈到国际经济秩序动态时恰当指出的那样:[13]

因此,[美国]霸权国的衰落将通过强调其重要性和改变行动者之间的战略关系促进集体行动。此外,它将导致一种总的来说优于霸权国统治的结果……甚至,可以具有优选分布特性……

次级大国愿意参与集体行动,前提是它们有动机避免机制的崩溃——这既遵循它们从机制中获益的假设,也因为它们认为有足够的力量对其产生影响。这种变化的战略形势,甚至可能导致更高水平的合作。

本文的下一部分将论证,世界当前正在目睹斯奈德尔设想的有关跨国威胁和使用武力的国际法机制现象的表现。美国"霸权"的衰落导致:(1)当时苏联加大了有关威胁和使用武力的国际法机制的支持,以及(2)两个超级大国都愿意合作以加强和巩固这一机制。这种超级大国的合作,反过来又促使联合国安全理事会其他"大国"(great power)常任理事国(即英国、中国和法国)日益加强集体行动来支持这一国际法机制。它们支持这一机制的集体行为作为普遍公认的国际"公益"(public good)证明足以在联合国安全理事会、大会和世界法院等机构中产生"更高水平的合作"(higher levels of cooperation)。

5. 机制有效性

这篇简短的文章不可能"证明"关于威胁和使用武力的国际法机制的"有效性"。幸运的是,这项任务的一部分已经由恩斯特·哈斯(Ernst Haas)在其前面提到的关于联合国训练研究所（UNITAR）一书的导言章节中完成。[14] 哈斯的研究是对联合国组织在成立的前 40 年中成功管理国际冲突实际记录的一项精湛的调查。

哈斯的研究也是里根政府及其追随者在整个学术界和主流新闻媒体界对联合国发动的恶毒攻击的有力解毒剂。由于这些批评在公共话语中普遍存在，所以这里再现哈斯的结论很重要。[15] 也许，从分析哈斯的细致研究中得出的最重要的教训是，如果得到美国政府的积极支持，联合国在维护国际和平与安全的任务上就会变得更加有效。

布什政府上台后，显然又回到了支持国际法和国际组织的传统的美国做法，世界经历了 45 年来首次出现了有些奇妙的局面，即两个超级大国都积极支持联合国及其规范跨国威胁和使用武力的国际法机制。戈尔巴乔夫推出了一项外交政策，其核心内容是加强载于《宪章》及别处的有关威胁和使用武力的国际法机制。[16] 在很大程度上，戈尔巴乔夫被里根政府尽心竭力破坏美国在 1945 年为更好地服务并促进自身利益而创建的机制的奇特景象所驱使。在这里，世界目睹了正在衰落的霸主试图吞噬自己孩子的奇怪现象。

一旦里根政府的总体目标是绕开或削弱联合国机制，苏联就不得不承认其在联合国有效性的利害关系，从而迅速采取行动，利用它及其盟友和支持者的所有影响力和权力来支持这一机制。在戈尔巴乔夫和布什的指导下，苏联和美国试图达成正式谅解以加强并扩大目前既存的联合国机制，并营造一种国际政治气候以更利于在它们之间建立一个实际的国际安全"机制",因为这一名词传统上由新现实主义者界定。然而,在苏联解体后,这一努力仍未完成。

规范跨国威胁和使用武力的联合国机制仍然存在,状况也不错,但也遇到了麻烦。作为实证,可以看到联合国的繁盛,尽管也存在问题,其执行维和行动或部署建议遍布当今世界各地:中东、柬埔寨、波斯湾、纳米比亚、安哥拉、索马里、中美洲、阿富汗、西撒哈拉等等。即使从现实政治的角度来看,这也是能够有效处理具有破坏稳定倾向的严重国际冲突的唯一途径。

6. 美国宪法机制控制武力

关于机制理论本身,还有一点需要指出的是,它借鉴"关联政治"(linkage-politics)的丰富文献来理解美国国内政治与国际事务之间的关系,即总统、国会、法院和人民之间在制定美国外交政策方面相互作用的重要性和复杂性。政治现实主义者和新现实主义者所假设的单一理性行为者模式,当在根据宪法规定的三权分立体系下解释美国外交政策实际制定和实施的方式时,就完全崩溃了。美国在外交事务上的言论与行动有多种声音。这一切都是为了更好——尽管政治现实主义者的神圣教义与此相反。

毕竟,美国应该是一个在国内和国外都致力于法治的宪政民主国家。如果联邦政府的行政部门决定在国外采取一系列极其无法无天的行为,那么国会、法院和美国人民拒绝接受这种行为则确实证明了美国民主的力量和韧性。大多数自封为"现实主义"(realist)或"新现实主义"(neo-realist)的美国外交政策决策分析人士,因为对国内事务和国际关系世界的霍布斯式观点,并没有意识到这一动态。

不可否认的事实是,美国的外交政策决策在很大程度上受到美国宪法的法治约束。无论现实主义者还是新现实主义者喜欢与否,这都是事实。尽管他们有霍布斯式偏爱,但美国所固有的"法律主义"(legalist)现实是不可改变的,必须由美国的外交政策决策者加以理解、内化和实现。

国际政治"现实主义者"不断提出的有害论点,即由于某种神秘的原因,美国民主根本无法发展连贯的、一致的和没有霍布斯哲学理论的非霍布斯式外交政策,这仅仅反映了他们固执拒绝接受美国宪政早已确立的法律优于权力的原则。美国人民从来不愿为公然违反国际法基本准则的外交政策提供持续的支持,正是因为他们习惯认为自己国家是所有部门致力于法治民主的政治社会。

因此,美国政府在外交事务中真诚地奉献于国际法和国际组织,这通常被证明对于维护美国的内部精神平衡以及随之保护其全球地位至关重要。

就这些非常现实的政治考虑而言,历史总是证明,使其他国家也实行法治始终符合美国的所谓国家利益。换句话说,由于无法在此列举的太多原因使美国宪法严重限制了美国政府在国外威胁或使用武力的能力,[17]因此通过首先建立并维持这样的国际法机制，同样严格限制其他国家诉诸威胁或使用武力的行动自由，符合美国的最佳利益。[18] 在这方面，正义与私利再次相互吻合并加强。

7. 霍布斯溢出现象

无论如何，美国外交分析家如果不至少具备国际法，特别是国际法机制和美国宪法机制关于威胁和使用武力的相互渗透的扎实的工作知识，就不可能开始理解美国外交政策决策进程的基本原理。相反，美国自诩为"现实主义"的霍布斯式强权政治的地缘政治实践者，例如基辛格、布热津斯基、黑格（Haig）、柯克帕特里克（Kirkpatrick）和舒尔茨（Shultz），对无论在国内还是国外以承诺法治为基本前提的美国宪政体系，没有多少赞赏、了解或敏感性。可以肯定的是，这是对已故的汉斯·摩根索的天才和同情心的赞颂，他也许是唯一对美国民主宪政体系有着深刻理解和深切敬意的典型政治现实主义者。[19]

其他自诩为"现实主义"的美国外交政策决策者，不可能现实地希望在国际关系中围绕他们行使霍布斯式权力政治构建一个防水的隔间，而不会对美国人民的内政造成有害的溢出效应。尼克松-基辛格政府是这一命题的有效性的典型案例，与其相互关联的是越战和水门事件的悲剧。里根政府的伊朗门丑闻也是如此。

这种溢出现象是由于霍布斯式强权政治与美国赖以成立的一些最根本的规范性原则极端矛盾，比如个人不可剥夺的权利、人民自决权、主权平等和独立、不干涉主义、尊重国际法和国际组织、和平解决国际争端等。美国人民深切地意识到这种联系,历来强烈反对他们的政府领导人在国内与国外采取霍布斯式强权政治。

至少在过去的三十年里,美国政府的决策者多次试图将他们的外交和国防政策建立在霍布斯式强权政治基础之上。最终结果是在国内外为美国制造了一系列不可避免的灾难,并颠覆了美国在1945年旧金山会议上为保护自身利益和促进自身价值而建立的整个二战后国际法秩序。[20] 至少,联邦政府的行政部门必须认识到,宪法授权的三权分立体系及其伴随的法治必须被接受为一个历史事实,以其本身的方式加以处理,而不是被颠覆、忽视或明确违反。如果行政部门想要设计和执行连贯一致的外交政策,那么它在制定美国外交政策方面就必须考虑并配合国会,并在更小的程度上与法院合作。大肆吹嘘的发展真正的两党合作的外交事务的目标将无法实现,除非总统愿意承认生活中的宪法事实:(1)国会是一个独立和平等的政府部门;(2)总统在外交政策和内政方面都必须遵守法治。

8. 运用国际法分析美国的外交政策

国际法和国际组织不过是国际政治以及美国国内宪政和政治生活的事实。因此,美国政府决策者在制定美国外交政策时,无论是否愿意,都必须常规地考虑国际法和国际组织的因素。他们要么认为在特殊历史情况下(例如古巴导弹危机)[21]尽可能地遵守国际法规则,要么认为为实现其非法目标(例如伊朗门丑闻)[22]而必须克服国际法规则。出于这两个原因,国际法规则因此与美国外交政策的制定和实施"相关"（relevant）。例如，里根政府企图规避国际法禁令，即禁止对尼加拉瓜进行准军事针对战的《博兰修正案》（Boland Amendment），最终导致其在国际关系和国内事务中作为有生力量的垮台。

尽管如此，本文假定美国政府决策者在制定美国外交政策时并没有真正重视国际法规则，只是事后援引这些规则或迎合国际组织，以证明他们出于霍布斯式或马基雅维利式的原因所做的任何决定都是正当的。那么，这是否意味着国际法的规则确实"无关/无关紧要"（irrelevant）吗？就这个问题而言，所有国际关系的教师、学者、学生和分析人士的答案肯定是否定的。国际法和国际组织对于生活在宪法承诺法治的民主国家的任何有关公民仍然至关重要，以便其就支持或反对本国政府的外交和国防政策提出自己的意见，特别是关于威胁或使用武力。

正因为存在严格规范美国政府跨国威胁或使用武力的美国宪法机制，行政部门决策者总是公开试图从国际法和国际组织为其外交政策辩护，更广泛地说，从法律/道义上的是非对错角度消费国内、盟友和国际舆论。作出决定的实际动机可能确实是出于权力政治的考虑。但是，要把纯粹十足的现实政治——无论是霍布斯式还是马基雅维利式——作为执行美国外交政策的适当基础，兜售给美国人民和国会，即使不是不可能，也极其困难。

因此，美国政府决策者通常以国际法原则为借口，诉诸法律的诡辩来掩盖其现实政治的外交政策决定。里根政府的大部分情况确实如此。[23]当然,这一现象似乎证实了"现实主义"政治学家所持有的最糟糕的怀疑,即国际法和国际组织因此确实与美国外交政策的适当执行以及整个国际关系无关。[24]

但是,即使美国政府的决策者关注国际法规则完全没有意义,他们也确实必须通过援引国际法准则向国内和国际舆论证明他们政策的正当性。因此,如果外交政策分析人士对国际法和国际组织有基本知识,那么他或她就有可能将这些标准应用于政府声明的合理化来确定是否可以根据政府自己的解释来决定这项政策是否合理。如果不能,那么分析人士必须意识到,很明显他或她没有被告知真相,因此与政府官员在公开场合所说的完全不同的其他事情必然在幕后进行。

通过运用国际法原则作为分析工具,学生、学者和有关公民可以先识别出这种法律的欺骗,然后进一步揭开政府官员提出的法律和道德混淆的面纱,以掌握政策的真正核心。这样的分析人士可能不喜欢他们在那里的发现——霍布斯式或马基雅维利式强权政治。但是,至少国际法和国际组织的实质性知识能够使他们达到这一点。

此外,许多其他国家也试图通过援引国际法的规则,向美国政府和美国人民证明它们的外交政策和国内政策是正当的。因此,美国的外交政策决策者、学术外交政策分析家甚至相关的美国公民,都必须能够按照公认的国际法标准来评价这些外国的主张。如果外国政府的主张属于国际合法性的"大致范围"(ballpark),那么美国政府决策者、民间的外交政策分析家和美国人民应该愿意假定这些外国主张属于该范围,并在美国外交政策的整体行为范围内尽可能地全力容纳它们。

另外,当外国或国内的外交政策甚至不属于国际合法性的"大致范围"时,那么美国方面确实有权完全不予尊重,而且外交政策决策者应该谨防以任何方式、形态或形式将美国政府与其联系在一起。如果美国的外交政策决策者将美国政府与外国政府的非法政策和做法联系在一起,那么国际法的基本知识将使学术和民间的外交政策分析者以及有关的美国公民处于更友好的地位,能够明智地批评该政策。相反,当美国政府行政部门无理地对外交或国内政策基本符合国际法规则的外国政府采取敌对立场时,同样的分析原则也适用。

此外,一旦外交政策分析者(学者、学生、公民)根据公认的国际法标准对美国外交政策进行评估,从而揭开美国外交政策的真正性质时,他们就可以着手制定基于国际法和国际组织考虑的替代政策。不幸的是,现实主义学派的大多数国际政治学家和实证主义学派的大多数国际法学家确实没有任何建设性的替代方案提供给任何人。现实主义者仅仅坚持认为一切都是权力和利益的问题,这意味着依赖政治和经济胁迫,最终依赖威胁和使用武力。然而,法律人则哀叹国际法不能被强制执行的事实,因此除了落后者遭殃外,几乎无能为力。归根到底,两学派都有着同样的霍布斯式处方。

就美国外交政策分析人士而言,仅仅批评美国政府的决定永远不能令人满意。相反，他们有责任为他们的学生、美国人民和国会、美国政府决策者本身以及外国国家及其人民制定建设性的替代办法来解决国际关系的主要问题。特别是在里根政府期间，美国人民多少次听到过这样的言论，即实际上只有两种可供选择的行为：特定情况下，威胁或使用美国军事力量；否则，美国政府的"敌人"将占上风。然而，除了霍布斯式干涉主义或无所作为（即孤立主义）外，还有第三种选择。它包括，和平解决国际争端的国际法的规则和国际组织的程序（即国际主义）。

9. 里根主义对尼加拉瓜的案例

人们普遍认为，里根政府对尼加拉瓜的秘密战争是自封的里根主义支持世界各地反共游击队运动的典型范例。里根政府经常引用国际法的原则，以证明其对尼加拉瓜的无端侵略政策的正当性。[25] 国际法规则的基本知识，有助于分析人士（或相关公民）揭露里根政府对该国外交政策的真正目的。此外，国际法和国际组织可以用来制定替代性的建设性外交政策，以便否定里根政府的虚假替代选择，即间接和直接的美国军事干涉，否则"独裁统治"将会出现在中美洲。

如果把国际法基本规则应用于里根政府对尼加拉瓜的外交政策上，那么根据《联合国宪章》《美洲国家组织宪章》和1949年《日内瓦公约》的规定，可能会得出这一政策至少是不合理的结论。[26] 因此，外交政策分析人士（或相关公民）不得不作出这样的结论，即背后远远不只试图阻止据称是从尼加拉瓜经由洪都拉斯到萨尔瓦多的武器、设备和物资流动，这是里根政府从一开始就坚持认为的政策基础。终于，穿过法律上的谎言、扭曲和模糊的迷雾，可以相当清晰地看到，里根政府政策的真正目的是推翻桑地诺政府，而这在国际法基本准则中根本无法合理化。最后，里根政府被迫公开承认，这一直是其真实目的。

至于建设性的替代方案，国际法和国际组织的基础知识会指出，美洲国家组织或联合国安全理事会或两者一道都有助于解决冲突。特别是，如果里根政府真正关心尼加拉瓜对邻国的所谓侵略，就可以在尼加拉瓜和洪都拉斯之间以及尼加拉瓜和哥斯达黎加之间部署联合国或美洲国家组织的维和部队。但是，由于终止军火和游击队员的流动从来都不是政策的基础，里根政府很自然地拒绝了任何涉及国际维和部队的决议。

这样一支部队对于防止所谓的军火和物资的流通相当有用，但对于推翻桑地诺政府毫无用处。相反，这种国际维和部队在尼加拉瓜边界的相互作用将阻止里根政府从洪都拉斯和哥斯达黎加向尼加拉瓜渗透反恐怖主义分子。这正是尼加拉瓜政府最终提出在其边界建立这种国际维和部队的原因，也是里根政府立刻拒绝这一提议的原因。里根政府所谓致力于通过谈判解决中美洲冲突的承诺不过如此。

1986年国际法院严厉谴责里根政府对尼加拉瓜的秘密战争违反了国际法的基本准则，并下令终止。[27]但是，战争仍在继续。尽管如此，美国反对尼加拉瓜反政府武装的抗议运动和游说团体相当有效地利用了国际法院在尼加拉瓜案中的裁决，以反对国会重新为反政府武装提供资金。

因此，在本案中国际法院裁决并未立即得到里根政府的遵守，尽管如此，它仍然通过进一步，如果不是完全的话，去正当化（即"去效力"）反政府武装"选项"，为最终解决这一问题作出了重大贡献。随着1988年布什政府的上台，两国政府开始相当广泛地依赖国际法规则和国际组织的程序——包括在联合国和美洲国家组织的联合主持下部署国际监督部队——以便获得双方都满意的结果，在尼加拉瓜恢复少许的和平与稳定。

10. 超越机制理论

国际法和国际组织构成了最强大的分析工具，专业外交政策分析人士（无论是法学家、政治家、历史学家，还是经济学家）可以利用它来首先了解和评估美国外交政策行为以及其他国家的外交和国内行为——无论这些国家是盟国、友邦、中立国家、不结盟国家，还是公然敌对国家。国际法的规则也可以为民族国家之间相互作用的外交政策行为的可行性、合理性和最终成功或失败，提供预测和价值判断的客观标准。最后，生活在宪法承诺法治的民选民主国家的有关公民可以使用国际法规则，制衡在处理外交和国防政策时任何形式的政府普遍存在的权力滥用。

关于后一点，如果美国政府决策者基本上按照无关国际法规则的政治现实主义信条行事，那么他们将采取的行动方式表

227

明：美国政府并不真正关心其他国家和人民所持有的预期，即他们认为的在与美国政府的关系中有权享有的最起码的尊重与尊敬。当这种霍布斯式态度转化为美国外交政策的行为时，它就自然而然地成为与其他国家和人民之间分歧、困难和冲突的解决方法。因此，美国政府将自己置于以粗暴实施政治、经济和军事胁迫这些主要手段来实现其目标的立场。毋庸讳言，当今相互依存的世界中，后面这些方法在国际和国内都要付出很高的代价。

相比之下，如果制定美国外交政策决策时谨慎关注国际法规则，这将意味着实质上美国政府决策者将考虑到其他国家和人民的合理预期，以便确定他们的目标（即目的），然后实现这些目标（即手段）。似乎很明显，如果这个过程发生了，那么美国政府执行外交政策并实现最终目标就会容易得多。可以肯定的是，美国的目标可能必须考虑到国际法的标准（例如，不可剥夺的人民自决权）而有所缩小；或者由于国际法的要求（例如，普遍禁止单方面威胁和使用武力），必须放弃某些手段以实现美国的目标。因此，从这种反霍布斯式观点来看，也许美国政府无法获得想要的一切，但可能会达到大约90%的预期目标，而抗衡成本将会降至最低。

由于这些原因，那么国际法规则为美国政府决策者能够也应该制定外交和国防政策提供了有用标准。然而，这并不意味着国际法的规则如此明确，美国政府所要做的就是运用它们来实现目标。相反，国际法的规则通常告诉美国政府决策者，他们不应做什么以避免外交灾难。同样，在更积极的意义上，国际法规则和国际组织的技术通常为美国外交政策决策者提供摆脱目前相互依存的世界中所面临的一些基本困境的指导方法。

可以肯定的是，国际法和国际组织并非解决当代国际关系众多问题的灵丹妙药。但是，它们确实提供了一种很有希望的媒介，让美国外交政策的决策层摆脱了至少在过去三十年使其陷入困境的压抑的霍布斯式泥沼。通过这些反霍布斯式术语来概念化国际法和国际组织，学者们可以客观地证明其与国际关系的研究实践以及美国外交政策未来行为的相关性。在这个过程中，学者还可以为研究国际政治、国际法、国际组织和国际机制指明新的方向，以迎接人类危机四伏的第三个千年的开始。

注 释

导言

1. See Dean Acheson, *Present at the Creation* (1969).

2. See, e. g. , Michael Zurn, "Bringing the Second Image (Back) In: About the Domestic Sources of Regime Formation", in *Regime Theory and International Relations* 282-311 (Volker Rittberger ed. , 1993).

3. See, generally, Francis A Boyle, "International Law and the Use of Force: Beyond Regime Theory", in *Ideas and Ideals: Essays on Politics in Honor of Stanley Hoffmann* 376-94 (Linda B Miller & Michael Joseph Smith eds. , 1993). 这篇文章经西景出版社许可作为本书的附录。

1 国际关系的法律主义进路

1. See Francis A Boyle, "The Irrelevance of International Law: The Schism between International Law and International Politics", 10 *Cal. W. Int'l L. J.* 193 (1980) [hereinafter cited as Boyle, *Irrelevance*]. 分析国际政治现实主义与 20 世纪二三十年代美国法律现实主义运动的关系, 参见 Henry Steiner and Detlev Vagts, *Transnational Legal Problems* 346-52 (2d ed. 1976)。

2. See, generally, Hans Morgenthau, *Politics among Nations* 4-15 (5th ed. 1973). But cf. James B. Scott, "Lawyer-Secretaries of Foreign Relations of the United States", 3 *Am. J. Int'l L.* 942-46 (1909) (伟大的美国国务卿都是法学家/律师)。Hereinafter *the American Journal of International Law* will be cited as *AJIL*.

3. Thomas Hobbes, *Leviathan* 100 (Michael Oakeshott ed. , 1962).

4. See H. Morgenthau, *In Defense of the National Interest* 144 (1951).

5. See President Wilson's State Papers and Addresses 464-72 (Albert Shaw ed. , 1918).

6. See Jean-Jacques Rousseau, "Discourse on the Origin and Foundations of Inequality (Second Discourse)", in *The First and Second Discourses* 77 (Roger D. Masters

ed., 1964).

7. See, e.g., Edward H. Carr, *The Twenty Years' Crisis*, 1919-1939 at 22-40 (2d ed., 1946).

8. *Treaty of Versailles*, June 28, 1919, 2 Bevans 42, 225 Parry's T. S. 188, reprinted in 13 *AJIL* 151 (Supp. 1919).

9. See, e.g., Denna F. Fleming, *The United States and the League of Nations 1918 - 1920*, at 57 (1932); Manley O. Hudson, *Woodrow Wilson's Fourteen Points after Eight Years* 9 (Woodrow Wilson Foundation: n.d.) (1925年12月28日宴会演说).

10. *Kellogg - Briand Pact*, Aug. 27, 1928, 46 Stat. 2343, 94 *L. N. T. S.* 57.

11. U. S. Department of State Press Releases 41 (Jan. 7, 1932).

12. George Santayana, 1 *The Life of Reason* 284 (1905).

13. See F. Boyle, "The Law of Power Politics", 1980 *U. Ill. L. F.* 901, 928-29 [hereinafter cited as Boyle, *Power Politics*].

14. John Austin, *The Province of Jurisprudence Determined* 121 - 26, 137 - 44 (1954).

15. See Thomas Kuhn, *The Structure of Scientific Revolutions* (2d ed. 1970).

16. 从国际法实证主义的角度来看，麦道格-拉斯威尔（McDougal-Lasswell）国际法理论的返祖倾向，是因为其自我宣称的价值取向。参见 Boyle, *Irrelevance*, *supra* this chapter, at 206-14。我阐发了运用"功能主义"的方法分析国际法与国际政治之间的关系。参见 F. Boyle, *International Law in Time of Crisis: From the Entebbe Raid to the Hostages Convention*, 75 *Nw. U. L. Rev.* 769 (1980) [hereinafter cited as Boyle, *Entebbe*].

17. See Lassa Oppenheim, "The Science of International Law: Its Task and Method", 2 *AJIL* 313 (1908). See also L. Oppenheim, *Introduction to The Collected Papers of John Westlake on Public International Law* at v (1914); J. B. Scott, "The Whewell Professorship of International Law", 2 *AJIL* 862-65 (1908). But see Frederick Pollock, "The Sources of International Law", 2 *Colum. L. Rev.* 511 (1902).

18. Cf. J. B. Scott, "The Papacy in International Law", 8 *AJIL* 864-65 (1914); J. B. Scott, "Peace through the Development of International Law", 8 *AJIL* II4 - 19 (1914).

19. Cf. J. B. Scott, "Louis Renault", 2 *AJIL* 152, 153 (1908).

20. 参见信息来源于 *Power Politics*, *supra* this chapter, at 908 n. 17。

21. 因此，实证主义国际法学家历来赞成"二元论"而非"一元论"，主张国际法与国内法之间的非等级关系。国际法并不优于国内法，反之亦然。两者共存为相互依存、相互渗透的体系。Cf. "The Paquete Habana: The Lola", 175 *U. S.* 677, 700 (1900); Quincy Wright, "Conflicts of International Law with National

Laws and Ordinances", 11 *AJIL* 1 (1917). But see J. G. Starke, "Monism and Dualism in the Theory of International Law", 17 *Brit. Y. B. Int'l L.* 66 (1936).

22. See Elihu Root, "The Sanction of International Law", 2 *AJIL* 451 (1908); J. Scott, "The Legal Nature of International Law", 1 *AJIL* 831 (1907). See also Ernest Nys, "The Development and Formation of International Law", 6 *AJIL* 1, 4, 20 (1912); Jesse S. Reeves, "The Influence of the Law of Nature upon International Law in the United States", 3 *AJIL* 547 (1909)（没有巨大影响）. But see Robert Lansing, "Notes on Sovereignty in a State", 1 *AJIL* 105 (1907)（奥斯汀立场）; W. W. Willoughby, "The Legal Nature of International Law", 2 *AJIL* 357 (1908)（斯科特的评论）.

23. See, e. g., Ellery C. Stowell, "Plans for World Organization", 18 *Colum. U. Q.* 226 (1916).

24. See Paul S. Reinsch, "International Administrative Law and National Sovereignty", 3 *AJIL* 1 (1909). See also Simeon E. Baldwin, "The International Congresses and Conferences of the Last Century as Forces Working toward the Solidarity of the World", 1 *AJIL* 565 (1907).

25. Cf. William L. Hull, The Two Hague Conferences and Their Contributions to International Law 496–500 (1908) [hereinafter cited as Hull, Two Hague Conferences].

See, generally, Valerie H. Ziegler, *The Advocates of Peace in Antebellum America* (1992).

26. See, e. g., R. Lansing, "Notes on World Sovereignty", 15 *AJIL* 13 (1921)（1906年初版）; John B. Moore, "International Law: Its Present and Future", 1 *AJIL* 11 (1907); Amos J. Peaslee, "The Sanction of International Law", 10 *AJIL* 328 (1916); Alpheus H. Snow, "International Law and Political Science", 7 *AJIL* 315 (1913); A. Snow, "The Law of Nations", 6 *AJIL* 890 (1912).

27. See Boyle, *Irrelevance*, *supra* this chapter, at 196-98.

28. See F. Boyle, "International Law and the Use of Force: Beyond Regime Theory", in *Ideas and Ideals: Essays on Politics in Honor of Stanley Hoffmann* 376 (Linda Miller & Michael J. Smith eds., 1993), 作为附录转载。

29. See *Power Politics*, *supra* this chapter, at 931-56.

30. Niccolò Machiavelli, *The Prince* 127 (Mark Musa trans., 1964).

31. Id. at 99（要求正义的法律）; id. at 145（通过法律斗争）.

32. See Albert B. Hart, "American Ideals of International Relations", 1 *AJIL* 624, 635 (1907).

33. Elbert J. Benton, *International Law and Diplomacy of the Spanish-American War* 108 (1908): "几乎所有的国际法作者认

为，1898年特殊形式的干涉对于西班牙是不幸、不合法、仓促和不公正的。"

34. See William L. Leuchtenburg, "Progressivism and Imperialism: The Progressive Movement and American Foreign Policy, 1898-1916", 39 *Miss. Valley Hist. Rev.* 483, 498（1952）（进步党对于美国黑人的态度是消极的）。Compare generally with Joseph M. Siracusa, "Progressivism, Imperialism, and the Leuchtenburg Thesis, 1952-1974: An Historiographical Appraisal", 20 *Austl. J. Pol. & Hist.* 312（1974）（进步党是反帝国主义者）。

35. See David S. Patterson, "The United States and the Origins of the World Court", 91 *Pol. Sci. Q.* 279, 283（1976）。

36. See Philip C. Jessup, 1 Elihu Root 215（1938）。

37. See J. B. Scott, "Editorial Comment", 1 *AJIL* 129（1907）; Scott, "Societies of International Law", 1 *AJIL* 135（1907）。该协会的核心来自莫霍克湖国际仲裁会议的成员，他们希望成立一个专门致力于国际法的组织。另见 George A. Finch, "The American Society of International Law 1906-1956", 50 *AJIL* 293, 295-98（1956）; John M. Raymond & Barbara J. Frischholz, "Lawyers Who Established International Law in the United States, 1776-1914", 76 *AJIL* 802, 823（1982）。See, generally, Frederick L. Kirgis, "The Formative Years of the American Society of International Law", 90 *AJIL* 559（1996）。

38. Cf. J. B. Scott, "The Revista de Derecho Internacional", 16 *AJIL* 437-38（1922）。1906年1月《美国政治学评论》首次出版发行。

39. See Arthur E. Sutherland, *The Law at Harvard: A History of Ideas and Men*, 1817-1967, at 209（1967）; J. B. Scott, "Editorial Comment", 1 *AJIL* 129, 130, 134（1907）。

40. See James Richardson, 1 A Compilation of the Messages and Papers of the President 205（1911）（告别演说）[hereinafter cited as Richardson]; id. at 776（门罗主义）。

41. See, e.g., Robert W. Tucker & David C. Hendrickson, *Empire of Liberty* 204-56（1990）; Mlada Bukovansky, "American Indentity and Neutral Rights from Independence to the War of 1812", 51 *Int'l Organization* 209（1997）。

42. Cf. Scott, "Tripoli", 6 *AJIL* 149, 155（1912）（美墨战争既不正义也不合理）; Henry B. Brown, "International Courts", 20 *Yale L. J.* 1, 13（1911）（墨西哥战争是一场为了奴隶制利益的战争）。

43. See Pitman B. Potter, "The Nature of American Territorial Expansion", 15 *AJIL* 189（1921）。See also P. Potter, "The Nature of American Foreign Policy", 21 *AJIL* 53（1927）。

44. *Treaty of Peace*, Dec. 10, 1898, U.S.-Spain, 30 Stat. 1754. See C. G. Fen-

wick, "The Scope of Domestic Questions in International Law", 19 *AJIL* 143 – 47 (1925) (1898年美国有权消除在古巴的国际公害)。See, generally, Carl R. Fish, *The Path of Empire* (1919); Frank Freidel, *The Splendid Little War* (1958); Parker T. Moon, *Imperialism and World Politics* 407–56 (1928); Julins W. Pratt, *Expansionists of 1898: The Acquisition of Hawaii and the Spanish Islands* (1936); William A. Williams, *The Roots of the Modern American Empire* 408–53 (1969).

45. See Abram Chayes, Thomas Ehrlich, & Andreas F. Lowenfeld, 2 *International Legal Process: Materials for an Introductory Course* 920–26 (1969).

46. See 9 Richardson, *supra* this chapter, at 7,024, 7,053.

47. *Army Appropriation Act*, ch. 803, art. Ⅲ, 56th Cong., 2d Sess., 31 *Stat*. 895, 897 (1901).

48. *See* William L. Langer, The Diplomacy of Imperialism 1890–1902, *at* 167–94, 385–414B, 445–83, 677–786 (2d ed. 1950).

49. *See* Cyrus F. Wicker, "*Some Effects of Neutralization*", 5 *AJIL* 639, 652 (1911); Erving Winslow, "Neutralization", 2 *AJIL* 366 (1908).

50. See, e. g., A. Snow, "Neutralization versus Imperialism", 2 *AJIL* 562 (1908).

51. See A. Hart, "American Ideals of International Relations", 1 *AJIL* 624 (1907); A. Snow, "The American Philosophy of Government and Its Effect on International Relations", 8 *AJIL* 191 (1914).

52. See, e. g., J. B. Scott, "The Baltic and the North Seas", 2 *AJIL* 646–48 (1908); Scott, "The Dissolution of the Union of Norway and Sweden", 1 *AJIL* 440–44 (1907); Scott, "The Integrity of Norway Guaranteed", 2 *AJIL* 176–78 (1908) (打算使俄国置身于西欧之外)。另见 Editorial Comment, "The Fortification of the Aland Islands", 2 *AJIL* 397–98 (1908)。

53. See Fenwick, "Mediation in the Turko-Italian War", 6 *AJIL* 463–67 (1912) (赞成大国调停); Fenwick, "The Basis of Mediation in the War between Italy and Turkey", 6 *AJIL* 719–22 (1912) (由大国调停); Scott, "Peace between Italy and Turkey", 7 *AJIL* 155–58 (1913) (意大利不正义亦非法); Scott, "The Closing and Reopening of the Dardanelles", 6 *AJIL* 706–09 (1912); Scott, "Tripoli", 6 *AJIL* 149–55 (1912) (意大利对土耳其宣战违反了国际法)。另见 Editorial Comment, *The Use of Balloons in the War between Italy and Turkey*, 6 *AJIL* 485–87 (1912)。

54. See, e. g., Scott, "Anglo–French–Italian Agreement Regarding Abyssinia", 1 *AJIL* 484–85 (1907).

55. See, e. g., Editorial Comment, *England and Russia in Central Asia*, 3 *AJIL* 170–75 (1909); Scott, *Russia and Persia*, 6 *AJIL* 155–59 (1912) (联合保护国波

斯);Editorial Comment,"The Persian Revolution and the Anglo-Russian Entente", 3 *AJIL* 969-75 (1909)(国王的倒台与英俄武装干涉);Editorial Comment,"The Recent Anglo-Russian Convention", 1 *AJIL* 979-84 (1907)(在波斯建立势力范围,阿富汗分配给英国;西藏留给中国)。

56. 有关在摩洛哥建立领地的历史,参见 Editorial Comment,"An Antecedent Algeciras", 8 *AJIL* 867-73 (1914);Editorial Comment, *Recent Disturbances in Morocco*, 1 *AJIL* 975-78 (1907);Norman D. Harris, *The New Moroccan Protectorate*, 7 *AJIL* 245 (1913);Scott, *A New Sultan in Morocco*, 3 *AJIL* 446-48 (1909);Scott,"French Protectorate Established in Morocco", 6 *AJIL* 699-702 (1912);Scott,"Morocco", 6 *AJIL* 159-67 (1912);Scott,"The Algeciras Conference", 1 *AJIL* 138-40 (1907);Scott,"The Treaty of November 27, 1912, between France and Spain Concerning Morocco", 7 *AJIL* 357-59 (1913). See also Scott,"Anglo-French Convention Respecting the New Hebrides", 1 *AJIL* 482-83 (1907);Scott,"Egypt a British Protectorate", 9 *AJIL* 202-04 (1915)。

57. See Editorial Comment,"Macedonian Railways and the Concert of Europe", 2 *AJIL* 644-46 (1908)(结束于奥匈帝国/俄国协议);Theodore P. Ion,"The Cretan Question", 4 *AJIL* 276 (1910);G. Schelle,"Studies on the Eastern Question" (pt. 1), 5 *AJIL* 144, 174 (1911)(奥地利和保加利亚违反《柏林条约》是公然违反国际法);id.(pts. 2 & 3) at 394, 680;Scott,"The Balkan Situation", 2 *AJIL* 864-65 (1908)(违反《柏林条约》);Scott,"The Balkan Situation", 3 *AJIL* 448-51 (1909) (违背共识);Scott,"The Balkan Situation", 3 *AJIL* 688-90 (1909)(俄国重申支持南斯拉夫反击奥地利吞并波黑)。See also Scott,"Edward Ⅶ", 4 *AJIL* 662, 664 (1910)(英德战争的恐惧)。

58. See, e. g., J. Scott,"America and the New Diplomacy", *Int'l Conciliation*, March 1909, at 4-5.

59. See, generally, Alfred Vagts & Detlev F. Vagts, *The Balance of Power in International Law:A History of an Idea*, 73 *AJIL* 555 (1979).

60. See, e. g., Dennis,"The Fourteenth Lake Mohonk Conference", 2 *AJIL* 615-21 (1908);M. Jarousse de Sillac,"Periodical Peace Conferences", 5 *AJIL* 968 (1911);Amos Hershey,"Convention for the Peaceful Adiustment of International Differences", 2 *AJIL* 29 (1908);Scott,"Toint Resolution to Authorize the Appointment of a Commission in Relation to Universal Peace", 5 *AJIL* 433-38 (1911);Scott,"Lake Mohonk Conference on International Arbitration", 1 *AJIL* 140-41 (1907);Scott,"Mr. Roosevelt's Nobel Address on International Peace", 4 *AJIL* 700 (1910);Scott,"President Taft on International

Peace", 5 *AJIL* 718 – 25（1911）；Scott,"The Fifteenth Lake Mohonk Conference on International Arbitration", 3 *AJIL* 683 – 88（1909）；Scott,"The Eighteenth Lake Mohonk Conference on International Arbitration", 6 *AJIL* 725 – 29（1912）；Editorial Comment,"The Pennsylvania Arbitration and Peace Conference", 2 *AJIL* 611 – 15（1908）.

61. See, e.g., J. Scott, 1 The Hague Peace Conferences of 1899 and 1907, at 465–66（1909）[hereinafter cited as Scott, Hague Peace Conferences]；Editorial Note, *The Congress of Nations*, Advocate of Peace, July 1906, at 144.

62. See, e.g., S. Baldwin,"The Membership of a World Tribunal for Promoting Permanent Peace", 12 *AJIL* 453（1918）；Philip M. Brown,"The Theory of the Independence and Equality of States", 9 *AJIL* 305（1915）；Arthur W. Spencer,"The Organization of International Force", 9 *AJIL* 45（1915）.

63. See, e.g., Warren F. Kuehl, *Seeking World Order* 91 – 95（1969）（Walter J. Bartnett, Justice David J. Brewer, John Bassett Moore, Joseph C. Clayton）.

64. See, e.g., id., at 134 – 37, 144–45, 161.

65. Cf. Stanley Hoffmann,"International Systems and International Law", in The State of War 88 – 122（1965）.

66. See, e.g., Editorial Comment,"Secretary Knox and International Unity", 4 *AJIL* 180–84（1910）；A. Snow, *The Law of Nations*, 6 *AJIL* 890（1912）.

67. 根据1856年巴黎条约, 欧洲列强正式接纳土耳其加入欧洲国际公法体系。参见 Lawrence B. Evans,"The Primary Sources of International Obligations", 5 *Proc. Am. Soc. Int'l L.* 257, 265–67（1911）.

68. 日本虽然没有像土耳其那样被正式承认, 但由于1895年对中国的军事胜利, 日本被普遍认为是"领导国际大家庭的列强之一"。参见 See L. Oppenheim, 1 *International Law, A Treatise: Peace* 34（Ronald F. Roxburgh ed., 3d ed. 1920）.

2 国际争端的强制仲裁

1. See, e.g., William L. Penfield,"International Arbitration", 1 *AJIL* 330（1907）. But cf. F. E. Chadwick,"The Anglo–German Tension and a Solution", 6 *AJIL* 601（1912）.

2. See Jacques Dumas,"Sanctions of International Arbitration", 5 *AJIL* 934（1911）.

3. 有关共和国建立以来的仲裁的详尽历史, 参见"Arbitration and the United States", 9 *World Peace Foundation Pamphlets* 453（1926）.

4. See 1 *Encyclopedia of Public International Law* 108（Rudolf Bernhardt ed., 1981）（hereinafter Encyclopedia of Public International Law）；Mark W. Janis,"Protestants, Progress and Peace: Enthusiasm for an International Court in Early Nineteenth Century America", in *The Influence of Religion on the Development of International Law* 223-42 (M. Janis ed., 1991).

5. See Daniel G. Lang, *Foreign Policy in the Early Republic* 160-61 (1985).

6. See F. Pollock, "Methods of International Arbitration", 35 *Law Q. Rev.* 320 (1919); Jens I. Westengard, "American Influence on International Law", 18 *J. Comp. Legis. & Int'l L.* 2, 7-8 (1918); Quincy Wright, "The American Civil War (1861-65)", in *The International Law of Civil War* 30-109 (Richard A. Falk ed., 1971); Peter Seidel, "The Alabama", 1 *Encyclopedia of Public International Law* 97 (1992).

7. See Irwin Abrams, "The Emergence of the International Law Societies", 19 *Rev. Pol.* 361 (1957).

8. *Arbitration Treaty*, Jan. 11, 1897, U. S. -Gr. Brit., in 3 *Unperfected Treaties of the United States of America* 253 (Christian L. Wiktor ed., 1976) (hereinafter cited as Unperfected Treaties).

9. See Nelson M. Blake, "The Olney-Pauncefote Treaty of 1897", 50 *Am. Hist. Rev.* 228 (1945).

10. See, generally, F. Boyle, *Defending Civil Resistance under International Law* 283-316 (1987).

11. Correspondence from Ethan Hitchcock to William Day (Aug. 25, 1898), reprinted in U. S. Dep't of State, 1898 *Papers Relating to the Foreign Relations of the United States* 540 (1901), Hereinafter this series of documents will be cited as *FRUS*. See Calvin D. Davis, *The United States and the First Hague Peace Conference* 36 - 53 (1962) [hereinafter cited as Davis, Hague 1].

12. See " Basis for Establishment of Peace", Aug. 12, 1898, U. S. -Spain, 30 *Stat.* 1742.

13. "Telegram from Ethan Hitchcock to William Day" (Sept. 3, 1898), 1898 *FRUS* 542-43.

14. Correspondence from Ethan Hitchcock to John Hay (Jan. 14, 1899), 1898 *FRUS* 551, 553.

15. See analysis *supra* this chapter.

16. Address by John Hay to Hague Delegation (Apr. 18, 1899), 1899 *FRUS* 511, 513.

17. See Scott, 2 Hague Peace Conferences, *supra* chapter 1, at 15.

18. See Davis, Hague 1, *supra* this chapter, at 137-38.

19. See The Proceedings of the Hague Peace Conferences: The Conference of 1899, at 833, Annex 7 (J. Scott ed., 1920) [hereinafter cited as Hague 1 Proceedings].

20. Id, at 813, Annex 2, B.

21. See *Report of Mr. White, Mr, Low. and Mr. Holls*, to *the American Commission to the International Conference at The Hague*,

237

Regarding the Work of the Third Committee of the Conference（July 31，1899），in Scott，2 Hague Peace Conferences，*supra* chapter 1，at 52.

22. See *General Report of the Commission of the United States of America to the International Conference at The Hague*（July 31，1899），in Scott，2 Hague Peace Conferences，*supra* chapter 1，at 17，24.

23. See Hague 1 Proceedings，*supra* this chapter，at 767-72；Davis，Hague 1，*supra* this chapter，at 158-64；Hull，Two Hague Conferences，*supra* chapter 1，at 297-311；Scott，1 Hague Peace Conferences，*supra* chapter 1，at 321.

24. See Hague1 Proceedings，*supra* this chapter，at 799，Annex 1，A，art. 10.

25. International Conference at "The Hague：Report of the Commission of the United States of America"（July 31，1899），1899 *FRUS* 513，518，

26. See Andrew D. White，*The First Hague Conference* 19（1912）.

27. See generally Barbara W. Tuchman，*The Guns of August*（1962）.

28. Convention for the Pacific Settlement of International Disputes，July 29，1899，Title Ⅳ，32 Stat. 1779（Pt. 2），1788（Pt. 2），T. S. No. 392. See Denys P. Myers，"The Origin of the Hague Arbitral Courts"，8 *AJIL* 769（1914）.

29. 常设仲裁法院的程序规则于1907年修正和扩充。See *Report of the Delegates of the United States to the Second International Peace Conference at The Hague from June 15 to October 18*，1907，in Scott，2 Hague Peace Conferences，*supra* chapter 1，at 198，210-12.

30. See，generally，Jackson H. Ralston，"Some Suggestions as to the Permanent Court of Arbitration"，1 *AJIL* 321（1907）.

31. 这一规定被纳入1907年《和平解决国际争端公约》第45条，并作修正，规定只有一名仲裁人可由本国国民充任或自该国从常设仲裁法院成员名单中选出一人充任。参见 Hull，Two Hague Conferences，*supra* chapter 1，at 387-89。

32. 这一规定被纳入1907年公约第45条，该条还规定：如两个月内，这两个国家未能达成协议，则每一国各自从常设仲裁法院名单中提出候选人两名，但他们都不是当事国所任命的成员，并且不是任一当事国的国民。公断人应由按上述办法提出的候选人用抽签决定。因此，根据第45条的程序，公断人尽管不必然但可能会来自第三国。根据1907年公约，仲裁小组五分之三的成员可能是非争端当事方的国民，而1899年公约的情况并非如此。这种发展据说代表着一个显著的进步，因为这样的组成将保证公正地做出裁决。参见 Hull，Two Hague Conferences，*supra* chapter 1，at 389-90；Scott，1 Hague Peace Conferences，*supra* chapter 1，at 282-84。

33. See Scott，1 Hague Peace Conferences，*supra* chapter 1，at 298.

34. Scott, 1 Hague Peace Conferences, *supra* chapter 1, at 300-301 & n. 1.

35. See Hull, Two Hague Conferences, *supra* chapter 1, at 304-11.

36. "The Hague Court Reports", at civ (J. Scott ed. , 1916) [hereinafter cited as Hague Ct. Rep.]. See also Dexter Perkins, *A History of the Monroe Doctrine* 204 (1963).

37. Compare Convention for the Pacific Settlement of International Disputes, July 29, 1899, art. 27, 32 (Pt. 2) Stat. 1779, 1791, T. S. No. 392 with Convention for the Pacific Settlement of International Disputes, Oct. 18, 1907, art. 48, 36 Stat. 2199, 2224, T. S. No. 536. See Hull, Two Hague Conferences, *supra* chapter 1, at 320-26.

38. See The Hague Ct. Rep. , *supra* this chapter, at cvi.

39. See Scott, 1 Hague Peace Conferences, *supra* chapter 1, at 286 n. 1.

40. See J. B. Scott, "Treaties of Arbitration since the First Hague Conference", 2 *AJIL* 823-30 (1908).

41. See Hans Wehberg, " Restrictive Clauses in International Arbitration Treaties", 7 *AJIL* 301 (1913). But see Amaro Cavalcanti, "Restrictive Clauses in Arbitration Treaties", 8 *AJIL* 723 (1914).

42. See Scott, "Treaties of Arbitration since the First Hague Conference", 2 *AJIL* 823, 827 (1908).

43. See, e. g. , Arbitration Convention, Nov. 23, 1904, U. S. -Port. , art. 1, in 3 Unperfected Treaties, *supra* this chapter, at 487, 488.

44. See C. Davis, *The United States and the Second Hague Peace Conference* 97-103 (1975) [hereinafter cited as Davis, Hague Ⅱ]; John B. Moore, 7 *A Digest of International Law* 99-103 (1906) [hereinafter cited as Moore, Digest].

45. See, e. g. , Arbitration Convention, Nov. 23, 1904, U. S. -Port. , art. 2, in 3 Unperfected Treaties, *supra* this chapter, at 489.

46. See Scott, "A New General Arbitration Treaty with Great Britain", 5 *AJIL* 451, 455-56 (1911). See also Scott, "The American Theory of International Arbitration", 2 *AJIL* 387-91 (1908).

47. See 3 Unperfected Treaties, *supra* this chapter, at 487-89.

48. See Davis, Hague Ⅱ, *supra* this chapter, at 116-18.

49. Id.

50. See Editorial Comment, "The Second Peace Conference of The Hague", 1 *AJIL* 944, 951 (1907); Scott, " A New General Arbitration Treaty with Great Britain", 5 *AJIL* 451, 457 (1911). 鲁特对于美国代表的指示,参见 Scott, 2. Hague Peace Conferences, *supra* chapter 1, at 181, 189-90。

51. See 2 *The Proceedings of the Hague Peace Conferences: Conference of* 1907, at

47 – 54 (J. Scott ed. , 1921) [hereinafter cited as Hague Ⅱ Proceedings]; Davis, Hague Ⅱ , *supra* this chapter, at 256, 258, 277 – 84; Hull, Two Hague Conferences, *supra* chapter 1, at 311 – 26; Scott, 1 Hague Peace Conferences, *supra* chapter 1, at 330 – 79; Hull, "Obligatory Arbitration and the Hague Conferences", 2 *AJIL* 731 (1908).

52. See Scott, 1 Hague Peace Conferences, *supra* chapter 1, at 352-74.

53. Final Act and Conventions of the Second Hague Peace Conference, Oct. 18, 1907, reprinted in 2 *AJIL* 1, 25 – 26 (Supp. 1908).

54. See *Report of the Delegates of the United States to the Second International Peace Conference at The Hague from June* 15 *to October* 18, 1907, in Scott, 2 Hague Peace Conferences, *supra* chapter 1, at 198, 205-06.

55. See Heinrich Lammasch, "Compulsory Arbitration at the Second Hague Conference", 4 *AJIL* 83, 94, & n. 3 (1910).

56. See, e. g. , Arbitration Convention, Feb. 10, 1908, U. S. – Fr. , art. 2, 35 (Pt. 2) Stat. 1925, 1926.

57. See List of Arbitration Treaties and Conventions Submitted to and Acted upon by the Senate, S. Doc. No. 373, 62d Cong. , 2d Sess. (1912). See also William C. Dennis, "The Arbitration Treaties and the Senate Amendments", 6 *AJIL* 614 (1912); Scott, "Arbitration Treaty with Austria – Hungary", 3 *AJIL* 696-97 (1909); Scott, "Recent Arbitration Treaties Concluded by the United States", 2 *AJIL* 624 (1908); Scott, "Senator Root and the Nobel Peace Prize", 8 *AJIL* 133-37 (1914); Scott, "The Pending Treaty of Arbitration between the United States and Great Britain", 6 *AJIL* 167 – 77 (1912); Scott, "The Treaties of Arbitration with Great Britain and France", 6 *AJIL* 460-63 (1912).

58. 3 Unperfected Treaties, *supra* this chapter, at 487.

59. See P. Jessup, 2 Elihu Root, *supra* chapter 1, at 79-82; Richard W. Leopold, *Elihu Root and the Conservative Tradition* 56-59 (1954).

60. Cf. Scott, "A New General Arbitration Treaty with Great Britain", 5 *AJIL* 451-57 (1911) (评论海伊条约) 。

61. Compare Restatement (Second) of Foreign Relations Law of the United States § 124 cmt. c with § 147 cmt. d (e) (1965).

62. See 2 Hague Ⅱ Proceedings, *supra* this chapter, at 47, 52-53.

63. See Hague Ct. Rep. , *supra* this chapter, at cvii.

64. See M. Hudson, *The Permanent Court of International Justice* 1920-1942, at 11 (1943) [hereinafter cited as Hudson, PCIJ].

65. See Hague Ct. Rep. , *supra* this chapter, at 1 (Perm. Ct. Arb. 1902). 因

此,美国政府有责任将第一个案件提交海牙法庭。See Davis, Hague Ⅱ, *supra* this chapter, at 51-61.

66. Hague Ct. Rep., *supra* this chapter, at 55 (Perm. Ct. Arb. 1904).

67. Hague Ct. Rep., *supra* this chapter, at 110 (Perm. Ct. Arb. 1909). See Scott, "The Casablanca Arbitration", 3 *AJIL* 946 (1909); Scott, "The Casablanca Arbitration Award", 3 *AJIL* 698 – 701 (1909); Scott, "The Casablanca Incident and Its Reference to Arbitration at The Hague", 3 *AJIL* 176-78 (1909); Robert A. Friedlander, "Who Put Out the Lamps Thoughts on International Law and the Coming of World War Ⅰ", 20 *Duq. L. Rev.* 569, 575-76 (1982).

68. Hague Ct. Rep., *supra* this chapter, at 121 (Perm. Ct. Arb. 1909). See Editorial Comment, "The Norway – Sweden Boundary Arbitration", 4 *AJIL* 186 – 87 (1910).

69. North Atlantic Fisheries Case (Gr. Brit. v. U. S.), Hague Ct. Rep. (Scott) 141 (Perm. Ct. Arb. 1910). See Anderson, "Boundary Waters between the United States and Canada", 4 *AJIL* 668 – 73 (1910); Anderson, "Settlement of the Canadian Questions", 2 *AJIL* 630-34 (1908); Anderson, "The Boundary–Fisheries Treaty", 2 *AJIL* 637 – 40 (1908); Anderson, "The Final Outcome of the Fisheries Arbitration", 7 *AJIL* 1 (1913); Anderson, "The Northeastern Fisheries Question", 1 *AJIL* 963-64 (1907); Editorial Comment, "Was the Award in the North Atlantic Fisheries Case a Compromise", 6 *AJIL* 178 – 80 (1912); Lansing, "The Newfoundland Fisheries Question", 3 *AJIL* 461-64 (1909); Lansing, "The North Atlantic Coast Fisheries Arbitration", 5 *AJIL* 1 (1911); Lansing, *The North Atlantic Coast Fisheries*, 4 *AJIL* 903-08 (1910); Scott, "Anglo–American Relations", 1 *AJIL* 480 – 82 (1907); Scott, "Renewal of Modus Vivendi Concerning Newfoundland Fisheries", 3 *AJIL* 953-54 (1909); Scott, "Statement by the President of the Tribunal That the North Atlantic Fisheries Award Was a Compromise", 5 *AJIL* 725 – 26 (1911); Scott, "The Final Settlement of the North Atlantic Coast Fisheries Controversy", 7 *AJIL* 140-44 (1913); Scott, "The United States at the Hague Court of Arbitration", 4 *AJIL* 675-77 (1910). See also Anderson, "Our Northern Boundary", 2 *AJIL* 634-37 (1908)(美国-加拿大仲裁法庭)。

70. Hague Ct. Rep., *supra* this chapter, at 226 (Perm. Ct. Arb. 1910). See W. Dennis, "The Orinoco Steamship Company Case before the Hague Tribunal", 5 *AJIL* 35 (1911); H. Lammasch, "Address of Dr. H. Lammasch on Opening the Arbitration between the United States and Venezuela in the Matter of the Orinoco Steamship Company's Claim", September 28, 1910,

5 *AJIL* 32（1911）；H. Lammasch,"Address of Dr. H. Lammasch on Closing the Arbitration between the United States and Venezuela in the Matter of the Orinoco Steamship Company's Claim", October 25, 1910, 5 *AJIL* 65（1911）.

71. Hague Ct. Rep., *supra* this chapter, at 275（Perm. Ct. Arb. 1911）. See Scott, "The Savarkar Case", 5 *AJIL* 208 - 10（1911）.

72. See Anthony Giustini, "Compulsory Adjudication in International Law: The Past, the Present, and Prospects for the Future", 9 *Fordham Int'l L. J.* 213, 220（1985-86）.

73. See Davis, Hague Ⅱ, *supra* this chapter, at 73-90.

74. See 2 *Encyclopedia of Public International Law* 234（1981）; D. Patterson, *Toward a Warless World: The Travail of the American Peace Movement: 1887-1914*, at 155（1976）[hereinafter cited as Patterson, Toward a Warless World]; D. Perkins, *History of the Monroe Doctrine*, *supra* chapter 2, at 234-38.

75. See chapter 5 *infra*.

76. See Karl Doehring, "Casablanca Arbitration", 2 *Encyclopedia of Public International Law* 45（1981）.

77. See Walther Schücking, *The International Union of the Hague Conferences* 28（C. Fenwick trans., 1918）（comment by Wehberg）; Scott, "The Casablanca Arbitration Award", 3 *AJIL* 698, 701（1909）.

78. 有关同盟国与协约国历史的简要概述，参见 New Columbia Encyclopedia, at 2787, cols. 1 - 3（William H. Harris & Judith S. Levey eds., 1975）.

79. See also Scott, "The Arbitral Award in the Peru-Bolivia Boundary Controversy", 3 *AJIL* 949-53（1909）（阿根廷独任仲裁）. But see Dennis, "The Dispute between the Argentine Republic and Uruguay As to Their Jurisdiction in the Rio de la Plata", 1 *AJIL* 984-88（1907）（阿根廷反对仲裁）; Dennis, "The Jurisdiction of the Rio de la Plata", 4 *AJIL* 430-31（1910）.

80. See, e. g., Christine Gray & Benedict Kingsbury, "Inter-State Arbitration since 1945: Overview and Evaluation", in *International Courts for the Twenty-first Century* 55（M. Janis ed., 1992）.

3 国际法院的创立

1. See Scott, "The Casablanca Arbitration Award", 3 *AJIL* 698, 701（1909）; Scott, "Statement by the President of the Tribunal That the North Atlantic Fisheries Award Was a Compromise", 5 *AJIL* 725-26（1911）; Editorial Comment, "Was the Award in the North Atlantic Fisheries Case a Compromise?", 6 *AJIL* 178-80（1912）.

2. See, e. g., Scott, "The Annual Meeting of the Society of International Law", 3 *AJIL* 191（1909）; Scott, "The Evolution of a Permanent International Judiciary?", 6 *AJIL* 316（1912）.

3. See, e. g. , Scott, "Fourth Annual Meeting of the American Society for Judicial Settlement of International Disputes", 8 *AJIL* 129-33 (1914); Scott, "The American Society for the Judicial Settlement of International Disputes", 4 *AJIL* 930-32 (1910); Scott, "The Meeting of the American Society for the Judicial Settlement of International Disputes", 5 *AJIL* 193-95 (1911).

4. U. S. Const. art. Ⅲ, § 2. See Scott, 2 Hague Peace Conferences, *supra* chapter 1, at 181, 191.

5. Articles of Confederation art. 9. See Scott, 1 Hague Peace Conferences, *supra* chapter 1, at 460-64; Scott, "The Proposed Court of Arbitral Justice", 2 *AJIL* 772 (1908).

6. U. S. Canst. art. Ⅲ, § 2.

7. See, e. g. , Anderson, "The Growth of International Law under a Permanent Court of Arbitration", 1 *AJIL* 730-34 (1907). See also Scott, "The Judicial Settlement of Disputes between States of the American Union", 17 *AJIL* 326-28 (1923).

8. Cf. Thomas C. Schelling, *The Strategy of Conflict* 48-49 (1960)（极大中的极小理论）.

9. See, e. g. , Scott, "The Gradual and Progressive Codification of International Law", 21 *AJIL* 417 (1927); Jesse S. Reeves, "The Hague Conference on the Codification of International Law", 24 *AJIL* 52 (1930).

10. See 2 Hague Ⅱ Proceedings, *supra* chapter 2, at 1, 016, Annex 76, art. Ⅵ.

11. Final Act and Conventions of the Second Peace Conference, Oct. 18, 1907, Annex to the First Recommendation Uttered by the Second Peace Conference, Draft of a Convention Relative to the Institution of a Court of Arbitral Justice, reprinted in 2 *AJIL* 1, 29 (Supp. 1908). See Denys P. Myers, "The Origin of the Hague Arbitral Courts", 10 *AJIL* 270 (1916).

12. See Davis, Hague Ⅱ, *supra* chapter 2, at 264-70.

13. See Protocol of Signature Relating to the Permanent Court of International Justice (Dec. 16, 1920), 2 *League of Nations Official J.* 14 (1921), reprinted in 17 *AJIL* 55 (Supp. 1923).

14. See 2 Hague Ⅱ Proceedings, *supra* chapter 2, at 641. "但是，诉讼当事国之间存在仲裁条约时，应一方当事国请求，法院或其授权制定仲裁协定，似乎是以原告为例并朝着在国际法中引入普通法法院程序迈出的一大步。"（Scott, 1 Hague Peace Conferences, *supra* chapter 1, at 453.）

15. See Statute for the Permanent Court of International Justice Provided for by Article 14 of the Covenant of the League of Nations, 2 *League of Nations Official J.* 14 (1921), reprinted in 17 *AJIL* 57 (Supp. 1923.)

16. See Paul S. Reinsch, "The Concept

of Legality in International Arbitration", 5 *AJIL* 604 (1911).

17. See P. Jessup, 2 *Elihu Root*, *supra* chapter 1, at 75-76.

18. Scott, "The Election of Judges for the Permanent Court of International Justice", 15 *AJIL* 556 (1921).

19. See David J. Hill, *The Problem of a World Court* 24-25 (1927).

20. See P. Jessup, 2 *Elihu Root*, *supra* chapter 1, at 419-20.

21. See Hudson, *PCIJ*, *supra* chapter 2, at 117.

22. J. Scott, "Elihu Root's Services to International Law", 207 *Int'l Conciliation* 25, 66 (1925).

23. See Frederick C. Hicks, "The Equality of States and the Hague Conferences", 2 *AJIL* 530, 538-39 (1908).

24. See *infra* chapter 4 and accompanying notes.

25. See 2 Hague Ⅱ Proceedings, *supra* chapter 2, at 1031, Annex 84.

26. See A. G. de Lapradelle & Ellery C. Stowell, "Latin America at the Hague Conference", 17 *Yale L. J.* 270 (1908). See also Amos S. Hershey, "The Calvo and Drago Doctrines", 1 *AJIL* 26 (1907).

27. See Hull, Two Hague Conferences, *supra* chapter 1, at 419-20 (墨西哥、塞尔维亚、海地、委内瑞拉、巴西、保加利亚、葡萄牙、罗马尼亚和乌拉圭)。另见 2 Hague Ⅱ Proceedings, *supra* chapter 2, at 1027, 1029 (附件 83 是巴西提议的有关法院任命的绝对平等)。

28. See Scott, 1 Hague Peace Conferences, *supra* chapter 1, at 95-101.

29. Final Act and Conventions of the Second Peace Conference, Oct. 18, 1907, reprinted in 2 *AJIL* 1, 27 (Supp. 1908).

30. See Scott, 2 Hague Peace Conferences, *supra* chapter 1, at 198, 244-45.

31. See J. Scott, An International Court of Justice 69-70 (1916) [hereinafter cited as Scott, International Court of Justice].

32. Identic Circular Note of the Secretary of State of the United States Proposing Alternative Procedure for the International Prize Court and the Investment of the International Prize Court with the Functions of a Court of Arbitral Justice (Oct. 18, 1909), 1910 *FRUS* 597, 603, reprinted in 4 *AJIL* 102, 109 (Supp. 1910) [hereinafter cited as Identic Circular Note]. See D. Patterson, *Toward a Warless World*, *supra* chapter 2, at 162. See also Editorial Comment, "Proposal to Modify the International Prize Court and to Invest It As Modified with the Jurisdiction and Functions of a Court of Arbitral Justice", 4 *AJIL* 163-66 (1910); Editorial Comment, "The Sixteenth Annual Lake Mohonk Conference on International Arbitration", 4 *AJIL* 689-92 (1910).

33. "希望有一天，无论是通过任命两个法院的同一名法官，还是通过改组，都可能会有一个分为民事和捕获分庭的大国际法院"（Scott, 1 Hague Peace Conferences, *supra* chapter 1, at 451）。

34. Identic Circular Note（Oct. 18, 1909）, *supra* this chapter, 1910 *FRUS* 597, 604, reprinted in 4 *AJIL* 102, 111（Supp. 1910）.

35. Scott, International Court of Justice, *supra* this chapter, at 70.

36. Id. at 70–74.

37. Id. at 74.

38. Id. at 91.

39. Id. at 92–94.

40. See D. Patterson, Toward a Warless World, *supra* chapter 2, at 163.

41. Scott, International Court of Justice, *supra* this chapter, at 1, 6, 18.

42. Id.

43. See *infra* chapter 5 and accompanying notes.

44. D. Fleming, *The United States and the World Court* 1920–1966, at 36（1968）; D. Pat-terson, "The United States and the Origins of the World Court", 91 *Pol. Sci. Q.* 279, 290（1976）.

45. D. Patterson, "The United States and the Origins of the World Court", 91 *Pol. Sci. Q.* 279, 280, 293–94（1976）; D. Patterson, Toward a Warless World, *supra* chapter 2, at 254–55.

46. George A. Finch, "James Brown Scott: 1866–1943", 38 *AJIL* 183, 202（1944）. See, generally, Frederic R. Coudert, "An Appreciation of James Brown Scott", 37 *AJIL* 559（1943）.

47. See, e. g., D. Hill, The Problem of a World Court, *supra* this chapter, at 21–25.

48. See Scott, "A Permanent Court of International Justice", 14 *AJIL* 581–82（1920）.

49. See id. at 583.

50. See G. Finch, "James Brown Scott", *supra* this chapter, at 202–3.

51. See E. Root, "The Constitution of an International Court of Justice", 15 *AJIL* 1（1921）（1920年6月备注）.

52. D. Fleming, The United States and the World Court 1920–1966, *supra* this chapter, at 43.

53. Simeon E. Baldwin, "The Evolution of a World Court", 1 *B. U. L Rev.* 6, 11（1921）.

54. John B. Moore, "The Organization of the Permanent Court of International Justice", 22 *Colum. L. Rev.* 497, 500（1922）.

55. For the British origins of this particular language found in article 13（2）of the Covenant, see Martin D. Dubin, "Toward the Concept of Collective Security: The Bryce Group's 'Proposals for the Avoidance of War', 1914–1917", 24 *Int'l Organization* 288, 291–92（1970）.

56. See League of Nations, The Records of the First Assembly, 1 Meetings of the Committees 472–73（1920）; Hudson, *PCIJ*, supra chapter 2, at 118–20; Scott,

"The Institute of International Law", 16 *AJIL* 243, 247-48 (1922).

57. A. Giustini, "Compulsory Adjudication in International Law: The Past, the Present, and Prospects for the Future", 9 *Fordham Int'l L. J.* 213, 227 (1986).

58. See J. Moore, "The Organization of the Permanent Court of International Justice", 22 *Colum. L. Rev.* 497, 500 – 501 (1922).

59. See Scott, "The Permanent Court of International Justice", 15 *AJIL* 260 – 66 (1921).

60. A. Giustini, "Compulsory Adjudication in International Law: The Past, the Present, and Prospects for the Future", 9 *Fordham Int'l L. J.* 213, 227 (1986).

61. Id.

62. Id. at 227-28.

63. For the text of the *PCIJ* Protocol of Signature, see Hudson, *PCIJ*, *supra* chapter 2, at 665.

64. Id. at 677.

65. J. Moore, "The Organization of the International Court of Justice", 22 *Colum. L. Rev.*. 497, 501 (1922).

66. See A. Ciustini, "Compulsory Adjudication in International Law: The Past, the Present, and Prospects for the Future", 9 *Fordham Int'l L. J.* 213, 232-35 (1986).

67. 2 *League of Nations Official J.* 14 (1921); 3 id. at 306 (1922). See G. Finch, James Brown Scott: 1866-1943, *supra* this chapter, at 203.

68. See Scott, "The Election of Judges for the Permanent Court of International Justice", 15 *AJIL* 556-58 (1921).

69. See also Charles C. Hyde, "The Election of Mr. Hughes to the World Court", 22 *AJIL* 822-23 (1928).

70. Scott, "The Election of Judges for the Permanent Court of International Justice", 15 *AJIL* 556, 557 (1921).

71. For the subsequent history of unsuccessful U. S. efforts to join the PCIJ, see Warren G. Harding, "Message of the President of the United States to the Senate Recommending Participation of the United States in the Permanent Court of International Justice at The Hague", reprinted in 17 *AJIL* 331-32 (1923); Charles E. Hughes, "Letter of the Secretary of State to the President of the United States Recommending the Participation of the United States in the Permanent Court of International Justice at The Hague", reprinted in 17 *AJIL* 332 – 38 (1923); Eugène Borel, "The United States and the Permanent Court of International Justice", 17 *AJIL* 429 (1923); Philip M. Brown, "The Rule of Unanimity and the Fifth Reservation to American Adherence to the Permanent Court", 22 *AJIL* 599 – 603 (1928); G. Finch, "The United States and the Permanent Court of International Justice", 17 *AJIL* 521-26 (1923); M. Hudson, "The United States Senate and the Per-

manent Court of International Justice", 20 *AJIL* 330-35 (1926); M. Hudson, "The American Reservations and the Permanent Court of International Justice", 22 *AJIL* 776 (1928); M. Hudson, "The World Court Protocols before the United States Senate", 26 *AJIL* 569-72 (1932); P. Jessup, "The New Protocol for American Accession to the Permanent Court of International Justice", 24 *AJIL* 105-10 (1930); P. Jessup, "Revising the Statute of the Permanent Court of International Justice", 24 *AJIL* 353 – 56 (1930); P. Jessup, "The Protocol for American Adherence to the Permanent Court", 25 *AJIL* 308-12 (1931); Quincy Wright, "The United States and the Permanent Court of International Justice", 21 *AJIL* 1 (1927); Current Note, "The Permanent Court of International Justice", 20 *AJIL* 150-51 (1926); Current Note, "Adherence of the United States to the Permanent Court of International Justice", 20 *AJIL* 552-55 (1926). See also Hudson, *PCIJ*, *supra* chapter 2, at 216-38.

72. See Michael Dunne, The United States and the World Court 1920-1935, at 44 (1988).

73. See, e. g., D. Hill, "The Permanent Court of International Justice", 14 *AJIL* 387-92 (1920). See generally Scott, "Interpretation of Article X of the Covenant of the League of Nations", 18 *AJIL* 108-13 (1924).

74. But cf. Hill, "The Relation of the United States to the Permanent Court of International Justice", 20 *AJIL* 326 (1926).

75. See Davis, Hague II, *supra* chapter 2, at 363.

76. See, e. g., D. Hill, The Problem of a World Court, *supra* this chapter.

77. See Hudson, *PCIJ*, *supra* chapter 2, at 669, for the Revised PCIJ Statute.

78. See Shabtai Rosenne, *The World Court: What It Is and How It Works* 27 (4th rev. ed. 1989).

4 习惯国际法的编纂

1. See, e. g., Davis, Hague I, *supra* chapter 2; Davis, Hague II, *supra* chapter 2.

2. See, e. g., F. Boyle, World Politics and International Law 136-54 (1985) (联合国起草《反对劫持人质公约》)。

3. 对这些规定的实际文本分别进行很好的比较分析,参见 The Laws of Armed Conflicts: A Collection of Conventions, Resolutions and Other Documents 63 – 98 (Dietrich Schindler & Jiři Toman eds., 3d ed. 1988) [hereinafter cited as *The Laws of Armed Conflicts*]。

4. See id. at 3. See, generally, Burrus M. Carnahan, "Lincoln, Lieber and the Laws of War", 92 *AJIL* 213 (1998); Adam Roberts, "Land Warfare", in The Laws of War 116 (Michael Howard, George J. Andreopoulos, & Mark Shulman eds., 1994)

[hereinafter cited as *The Laws of War*].

5. J. Westengard, "American Influence upon International Law", 18 *J. Comp. Legis. & Int'l L.* 2, 13 (1918).

6. See James Wilford Garner, 1 *International Law and the World War* 17-18 (1920) [hereinafter cited as *Garner*].

7. See id. at 18.

8. Id. at 20.

9. See The Laws of Armed Conflicts, *supra* this chapter, at 367-599.

10. Id. at 605-734. See, generally, F. Boyle, "Preserving the Rule of Law in the War against International Terrorism", in *The Future of International Law and American Foreign Policy* 79-109 (1989).

11. See, e. g., 1 Garner, *supra* this chapter, at 18-20.

12. See E. Nys, "The Codification of International Law", 5 *AJIL* 871 (1911); E. Root, "The Function of Private Codification in International Law", 5 *AJIL* 577 (1911); Scott, "The Third Annual Meeting of the American Society of International Law", 3 *AJIL* 674-83 (1909).

13. See J. Choate, *The Two Hague Conferences* 65-74 (1913) [hereinafter cited as Choate, Two Hague Conferences]; Davis, Hague II, *supra* chapter 2, at 190, 220-27; Hudson, PCIJ, *supra* chapter 2, at 71-72.

14. Convention Relative to the Creation of an International Prize Court, Oct. 18, 1907, in 4 Unperfected Treaties, *supra* chapter 2, at 57, reprinted in 2 *AJIL* 174 (Supp. 1908). See Scott, *The Work of the Second Hague Peace Conference*, 2 *AJIL* 1, 21-22 (1908).

15. See E. Root, "The Real Significance of the Declaration of London", 6 *AJIL* 583 (1912).

16. Convention Relative to the Creation of an International Prize Court, Oct. 18, 1907, arts. IV & V, in 4 Unperfected Treaties, *supra* chapter 2, at 57.

17. See Hull, Two Hague Conferences, *supra* chapter 1, at 430-31.

18. See Scott, 1 Hague Peace Conferences, *supra* chapter 1, at 487-88.

19. See P. Brown, "The Individual and International Law", 18 *AJIL* 532, 533 (1924). See also Edwin M. Borchard, "Limitations on Coercive Protection", 21 *AJIL* 303 (1927).

20. See H. Brown, "The Proposed International Prize Court", 2 *AJIL* 476 (1908) (违反宪法); Scott, "The International Court of Prize", 5 *AJIL* 302 (1911) (符合宪法); Thos. Roeburn White, "Constitutionality of the Proposed International Prize Court-Considered from the Standpoint of the United States", 2 *AJIL* 490 (1908) (符合宪法). 另见 E. Root, "The Relations between International Tribunals of Arbitration and the Jurisdiction of National Courts", 3 *AJIL* 529 (1909).

21. See Scott, 1 Hague Peace Conferences, supra chapter 1, at 473-84.

22. Additional Protocol to the Convention Relative to the Establishment of an International Court of Prize, Sept. 19, 1910, in 4 Unperfected Treaties, *supra* chapter 2, at 177, reprinted in 5 *AJIL* 95 (Supp. 1911). See George C. Butte, "The 'Protocole Additionnel' to the International Prize Court Convention", 6 *AJIL* 799 (1912).

23. See John W. Coogan, *The End of Neutrality: The United States, Britain, and Maritime Rights 1899 - 1915*, at 94 - 100 (1981) [hereinafter cited as Coogan, End of Neutrality]; Charles N. Gregory, "The Proposed International Prize Court and Some of Its Difficulties", 2 *AJIL* 458 (1908).

24. See Scott, "Proposed Conference for the Settlement of Certain Questions of Maritime Law", 2 *AJIL* 830-35 (1908); James L. Tryon, "The International Prize Court and Code", 20 *Yale L. J.* 604 (1911).

25. Declaration of London, Feb. 26, 1909, in 4 Unperfected Treaties, *supra* chapter 2, at 129. See C. H. Stockton, "The International Naval Conference of London, 1908-1909", 3 *AJIL* 596 (1909).

26. See Coogan, End of Neutrality, *supra* this chapter, at 114 - 17; Scott, 1 Hague Peace Conferences, *supra* chapter 1, at 698-730; Ellery C. Stowell, "The International Naval Conference and the Declaration of London", 3 *Am. Pol. Sci. Rev.* 489 (1909). See also John B. Hattendorf, "Maritime Conflict", in *The Laws of War*, *supra* this chapter, at 98.

27. See Scott, "Approval of the Declaration of London by the United States Senate" on April 24, 1912, 6 *AJIL* 723-25 (1912).

28. See Scott, "Elihu Root's Services to International Law", 207 *Int'l Conciliation* 25, 47 (1925).

29. See Fenwick, "Naval Prize Bill and the Declaration of London", 6 *AJIL* 180-86 (1912); Arthur Cohen, "The Declaration of London", 27 *Law Q. Rev.* 9 (1911).

30. Convention Relative to the Conversion of Merchant Ships into War Ships, Oct. 18, 1907, in 4 Unperfected Treaties, *supra* chapter 2, at 51, reprinted in 2 *AJIL* 133 (Supp. 1908). See Report of the British Delegates (March 1, 1909), in The Declaration of London, February 26, 1909: A Collection of Official Papers and Documents Relating to the International Naval Conference Held in London December, 1908-February, 1909, Official Documents 235, 251-52 (J. Scott ed., 1919) [hereinafter cited as Declaration of London Documents]; George G. Wilson, "Conversion of Merchant Ships into War Ships", 2 *AJIL* 271 (1908).

31. See Instructions Addressed to the British Delegates by Sir Edward Grey (Dec. 1, 1908), in Declaration of London

Documents, *supra* this chapter, at 210, 230-31.

32. See Coogan, End of Neutrality, *supra* this chapter, at 128-36.

33. Naval Prize Bill, 1911, 1 & 2 Geo. 5, 7 *Sessional Papers*, *H. L.* 643. See J. Scott, "The Declaration of London of February", 26, 1909, 8 *AJIL* 274 (1914).

34. Declaration of London, Feb. 26, 1909, in 4 Unperfected Treaties, *supra* chapter 2, at 129. See also D. Myers, "The Legal Basis of the Rules of Blockade in the Declaration of London", 4 *AJIL* 571, 572 (1910).

35. See Scott, *The Declaration of London of February* 26, 1909 *Part II*, 8 *AJIL* 520, 553 (1914).

36. See Coogan, End of Neutrality, *supra* this chapter, at 126 & n. 7.

37. Id. at 145.

38. See Scott, *Prefatory Note to Declaration of London Documents*, *supra* this chapter, at V; 1 Garner, *supra* this chapter, at 34; 2 Garner, *supra* this chapter, at 268. See also Scott, The Declaration of London of February 26, 1909, 8 *AJIL* 274 (1914). See, generally, L. Oppenheim, 2 *International Law*, *A Treatise*: *War and Neutrality* 546-52 (2d ed. 1912).

39. Telegram from William Jennings Bryan to Walter Hines Page (Aug. 6, 1914), 1914 *FRUS* 216 (Supp.), reprinted in 9 *AJIL* 1 (Spec. Supp. 1915).

40. See Telegram from Ambassador Penfield to Secretary of State Bryan (Aug. 13, 1914), 1914 *FRUS* 217 (Supp.), reprinted in 9 *AJIL* 1 (Spec. Supp. 1915) (Austria - Hungary); Telegram from Ambassador Gerard to Secretary of State Bryan (Aug. 22, 1914), 1914 *FRUS* 218 (Supp.), reprinted in 9 *AJIL* 2 (Spec. Supp. 1915) (德国)。

41. Richard W. Van Alstyne, "The Policy of the United States Regarding the Declaration of London, at the Outbreak of the Great War", 7 *J. Mod. Hist.* 434, 436 (1935).

42. Telegram from Ambassador Page to Secretary of State Bryan (Aug. 26, 1914), 1914 *FRUS* 218, 219 (Supp.) (英国); Telegram from Charge Wilson to Secretary of State Bryan (Aug. 27, 1914), 1914 *FRUS* 220 (Supp.), reprinted in 9 *AJIL* 5 (Spec. Supp. 1915) (俄国); Telegram from Ambassador Herrick to Secretary of State Bryan (Sept. 3, 1914), 1914 FRUS 222 (Supp.), reprinted in 9 *AJIL* 6 (Spec. Supp. 1915) (法国)。

43. Telegram from Acting Secretary of State Lansing to Ambassador Page (Oct. 22, 1914), 1914 *FRUS* 257 (Supp.), reprinted in 9 *AJIL* 7 (Spec. Supp. 1915). See James W. Garner, "Some Questions of International Law in the European War", 9 *AJIL* 372 (1915); R. Van Alstyne, "The Policy of the United States Regarding the Declaration of London, at the Outbreak of the Great War", 7 *J. Mod. Hist.* 434 (1935).

44. See, e. g., 2 Garner, *supra* this chapter, at 296.

45. See Coogan, End of Neutrality, *supra* this chapter, at 154-68.

46. See, e. g., The Declaration of London Order in Council (Oct. 29, 1914), 1914 *FRUS* 263 (Supp.), reprinted in 9 *AJIL* 14 (Spec. Supp. 1915). See also Simeon E. Baldwin, "An Anglo – American Prize Tribunal", 9 *AJIL* 297 (1915).

47. See, e. g., Finch, "Seizure and Detention of Neutral Cargoes – Visit and Search-Continuous Voyage", 9 *AJIL* 456- 61 (1915); Finch, "The Use of Neutral Flags on Merchant Vessels of Belligerents", 9 *AJIL* 471 - 73 (1915); Louis Renault, "War and the Law of Nations in the Twentieth Century", 9 *AJIL* 1 (1915); Scott, "The Questions in Dispute between the United States and Great Britain with Reference to Interference with Neutral Trade", 9 *AJIL* 680-87 (1915); Scott, "The Seizure of Enemy Subjects upon Neutral Vessels upon the High Seas", 10 *AJIL* 117-18 (1916).

48. See, e. g., Correspondence from Ambassador Page to Secretary of State Bryan (July 10, 1916), 1916 *FRUS* 413 (Supp.), reprinted in 10 *AJIL* 5 (Spec. Supp. 1916) (1916 Maritime Rights Order in Council); Correspondence from Ambassador Sharp to Secretary of State Bryan (July 11, 1916), 1916 *FRUS* 416 (Supp.), reprinted in 10 *AJIL* 9 (Spec. Supp. 1916) (French decree). See also G. Wilson, "The Withdrawal of the Declaration of London Orders in Council", 10 *AJIL* 843 (1916).

49. Scott, "Status of the Declaration of London", 9 *AJIL* 199, 202 (1915).

50. 更全面地解释国际法为政府决策者界定国际危机轮廓的作用，参见 Boyle, Entebbe, supra chapter 1, at 778-79。

51. See Ernest R. May, *The World War and American Isolation* 1914-1917, at 335-36 (1966) [hereinafter cited as May, World War and American Isolation]; A. Hershey, "Some Popular Misconceptions of Neutrality", 10 *AJIL* 118-21 (1916); 2 Garner, *supra* this chapter, at 281. See also A. Hershey, "The So-Called Inviolability of the Mails", 10 *AJIL* 580-84 (1916).

52. See E. May, World War and American Isolation, *supra* this chapter, at 113-301, 387-437.

53. Telegram from Ambassador Gerard to Secretary of State Bryan (Feb. 6, 1915), 1915 *FRUS* 94 (Supp.), reprinted in 9 *AJIL* 83 (Spec. Supp. 1915). See also Finch, "Mines, Submarines and War Zones – The Absence of Blockade", 9 *AJIL* 461 - 71 (1915).

54. Telegram from Ambassador Bernstorff to Secretary of State Lansing (Jan. 31, 1917), 1917 *FRUS* 97, 100, 101 (1 Supp. 1917).

55. See, e. g., Declaration of London,

Feb. 26, 1909, in 4 Unperfected Treaties, *supra* chapter 2, at 142, arts. 48, 49, 50.

56. See Tames W. Garner, "Some Questions of International Law in the European War" (pts. 3, 8, & 9), 9 *AJIL* 594, 612 (1915), 9 *AJIL* 818, 825 (1915), 10 *AJIL* 12 (1916).

57. See generally Scott, "Armed Merchant Ships", 10 *AJIL* 113–16 (1916); Finch, "The Status of Armed Merchant Vessels", 9 *AJIL* 188-89 (1915).

58. See Finch, "The Use of Neutral Flags on Merchant Vessels of Belligerents", 9 *AJIL* 471-73 (1915).

59. See Telegram from Ambassador Bernstorff to Secretary of State Bryan (Feb. 7, 1915), 1915 *FRUS* 95 (Supp.).

60. Id. at 96.

61. See T. Baty, "Naval Warfare: Law and License", 10 *AJIL* 42 (1916); Scott, "The Controversy between the United States and Germany over the Use of Submarines against Merchant Vessels", 9 *AJIL* 666–80 (1915); Scott, "The Secretary of State on the Violations of International Law in the European War As They Affect Neutrals", 10 *AJIL* 572-75 (1916).

62. See Scott, "The United States at War with the Imperial German Government", 11 *AJIL* 617-27 (1917).

63. See Scott, "War between Austria-Hungary and the United States", 12 *AJIL* 165-72 (1918).

64. Act of April 6, 1917, ch. 1, 65th Cong., 1st Sess., 40 Stat. 1 (Pt. 1) (美国和德国之间的宣战).

65. Address of the President of the United States Delivered at a Joint Session of the Two Houses of Congress, April 2, 1917, reprinted in 11 *AJIL* 143, 144 (Supp. 1917). See, generally, Daniel M. Smith, "National Interest and American Intervention, 1917: An Historiographical Appraisal", 52 *J. Am. Hist.* 5 (1965).

66. See, e.g., P. Brown, "War and Law", 12 *AJIL* 162, 164 (1918): "这确实是一场捍卫法律的战争。" 另见 P. Brown, "Economic Warfare", 11 *AJIL* 847-50 (1917) (这场战争表明, 以均势民族压迫和拒绝自治为基础的国际法体系是徒劳无益的)。

67. See United States, "President's Transmittal of the United Nations Convention on the Law of the Sea and the Agreement Relating to the Implementation of Part XI to the U.S. Senate with Commentary" [October 7, 1994], 34 *Int'l L. Mats.* 1393 (1995).

68. See, e.g., *Fact Sheet: U.S. Oceans Policy and the Law of the Sea Convention*, *U.S. Department of State Dispatch*, Mar. 11, 1996, Vol. 7, No. 11, at 108-09.

69. See, e.g., Paul Kennedy, *The Rise and Fall of the Great Powers: Economic Change and Military Conflict from 1500 to 2000* (1987).

5 创制和平解决国际争端的新机制

1. Translation of Document from Count Mouravieff to Ethan Hitchcock [Aug. 12 (24), 1898], 1898, *FRUS* 541, 541.

2. See R. Floyd Clarke, "A Permanent Tribunal of International Arbitration: Its Necessity and Value", 1 *AJIL* 342 (1907). See also Thomas K. Ford, "The Genesis of the First Hague Conference", 51 Pol. Sci. Q. 354 (1936); Dan L. Morrill, "Nicholas II and the Call for the First Hague Conference", 46 J. Mod. Hist. 296 (1974).

3. Telegram from Moore to Ethan Hitchcock (Sept. 6, 1898), 1898 *FRUS* 543.

4. Address by John Hay to Hague Delegation (Apr. 18, 1899), 1899 *FRUS* 511, 512.

5. See Davis, Hague I, *supra* chapter 2, at 110-24; Report of Captain Crozier to the Commission of the United States of America to the International Conference at The Hague Regarding the Work of the First Committee of the Conference and Its Sub-Committee (July 31, 1899), in Scott, 2 Hague Peace Conferences, *supra* chapter 1, at 29; Report of Captain Mahan to the United States Commission to the International Conference at the Hague, on Disarmament, Etc, with Reference to Navies (July 31, 1899), in Scott, 2 Hague Peace Conferences, *supra* chapter 1, at 36.

6. See Davis, Hague I, *supra* chapter 2, at 110-24.

7. See B. Tuchman, *The Proud Tower* 302 (1966).

8. Final Act of the International Peace Conference, July 29, 1899, reprinted in 1 *AJIL* 103, 105 (Supp. 1907) [hereinafter cited as Final Act of the International Peace Conference].

9. Id. at 106.

10. Id.

11. See, e.g., Scott, 1 Hague Peace Conferences, *supra* chapter 1, at 61:"战争手段与备战将一直存在,直到提出一种不仅本身合理而且不接受就不合理的战争替代办法。可能各国之间的相互关系和相互依存必须在理论和实践上得到接受,陆军和海军不再用于外交事务并限于保护商业和监管海洋,世界司法组织才能得以实现。"另见 General Report of the Commission of the United States of America to the International Conference at The Hague (July 31, 1899), in Scott, 2 Hague Peace Conferences, *supra* chapter 1, at 17, 21; Richmond P. Hobson, "Disarmament", 2 *AJIL* 743 (1908)。But see Benjamin F. Trueblood, "The Case for Limitation of Armaments", 2 *AJIL* 758 (1908)。

12. Declaration Prohibiting Discharge of Projectiles and Explosives from Balloons, July 29, 1899, 32 Stat. 1839 (Pt. 2), 1 Bevans 270. See George B. Davis, "The Launching of Projectiles from Balloons", 2 *AJIL* 528 (1908). 一位美国军方代表成

253

功反对就这一做法强制实行永久禁令。参见 Hull, Two Hague Conferences, *supra* chapter 1, at 76-79。他认为,五年之内各国会更好地理解飞船的军事能力。参见 B. Tuchman, The Proud Tower, *supra* this chapter, at 306. See generally Tami Davis Biddle, *Air Power*, in The Laws of War, *supra* chapter 4, at 140.

13. Declaration Respecting the Prohibition of the Use of Expanding Bullets, July 29, 1899, 187 *Parry's Consol. T. S.* 459, and in 1 *AJIL* 155 (Supp. 1907). 只有英国和美国反对禁止使用所谓的达姆弹。参见 B. Tuchman, The Proud Tower, *supra* this chapter, at 306. 美国代表没有签署该宣言。参见 Hull, Two Hague Conferences, *supra* chapter 1, at 181-87。

14. Declaration Respecting the Prohibition of the Use of Projectiles Diffusing Asphyxiating Gases, July 29, 1899, 187 *Parry's Consol. T. S.* 453, and in 1 *AJIL* 157 (Supp. 1907). 禁止使用窒息性气体的提议是因为美国马汉(Mahan)上尉的一票否决,未能一致通过。参见 B. Tuchman, The Proud Tower, *supra* this chapter, at 307; A. White, *The First Hague Conference*, at 40, 82 (1912)。美国代表没有签署该宣言。Hull, Two Hague Conferences, *supra* chapter 1, at 87-90。

15. Declaration renouncing the Use in Time of War of Explosive Projectiles under 400 Grammes Weight, Dec. 11, 1868, 138 *Parry's Consol. T. S.* 297, and in 1 *AJIL* 95, 96 (Supp. 1907).

16. Id. at 96.

17. See Hull, Two Hague Conferences, *supra* chapter 1, at 69-75; Scott, 1 Hague Peace Conferences, *supra* chapter 1, at 101-06.

18. See Davis, Hague II, *supra* chapter 2, at 140-61, 215-19.

19. Final Act and Conventions of the Second Peace Conference, Oct. 18, 1907, reprinted in 2 *AJIL* 1, 26-27 (Supp. 1908). See Hull, Two Hague Conferences, *supra* chapter 1, at 69-75.

20. Convention Relative to the Laying of Submarine Mines, Oct. 18, 1907, 36 Stat. 2332 (Pt. 2), reprinted in 2 *AJIL* 138 (Supp. 1908).

21. Declaration Prohibiting the Discharge of Projectiles and Explosives from Balloons, Oct. 18, 1907, 36 Stat. 2439 (Pt. 2), reprinted in 2 *AJIL* 216 (Supp. 1908). 就其本身而言,本宣言适用"延长至第三次和平会议结束前的时期"。参见 Hull, Two Hague Conferences, *supra* chapter 1, at 79-82; 1 Garner, *supra* chapter 4, at 466。

22. See Report of the American Delegation to the Conference on the Limitation of Armament, S. Doc. No. 125, 67th Cong., 2d Sess. (1922), reprinted in 16 *AJIL* 159 (1922). See also the analysis in chapter 8 infra.

23. See Scott, The Use of Poisonous

Gases in War, 9 *AJIL* 697-98 (1915); 1 Garner, *supra* chapter 4, at 277, 286-87. See, generally, Finch, "Some Technical Points Regarding the Hague Conventions", 9 *AJIL* 191-95 (1915).

24. Protocol for the Prohibition of the Use in War of Asphyxiating, Poisonous or Other Gases, and of Bacteriological Materials of Warfare, opened for signing June 17, 1925, 94 *L. N. T. S.* 65, *entered into force for the United States* Apr. 10, 1975, 26 U. S. T. 571 (Pt. 2).

25. 最近关于苏联在阿富汗使用化学武器违反《日内瓦议定书》的指控，即使事实和法律都是正确的，也应当地解释为武装冲突的人道主义法的倒退，而不是两个核超级大国之间关于军备控制和削减协定谈判的倒退。参见 F. Boyle, The Future of International Law and American Foreign Policy, *supra* chapter 4, at 277-97。

26. Convention for the Pacific Settlement of International Disputes, July 29, 1899, tit. Ⅱ, art. Ⅱ, 32 Stat. 1779, 1785 (Pt. 2), 1 *Bevans* 230, 234.

27. "公约没有区分'斡旋'和'调解'。它们可能在更大程度上被认为是相同的表达、表示。"(Scott, 1 Hague Peace Conferences, *supra* chapter 1, at 259.)

28. See Davis, Hague Ⅰ, *supra* chapter 2, at 141-45.

29. 最近，1990 年 12 月，我试图说服伊拉克政府援引第 8 条反对美国，以便争取更多的外交时间，从而防止 1991 年 1 月的海湾战争。但是，在战前的混乱和压力下，巴格达从未向其驻联合国大使发出过这方面的指示。然后，美国前司法部长拉姆齐·克拉克（Ramsey Clark）和我试图说服联合国会员国援引海牙第 8 条反对伊拉克和美国，以防止海湾战争。令人遗憾的是，对所有有关方面来说，我们找不到一个有勇气或意愿这样做的国家。

30. See D. Hill, "The Second Peace Conference at The Hague", 1 *AJIL* 671, 681 (1907).

31. Treaty of Peace, Sept. 5, 1905, Japan-Russia, 1 Jap. Tr. 585, 199 *Parry's Consol. T. S.* 144.

32. See Scott, "Mr. Roosevelt's Nobel Address on International Peace", 4 *AJIL* 700-3 (1910). See, generally, Scott, "The Nobel Peace Prize", 12 *AJIL* 383-86 (1918).

33. Convention for the Pacific Settlement of International Disputes, July 29, 1899, tit. Ⅲ, 32 Stat. 1779, 1787 (Pt. 2), 1 *Bevans* 230, 236. See Hull, Two Hague Conferences, *supra* chapter 1, at 277-88.

34. Hague Ct. Rep., *supra* chapter 2, at 403. See Davis, Hague Ⅱ, *supra* chapter 2, at 114; J. Scott, "The Work of the Second Hague Peace Conference", 2 *AJIL* 1, 9 (1908); Peter Schneider, "Dogger Bank Incident", 10 *Encyclopedia of Public International Law* 131 (1987).

35. See Hudson, *PCIJ*, *supra* chapter 2, at 38-39, 40.

36. See Hull, Two Hague Conferences, *supra* chapter 1, at 474.

37. Convention for the Pacific Settlement of International Disputes, Oct. 18, 1907, arts. 15 - 36, 36 Stat. - 2199, 2, 215-20 (Pt. 2), reprinted in 2 *AJIL* 43, 50 - 57 (Supp. 1908). See Hull, Two Hague Conferences, *supra* chapter 1, at 288-97; Edward G. Elliott, "The Development of International Law by the Second Hague Conference", 8 *Colum. L. Rev.* 96, 101-2 (1908). 1907年修订后的公约第12条规定, 没有相反的特别协定的情况下, 应根据1907年公约关于任命仲裁人和常设仲裁法院挑选公断人的第45条和第57条来挑选国际调查委员。根据1907年公约第45条, 只有一名指定的仲裁人可由本国国民充任或当事国从常设仲裁法院成员名单中选出一人充任。就国际调查委员会而言, 1907年修订后由5名成员组成的委员会的最终合并结果是: 其中至少两名成员必定不熟悉争议。参见 Report of the Delegates of the United States to the Second International Peace Conference at The Hague from June 15 to October 18, 1907, in Scott, 2 Hague Peace Conferences, *supra* chapter 1, at 198, 208-10。

38. See Hudson, *PCIJ*, *supra* chapter 2, at 40.

39. Convention Relative to the Opening of Hostilities, Oct. 18, 1907, 36 Stat. 2259 (Pt. 2), reprinted in 2 *AJIL* 85 (Supp. 1908).

40. Hull, Two Hague Conferences, *supra* chapter 1, at 263.

41. G. Davis, "The Amelioration of the Rules of War on Land", 2 *AJIL* 63, 64 (1908).

42. See Editorial Comment, "Historical Extracts Showing When Hostilities Began without Declarations of War", 2 *AJIL* 57 (1908).

43. See E. Stowell, "Convention Relative to the Opening of Hostilities", 2 *AJIL* 50, 53 (1908).

44. Davis, Hague II, *supra* chapter 2, at 341-42.

45. See Memorandum of a Conversation between the Japanese Ambassador and the Secretary of State (Dec. 7, 1941), 2 *FRUS*: *Japan 1931-1941*, at 786; Memorandum Handed by the Japanese Ambassador (Nomura) to the Secretary of State at 2:20 P. M. on December 7, 1941, id. at 787.

46. See Robert J. C. Butow, Tojo and the Coming of the War 371-87 (1961).

47. Potsdam Proclamation, July 26, 1945, 3 Bevans 1, 204.

48. See F. Boyle, *The Future of International Law and American Foreign Policy* 317-68 (1989) (广岛和长崎的教训)。

49. See Robert F. Kennedy, *Thirteen Days: A Memoir of the Cuban Missile Crisis* 9

(1971).

50. Id. at 17.

51. Id. at 9.

52. Id. at 15-17.

53. Id. at 17. "我们挣扎着，彼此斗争，和我们的良心斗争，因为这是一个让我们所有人都深感不安的问题。" Id.

54. Id. at 12, 14, 15.

55. Id. at 23.

56. Id. at 26-27, 35.

57. Id. at 27.

58. Convention Respecting the Limitation of the Employment of Force for the Recovery of Contract Debts, Oct. 18, 1907, 36 Stat. 2241 (Pt. 2), reprinted in 2 *AJIL* 81 (Supp. 1908).

59. See Davis, Hague Ⅱ, *supra* chapter 2, at 255-58, 284-85; Hull, Two Hague Conferences, *supra* chapter 1, at 349-70.

60. 这一术语特意未定义，参见 (Scott, I Hague Peace Conferences, *supra* chapter 1, at 416-18)，但它被认为包括公共债务在内。参见 Hull, Two Hague Conferences, supra chapter 1, at 360-63. See, generally, J. Scott, "Hague Convention Restricting the Use of Force to Recover on Contract Claims", 2 *AJIL* 78 (1908)。

61. See Convention Respecting the Limitation of the Employment of Force for the Recovery of Contract Debts, Oct. 18, 1907, 36 Stat. 2241 (Pt. 2), 1 Bevans 607.

62. See G. Finch, "The Legality of the Occupation of the Ruhr Valley", 17 *AJIL* 724 33 (1923). But see Ernest J. Schuster, "The Question As to the Legality of the Ruhr Occupation", 18 *AJIL* 407 (1924).

63. See Davis, Hague Ⅱ, *supra* chapter 2, at 73-90; Seward W. Livermore, "Theodore Roosevelt, the American Navy, and the Venezuelan Crisis of 1902-1903", 51 *Am. Hist. Rev.* 452 (1946); Edward B. Parsons, "The German-American Crisis of 1902-1903", 33 Historian 436 (1971). But cf. Platt, *The Allied Coercion of Venezuela, 1902-03: A Reassessment*, Inter-American Econ. Aff., Spring 1962, at 3 (英国为保护债券持有人而没有干涉)。

64. Instructions of the Minister of Foreign Relations of the Argentine Republic to the Minister of the Argentine Republic to the United States (Dec. 29, 1902), reprinted in 1 *AJIL* 1 (Supp. 1907). See A. Hershey, "The Calvo and Drago Doctrines", 1 *AJIL* 26 (1907); T. S. Woolsey, "Drago and the Drago Doctrine", 15 *AJIL* 558-59 (1921).

65. Paul S. Reinsch, "Failures and Successes at the Second Hague Peace Conference", 2 *Am. Pol. Sci. Rev.* 204, 207 (1908).

66. See Davis, Hague Ⅱ, supra chapter 2, at 73-90. 海牙法庭支持封锁国关于优先支付其债权的要求，而不是那些未诉诸武力的债权国的要求。The Venezuelan Preferential Case (Germany, Gr. Brit. and Italy v. Venez.), Hague Ct. Rep.,

supra chapter 2, at 55 (Perm. Ct. Arb. 1904). See Scott, 1 Hague Peace Conferences, *supra* chapter 1, at 316: "这一决定优先考虑封锁委内瑞拉海关的国家, 被批评为是武力和战争的溢价; 但如果战争是合法的, 如果委内瑞拉在战争压力下同意优惠待遇, 这一决定无论道德上有什么疑问, 法律上似乎是好的。"

67. "通过德拉戈博士, 门罗主义有别于国家政策, 正式进入公法。"(Scott, 1 Hague Peace Conferences, *supra* chapter 1, at 421). See also J. Scott, "The Work of the Second Hague Peace Conference", 2 *AJIL* 1, 15 (1908).

68. J. Scott, "Recommendation for a Third Peace Conference at The Hague", 2 *AJIL* 815, 817-18 (1908); Scott, "William Randal Cremer", 2 *AJIL* 858, 861 (1908).

69. See Proposal for a Second Hague Conference (Oct. 21, 1904), 1904 *FRUS* 10, reprinted in 1 *AJIL* 432 (1907).

70. See Scott, "The Second Peace Conference of the Hague", 1 *AJIL* 431-40 (1907).

71. Final Act and Conventions of the Second Peace Conference, Oct. 18, 1907, reprinted in 2 *AJIL* 1, 28 (Supp. 1908).

72. Id. at 28-29.

73. See Hill, "The Fifteenth Conference of the Interparliamentary Union", 3 *AJIL* 180-85 (1909).

74. See Davis, Hague Ⅱ, *supra* chapter 2, at 286-88; Kuehl, Seeking World Order, *supra* chapter 1, at 104.

75. See Scott, "Sixth Annual Meeting of the American Society of International Law", 6 *AJIL* 197-202 (1912); Scott, "The Sixth Annual Meeting of the Society", 6 *AJIL* 729-33 (1912).

76. See also William C. Dennis, "The Necessity for an International Code of Arbitral Procedure", 7 *AJIL* 285 (1913); Richard Olney, "General Arbitration Treaties", 6 *AJIL* 595 (1912).

77. D. Patterson, Toward a Warless World, *supra* chapter 2, at 214.

78. See Editorial Comment, "The Nineteenth Lake Mohonk Conference on International Arbitration", 7 *AJIL* 584-87 (1913). See also Scott, "The Lake Mohonk Conference on International Arbitration", 8 *AJIL* 608-13 (1914).

79. Circular Note from William Jennings Bryan to U. S. Diplomatic Officers (Jan. 31, 1914), 1914 *FRUS* 4. See Scott, "Mr. Bryan and the Third Hague Peace Conference", 8 *AJIL* 330-35 (1914).

80. Circular Note from William Jennings Bryan to U. S. Diplomatic Officers (June 22, 1914), 1914 *FRUS* 10.

81. Kathryn Sellers, "Chronicle of International Events", 8 *AJIL* 890, 891 (1914). See also Editorial Comment, "Germany and International Peace", 8 *AJIL* 881-86 (1914)(德国人也支持第三次海

牙和平会议)。

82. K. Sellers, *Chronicle of International Events*, supra this chapter, at 890, 892.

83. D. Patterson, *Toward a Warless World*, supra chapter 2, at 230.

84. See, generally, B. Tuchman, *The Guns of August*, supra chapter 2.

85. See, generally, Harold Nicholson, *Peacemaking* 1, 919 (1965).

6 美国在拉丁美洲、加勒比与远东地区的法律帝国主义政策

1. See P. Jessup, 1 Elihu Root, supra chapter 1, at 470.

2. See, e.g., Lindley M. Keasbey, "The Nicaragua Canal and the Monroe Doctrine", 7 *Annals Am. Acad. Pol. & Soc. Sci.* 1, 9-10 (1896).

3. See 1 Richardson, supra chapter 1, at 776.

4. See E. McCormac, *James K. Polk: A Political Biography* 690, 698 (1965).

5. Cf. Oppenheim, "The Science of International Law: Its Task and Method", 2 *AJIL* 313, 353-54 (1908).

6. See Editorial Comment, "The Monroe Doctrine Again", 5 *AJIL* 729-35 (1911).

7. 例如，关于门罗主义，美国在1899年、1907年的《和平解决国际争端公约》中作出相同的保留: "上述公约所载的任何内容，不应解释为意味着美国放弃纯美国问题的传统态度。" Hague Ct. Rep., supra chapter 2, at civ, cvi.

8. See Luis M. Drago, "State Loans in Their Relation to International Policy", 1 *AJIL* 692, 719 (1907). See also C. L. Chandler, "The Pan American Origin of the Monroe Doctrine", 8 *AJIL* 515 (1914); William S. Robertson, "Hispanic American Appreciations of the Monroe Doctrine", 3 *Hispanic Am. Hist. Rev.* 1 (1920).

9. See 9 Richardson, supra chapter 1, at 7024, 7053.

10. See L. Drago, "State Loans in Their Relation to International Policy", 1 *AJIL* 692, 721-22 (1907).

11. See Richard Olney, "The Development of International Law", 1 *AJIL* 418, 423 (1907); Root, "The Real Monroe Doctrine", 8 *AJIL* 427, 433-37 (1914). See also Whitelaw Reid, "The Monroe Doctrine; The Polk Doctrine; Anarchism", 13 *Yale L. J.* 16 (1903).

12. See Alejandro Alvarez, "Latin America and International Law", 3 *AJIL* 269 (1909); L. Drago, "State Loans in Their Relation to International Policy", 1 *AJIL* 692, 714-16 (1907).

13. See, e.g., Robert D. Armstrong, "Should the Monroe Policy Be Modified or Abandoned", 10 *AJIL* 77 (1916); Charles L. Chandler, "The Pan American Origin of the Monroe Doctrine", 8 *AJIL* 515, 518 (1914); Scott, "President Wilson and Latin America", 7 *AJIL* 329-33 (1913); Scott, "Secretary Knox's Visit to Central America",

259

6 *AJIL* 493-98（1912）; Scott, "The Development of the Monroe Doctrine", 6 *AJIL* 712-13（1912）. See also Hughes, "Observations on the Monroe Doctrine", 17 *AJIL* 611（1923）.

14. See, e.g., Germanicus, "The Central American Question from a European Point of View", 8 *AJIL* 213（1914）; Root, "The Real Monroe Doctrine", 8 *AJIL* 427, 440（1914）.

15. See, e.g., David McCullough, *The Path between the Seas* 376（1977）.

16. Hay-Bunau Varilla Treaty, Nov. 18, 1903, U.S. - Pan., art. Ⅲ, 33 *Stat.* 2234, 2235. 1850年，美国和英国之间的《克莱顿—布尔沃条约》禁止任何一方获得或维持中美洲地峡之间跨洋运河的任何专属控制权。*Clayton - Bulwer Treaty*, Apr. 19, 1850, U.S. - Gr. Brit., 9 *Stat.* 995. 1901年美国和英国关于跨洋运河的《海—庞斯富特条约》"取代"了《克莱顿—布尔沃条约》，但并不损害后者第8条所确立的任何运河穿越中美洲地峡的"中立"的"一般原则"。*Hay-Pauncefote Treaty*, Nov. 18, 1901, U.S. - Gr. Brit, 32 *Stat.* 1903.

17. See, e.g., Note from Secretary of State for Foreign Affairs of Great Britain to United States Ambassador Bryce（Nov. 14, 1912）, reprinted in 7 *AJIL* 48, 53（Supp. 1913）（英国人意识到，美国已经凭借《海—布诺·瓦里亚条约》拥有了运河的"实际主权"）。

18. See Frederick C. Hicks, "The Equality of States and the Hague Conferences", 2 *AJIL* 530, 535, 560（1908）.

19. See R. Olney, "The Development of International Law", 1 *AJIL* 418, 426（1907）; Treaty for the Settlement of Differences, Apr. 6, 1914, U.S. - Colom., 42 *Stat.* 2122.

20. See e.g., A. Hershey, "The Calvo and Drago Doctrines", 1 *AJIL* 26, 42（1907）. See also E. Root, "The Real Monroe Doctrine", 8 *AJIL* 427, 440（1914）.

21. 关于那个时代最重要的国际法学家之一——约翰·巴塞特·摩尔（John Bassett Moore）在支持美国对巴拿马的干涉方面所起的作用，参见 S. F. Bemis, A Diplomatic History of the United States 514-15（rev. ed. 1942）[hereinafter cited as Bemis, Diplomatic History]。See also H. Reid, International Servitudes in Law and Practice 241-45（1932）（穆尔备忘录的文本支持干涉）。伊莱休·鲁特还基于可疑的法律理由支持对巴拿马的干涉。See D. A. Graber, Crisis Diplomacy 138（1959）; P. Jessup, 1 Elihu Root, *supra* chapter 1, at 401-7.

22. But cf. Friedlander, "A Reassessment of Roosevelt's Role in the Panamanian Revolution of 1903", 14 *W. Pol. Q.* 535（1961）（合法干涉）。

23. See Alfred L. Dennis, Adventures in American Diplomacy 1896-1906, at 312-13（1928）.

24. See, generally, D. Patterson, Toward a Warless World, *supra* chapter 2, at 123-25.

25. See, e. g., Edwin M. Borchard, "Basic Elements of Diplomatic Protection of Citizens Abroad", 7 *AJIL* 497, 515 - 20 (1913); Julius Goebel Jr., "The International Responsibility of States for Injuries Sustained by Aliens on Account of Mob Violence, Insurrections and Civil Wars", 8 *AJIL* 802 (1914). But see Harmodio Arias, "The Non-liability of States for Damages Suffered by Foreigners in the Course of a Riot, an Insurrection, or a Civil War", 7 *AJIL* 724 (1913)(拉丁美洲观点)。

26. See Dana G. Munro, Intervention and Dollar Diplomacy in the Caribbean 78 - 125 (1964) [hereinafter cited as Munro, Intervention and Dollar Diplomacy].

27. Convention Concerning Customs Revenues, Feb. 8, 1907, U. S. -Dom. Rep., 35 Stat. 1880. See Hollander, "The Convention of 1907 between the United States and the Dominican Republic", 1 *AJIL* 287 (1907). 1905 年初的公约没有得到参议院的支持，因为美国承担了确定对多米尼加共和国索赔的有效性的义务。参见 Message to the Senate by President Theodore Roosevelt (Mar. 6, 1905), in 9 Richardson, *supra* chapter 1, at 7080; Annual Message to Congress by President Theodore Roosevelt (Dec. 5, 1905), id. at 7353, 7375 - 79。罗斯福毫不畏惧，在参议院批准一些条约之前，通过达成临时协议，使海关协定自行生效。参见 D. Perkins, *The Monroe Doctrine* 1867-1907, at 435 (1966)。

28. See James F. Rippy, "The Initiation of the Customs Receivership in the Dominican Republic", 17 Hispanic Am. Hist. Rev. 419, 448 (1937). See also Act of Dominican Congress Authorizing Executive to Issue and Sell $ 20 000 000 Bonds, Sept. 18, 1907, reprinted in 1 *AJIL* 408 (Supp. 1907); Editorial Comment, "The San Dominican 'Enabling Act' ", 1 *AJIL* 978 (1907).

29. Convention Concerning Customs Revenues, Feb. 8, 1907, U. S. - Dom. Rep., art. II, 35 Stat. 1880, 1883.

30. See P. Brown, "The Armed Occupation of Santo Domingo", 11 *AJIL* 394, 395 (1917).

31. Convention Respecting Customs Revenues, Sept. 24, 1940, U. S. - Dom. Rep., art. I, 55 Stat. 1104, 1105.

32. Convention Concerning a Loan, Jan. 10, 1911, U. S. -Hond, in 4 Unperfected Treaties, *supra* chapter 2, at 195, reprinted in 5 *AJIL* 274 (Supp. 1911). See Editorial Comment, "The Proposed Loan Conventions between the United States and Honduras and the United States and Nicaragua", 5 *AJIL* 1044-51 (1911). See also George W. Baker, "Ideals and Realities in the Wilson Administration's Relations with Honduras", 21 Americas 3 (1964).

33. Convention Concerning a Loan, June 6, 1911, U.S.-Nicar., in 4 Unperfected Treaties, *supra* chapter 2, at 213, reprinted in 5 *AJIL* 291 (Supp. 1911).

34. Convention Regarding a Canal Route and Naval Base, Aug. 5, 1914, U.S.-Nicar., 39 *Stat.* 1661. See Harold E. Davis, John J. Finan, & F. Taylor Peck, Latin American Diplomatic History 160-62 (1977) [hereinafter cited as Davis et al., Latin American Diplomatic History].

35. Treaty Regarding Finances, Economic Development and Tranquility, Sept. 16, 1915, U.S.-Haiti, 39 *Stat.* 1654, reprinted in 10 *AJIL* 234 (Supp. 1916).

36. See Lester D. Langley, The United States and the Caribbean 1900-1970, at 53-58, 116-25, 149-50 (1980); D. Munro, The United States and the Caribbean Republics 1921-1933, at 277, 309 (1974) [hereinafter cited as Munro, United States and Caribbean Republics]; D. Munro, "Dollar Diplomacy in Nicaragua, 1909-1913", 38 *Hispanic Am. Hist. Rev.* 209 (1958).

37. Munro, United States and Caribbean Republics, *supra* this chapter, at 72, 309-41.

38. Id. at 139-43. See also George W. Baker Jr., "The Woodrow Wilson Administration and Guatemalan Relations", 27 Historian 155, 165-66 (1965) (1920年美国军队登陆保护公使馆); Theodore P. Wright Jr., "Honduras: A Case Study of United States Support of Free Elections in Central America", 40 *Hispanic Am. Hist. Rev.* 212 (1960) (dismal!).

39. See, generally, Selig Adler, "Bryan and Wilsonian Caribbean Penetration", 20 *Hispanic Am. Hist. Rev.* 198 (1940).

40. Carman F. Randolph, "Some Observations on the Status of Cuba", 9 *Yale L. J.* 353, 356 (1900).

41. Army Appropriation Act, ch. 803, art. III, 56th Cong., 2d Sess., 31 Stat. 895, 897 (1901). See also Scott, "The Restoration of Cuban Self-Government", 3 *AJIL* 431-34 (1909).

42. Constitution of the Republic of Cuba, Feb. 21, 1901, reprinted in 94 British and Foreign State Papers 554, 577 (1900-01).

43. Treaty Defining Future Relations, May 22, 1903, U.S.-Cuba, 33 Stat. 2248, 2251.

44. See Lejeune Cummins, "The Formulation of the 'Platt Amendment'", 23 Americas 370 (1967); Scott, "The Origin and Purpose of the Platt Amendment", 8 *AJIL* 585-91 (1914); P. Jessup, 1 Elihu Root, *supra* chapter 1, at 308-28.

45. See Munro, Intervention and Dollar Diplomacy, *supra* this chapter, at 125-40, 469-529; Munro, United States and Caribbean Republics, *supra* this chapter, at 16-17; Pedro Capo-Rodriquez, "The Platt A-

mendment", 17 *AJIL* 761 (1923).

46. Treaty Defining Relations, May 29, 1934, U. S. - Cuba, art. I, 48 Stat. 1682, 1683.

47. See G. Baker, "The Wilson Administration and Cuba, 1913-1921", 46 Mid-America 48 (1964).

48. See Scott, "A Caribbean Policy for the United States", 8 *AJIL* 886 - 89 (1914); Robert F. Smith, "Cuba: Laboratory for Dollar Diplomacy, 1898 - 1917", 28 Historian 586, 597-98 (1966).

49. See P. Brown, "The Armed Occupation of Santo Domingo", 11 *AJIL* 394-99 (1917).

50. See P. Brown, "American Intervention in Haiti", 16 *AJIL* 607 (1922); P. Brown, "International Responsibility in Haiti and Santo Domingo", 16 *AJIL* 433 (1922); Charles E. Hughes, "Observations on the Monroe Doctrine", 17 *AJIL* 611 (1923)(美国国务卿演说)。

51. Hughes, "Observations on the Monroe Doctrine", 17 *AJIL* 611 (1923).

52. The U. S. Congress purportedly annexed Hawaii on July 7, 1898. Pub. Res. 55, 55th Cong., 2d Sess., 30 Stat. 750 (1898). 当今，夏威夷原住民重新建立独立民族国家的运动正迅猛取得进展。参见 F. Boyle, "Restoration of the Independent Nation State of Hawaii under International Law", 7 St. Thomas L. Rev. 723 (1995).

53. See, e. g., Editorial Comment, "The Emperor of Japan", 6 *AJIL* 944, 948-49 (1912); Scott, "The Annexation of Korea to Japan", 4 *AJIL* 923-25 (1910). See also Scott, "The International Status of Korea", 1 *AJIL* 444-49 (1907).

54. See also Bemis, Diplomatic History, *supra* this chapter, at 493 (桂太郎-塔夫脱备忘录)。

55. See P. Jessup, 2 Elihu Root, *supra* chapter 1, at 5-7; John A. S. Grenville & George B. Young, Politics, Strategy and American Diplomacy 315 (1966); D. Graber, Crisis Diplomacy, *supra* this chapter, at 180-81; J. Cooper, Pivotal Decades: The United States, 1900 - 1920, at 103 (1990); A. Dennis, Adventures in American Diplomacy, *supra* this chapter, at 416-17.

56. See Albert B. Hart, "Pacific and Asiatic Doctrines Akin to the Monroe Doctrine", 9 *AJIL* 802, 816 (1915).

57. See Scott, "Arbitration Treaty with China", 3 *AJIL* 166-68 (1909).

58. See, e. g., J. Grenville & G. Young, Politics, Strategy, and American Diplomacy, *supra* this chapter, at 308-9.

59. Letter from John Hay to Joseph Choate (Sept. 6, 1899), 1899 *FRUS* 131, 132.

60. Circular Note to the Powers Cooperating in China, Defining the Purposes and Policy of the United States (July 3, 1900), reprinted in 1 *AJIL* 386 (Supp. 1907). See Editorial Comment, "The Integrity of China and the 'Open Door'", 1 *AJIL* 954 (1907); William R. Manning, "China and the Powers since the Boxer Movement", 4 *AJIL* 848 (1910).

61. Circular Note to the Powers Cooperating in China, Defining the Purposes and Policy of the United States (July 3, 1900), reprinted in 1 *AJIL* 386, 387 (Supp. 1907).

62. Agreement Concerning Maintenance of Interests in China, Oct. 16, 1900, Gr. Brit. – Germany, 92 Brit. For. 31, 189 *Parry's Consol. T. S.* 95.

63. Agreement Concerning Relations with the East, Jan. 30, 1902, Gr. Brit. – Japan, MacMurray 324, 190 *Parry's Consol. T. S.* 457.

64. Agreement Concerning Relations in the East, Aug. 12, 1905, U. K. – Japan, 98 Brit. For. 136, 199 *Parry's Consol. T. S.* 90.

65. Agreement of Alliance, July 13, 1911, U. K. – Japan, 104 Brit. For. 173, 214 *Parry's Consol. T. S.* 107.

66. Peace of Portsmouth, Sept. 5, 1905, Russia – Japan, 98 Brit. For. 735, 199 *Parry's Consol. T. S.* 144.

67. St. Petersburg Convention, July 17 (30), 1907, Russia–Japan, I Jap. Tr. 606, 204 Parry's Cansol. T. S. 339.

68. Agreement Concerning Policies in China, June 10, 1907, Fr. – Japan, 3 Basdevant 1, 204 Parry's Consol. T. S. 227. See Editorial Comment, "The Recent Agreements Concluded between Japan and France", 1 *AJIL* 748-49 (1907).

69. Root–Takahira Agreement on Pacific Possessions, Nov. 30, 1908, U. S. – Japan, T. S. 511 1/2. See Scott, "United States and Japan in the Far East", 3 *AJIL* 168-70 (1909).

70. See Scott, "The Revised Anglo – Japanese Alliance", 5 *AJIL* 1054, 1055 (1911).

71. Treaty of Guadalupe – Hidalgo, Feb. 2, 1848, U. S. – Mex., 9 Stat. 922. See Scott, Tripoli, 6 *AJIL* 149, 155 (1912) (墨西哥战争不正义也不合理)。

72. See Editorial Comment, "Secretary Root's Visit to Mexico", 1 *AJIL* 964, 965 (1907).

73. See Scott, "Diaz and Mexico", 5 *AJIL* 714-16 (1911); Scott, "Mexico", 6 *AJIL* 475-78 (1912).

74. See Edward J. Berbusse, "Neutrality – Diplomacy of the United States and Mexico, 1910 – 1911", 12 Americas 265 (1956).

75. S. J. Res. 89, 62d Cong., 2d Sess., 37 Stat. 630 (1912), reprinted in 1912 *FRUS* 745.

76. Presidential Proclamation No. 1185, 37 *Stat.* 1733 (1912). See Scott, "Mexico", 6 *AJIL* 475 (1912).

77. Davis et al., Latin American Diplomatic History, *supra* this chapter, at 174.

78. See Lowell L. Blaisdell, "Henry Lane Wilson and the Overthrow of Madero", 43 *Sw. Soc. Sci. Q.* 126 (1962); Lloyd C. Gardner, "Woodrow Wilson and the Mexican Revolution", in Woodrow Wilson and a Revolutionary World, 1913–1921, at 3, 8–10 (Arthur S. Link ed., 1982).

79. See Editorial Comment, "Mexico", 7 *AJIL* 832–36 (1913).

80. Letter from Thomas Jefferson to Gouverneur Morris (Nov. 7, 1792), in 8 The Writings of Thomas Jefferson 436 (Library ed. 1903).

81. Letter from Thomas Jefferson to Gouverneur Morris (Mar. 12, 1793), in 9 id. at 36.

82. See Scott, "President Wilson and Latin America", 7 *AJIL* 329–33 (1913).

83. Presidential Proclamation No. 1263, 38 *Stat.* 1992, reprinted in 1914 *FRUS* 447. See Scott, "Mediation in Mexico", 8 *AJIL* 579, 580 (1914).

84. See Davis et al., Latin American Diplomatic History, *supra* this chapter, at 174–75; Ted C. Hinckley, "Wilson, Huerta and the Twenty-One Gun Salute", 22 *Historian* 197 (1960); Scott, "Mediation in Mexico", 8 *AJIL* 579, 581–82 (1914).

85. See "World Peace Foundation, Arbitration and the United States", in 9 *World Peace Foundation Pamphlets* 453, 486–87 (1926).

86. Pub. Res. 22, 63d Cong., 2d Sess., 38 *Stat.* 770 (1914).

87. Amendment Offered by Senator Lodge to H. R. J. Res. 251, 63d Cong., 2d Sess., 51 Congo Rec. 7005 (1914). See Scott, "Mediation in Mexico", 8 *AJIL* 579, 582 (1914).

88. See Scott, "Mediation in Mexico", 8 *AJIL* 579, 582 (1914); "Chronicle of International Events", 8 *AJIL* 615, 620 (1914).

89. See Finch, "The Eighth Annual Meeting of the Society", 8 *AJIL* 597, 608 (1914).

90. See Letter from Secretary Dodge to the Secretary of State and Text of Mediation Protocol No. 4 (June 25, 1914), 1914 *FRUS* 547, 548–49.

91. Id. at 547, 548.

92. See A. Hershey, *The Calvo and Drago Doctrines*, *supra* chapter 3, at 31.

93. See Green H. Hackworth, 5 *Digest of International Law* 672–73 (1927) [hereinafter cited as Hackworth].

94. See Finch, "Mexico", 8 *AJIL* 860, 863 (1914).

95. See Finch, "The Recognition of the De Facto Government in Mexico", 10 *AJIL* 357–67 (1916).

96. See Gardner, "Woodrow Wilson and the Mexican Revolution", in *Woodrow Wilson and a Revolutionary World*, 1913–1921, at 3, 28–29 (A. Link ed., 1982).

97. See "Chronicle of International Events", 10 *AJIL* 379, 386 (1916).

98. Telegram from the Secretary of State to All American Consular Officers in Mexico (Mar. 10, 1916), 1916 *FRUS* 484.

99. Telegram from Special Agent Silliman to the Secretary of State (Mar. 10, 1916), 1916 *FRUS* 485.

100. Note from the Secretary of State to Special Agent Silliman (Mar. 13, 1916), 1916 *FRUS* 487; Note from Mr. Arredondo to the Secretary of State (Mar. 18, 1916), 1916 *FRUS* 493.

101. Note from the Secretary of Foreign Relations of the De Facto Government of Mexico to the Secretary of State (May 22, 1916), 1916 *FRUS* 552.

102. Note from the Secretary of State to the Secretary of Foreign Relations of the De Facto Government in Mexico (June 20, 1916), 1916 *FRUS* 581, 588-91.

103. Id. at 581, 591-92.

104. See "Chronicle of International Events", 10 *AJIL* 610, 621 (1916).

105. Letter from Mr. Arredondo to the Secretary of State (July 4, 1916), 1916 *FRUS* 599.

106. Letter from Mr. Arredondo to the Secretary of State (July 12, 1916), 1916 *FRUS* 601.

107. Letter from the Acting Secretary of State to Mr. Arredondo (July 28, 1916), 1916 *FRUS* 604.

108. See "Chronicle of International Events", 10 *AJIL* 898, 900-901 (1916).

109. Treaty of Guadalupe-Hidalgo, Feb. 2, 1848, U.S.-Mex., art. 21, 9 Stat. 922, 938. See Scott, "Mexico and the United States and Arbitration", 10 *AJIL* 577-80 (1916); Scott, "The American-Mexican Joint Commission of 1916", 10 *AJIL* 890-96 (1916).

110. Letter from American Commissioners to Secretary of State and Report on the Proceedings of the Commission (Apr. 26, 1917), 1917 *FRUS* 916, 920.

111. Id. at 925.

112. Id. at 927-28.

113. Id. at 932.

114. Id. at 937.

115. G. Finch, "Mexico and the United States", 11 *AJIL* 399, 406 (1917).

116. See Louis G. Kahle, "Robert Lansing and the Recognition of Venustiano Carranza", 38 *Hispanic Am. Hist. Rev.* 353 (1958).

117. See, e.g., G. Finch, "Mexico and the United States", 11 *AJIL* 399, 404-05 (1917).

118. See Scott, "The American Punitive Expedition into Mexico", 10 *AJIL* 337, 338 (1916).

119. See, e.g., N. Chomsky, Turning the Tide (1985); Jack Nelson-Pallmeyer, War against the Poor (1989); F. Boyle, World Politics and International Law, *supra*

chapter 4, at 266-90; F. Boyle, Defending Civil Resistance under International Law 155 – 210 (1987); F. Boyle, "The U. S. Invasion of Panama: Implications for International Law and Politics", 1 *East African J. Peace & Human Rights* 80 (Uganda, 1993).

120. Cf. Lars Schoultz, Beneath the United States (1998) (美国对拉丁美洲和加勒比地区的政策一直是基于种族主义的假设)。

7 国际关系的泛美体系及其中美洲子体系

1. See, e. g., Kuehl, Seeking World Order, *supra* chapter 1, at 118; Alejandro Alvarez, "Latin America and International Law", 3 *AJIL* 269 (1909); Robert D. Armstrong, "Should the Monroe Policy Be Modified or Abandoned", 10 *AJIL* 77, 99 (1909); Charles E. Hughes, "Observations on the Monroe Doctrine", 17 *AJIL* 611 (1923); Richard Olney, "The Development of International Law", 1 *AJIL* 418, 425 (1907); Theodore S. Woolsey, "An American Concert of the Powers", 45 *Scribners Mag.* 364 (1909).

2. 这里，我使用的是1960年代流行的、被国际政治学自称为"系统分析"学派的系统和子系统的术语描述方式。这个方法最重要的例子是 Morton A. Kaplan, System and Process in International Politics 4 (1957): "行为系统是一系列与其环境相对应的相关变量，描述行为规律、变量之间的内部关系，以及单个变量集合与外部变量组合的外部关系。"参见 L. von Bertalanffy, *General System Theory* (1968); 信息来源于 F. Boyle, World Politics and International Law, *supra* chapter 4, at 299-300 n. 41. 国际政治中，系统或子系统可以包含系统或子系统本身处理国际关系各种功能方面的机制和次级机制。

3. See, e. g., Mark T. Gilderhus, "Pan – American Initiatives: The Wilson Presidency and 'Regional Integration', 1914-17", 4 *Dipl. Hist.* 409 (1980).

4. See C. Fenwick, *The Organization of American States* 14 – 19 (1963). See also Alonso M. Aguilar, *Pan-Americanism from Monroe to the Present* (1968).

5. Note from Mr. Blaine to Mr. Osborn (Nov. 29, 1881), 1881-82 *FRUS* 13. See Scott, "The Fourth Pan-American Conference", 3 *AJIL* 963-69 (1909). See also Russell H. Bastert, "Diplomatic Reversal: Frelinghuysen's Opposition to Blaine's Pan-American Policy in 1882", 42 *Miss. Valley Hist. Rev.* 653 (1956); J. Grenville & G. Young, Politics, Strategy and American Diplomacy, *supra* chapter 6, at 90-92.

6. See, generally, A. Aguilar, Pan-Americanism from Monroe to the Present, *supra* this chapter, at 36-40.

7. See Alva C. Wilgus, "James G. Blaine and the Pan American Movement", 5

Hispanic Am. Hist. Rev. 662（1922）.

8. See Inter-American Institute of International Legal Studies, The Inter-American System: Its Development and Strengthening, at xv-xxxiii（1966）[hereinafter cited as Inter-American System].

9. See 6 Moore, *supra* chapter 2, §969, at 599-602.

10. See International American Conference, 2 Reports of Committees and Discussions Thereon 1078（Eng. Ed. 1890）（提出示范条约的文本）[hereinafter cited as International American Conference].

11. See *The International Conferences of American States* 1889 - 1928, at 40 n. 4（J. Scott ed., 1931）（可用文本）[hereinafter cited as Inter - American Conferences].

12. See 1 Moore, *supra* chapter 2, §87, at 292.

13. 2 International American Conference, *supra* this chapter, at 1, 123-24.

14. Id. at 1147-48. See 7 Moore, *supra* chapter 2, §1084, at 71.

15. Kellogg - Briand Pact, Aug. 27, 1928, 46 Stat. 2343, 2345-46（Pt. 2）.

16. See Philip Q. Wright, *Stimson Note of January* 7, 1932, 26 *AJIL* 342（1932）.

17. See League of Nations Official Journal: Records of the Thirteenth Ordinary Session of the Assembly, Mar. 11, 1932, at 87-88.

18. See, e. g., Burns H. Weston, Richard A. Falk, & Anthony D'Amato, *International Law and World Order* 158（2d ed. 1990）.

19. 1 International American Conference, *supra* this chapter, at 404-08.

20. See Inter - American Conferences, *supra* this chapter, at 36 n. 2.

21. 6 Moore, *supra* chapter 2, §969, at 601.

22. See Inter - American Conferences, *supra* this chapter, at 44.

23. See id. at 11-45.

24. See A. C. Wilgus, "James G. Blaine and the Pan American Movement", 5 *Hispanic Am. Hist. Rev.* 662, 707（1922）.

25. See, generally, F. V. García-Amador, "Calvo Doctrine, Calvo Clause", in 1 *Encyclopedia of Public International Law* 521（1992）.

26. 6 Moore, *supra* chapter 2, §969, at 602; A. C. Wilgus, "The Second International American Conference at Mexico City", 11 *Hispanic Am. Hist. Rev.* 27（1931）.

27. See 7 Moore, *supra* chapter 2, §1087, at 94.

28. See Convention for the Pacific Settlement of International Disputes, *supra* chapter 2; Convention with Respect to the Laws and Customs of War on Land, July 29, 1899, 32 *Stat.* 1803; and Convention for the Adaptation to Maritime Warfare of the Principles of the Geneva Convention, Aug. 22, 1899, 32 *Stat.* 1827.

29. See *General Secretary of the Second International Conference*, *Second International American Conference*, *Mexico*: 1901 - 1902, at 336-37 (Eng. Ed. 1902) [hereinafter cited as Second Inter-American Conference].

30. Protocol of Adhesion to the Convention for the Pacific Settlement of International Disputes, June 14, 1907, in *Reports to the Hague Conferences of* 1899 *and* 1907, at 193-94 (J. Scott ed. , 1917), reprinted in Scott, 2 Hague Peace Conferences, *supra* chapter 1, at 252.

31. *Procès - verbal* of Adhesion to the Treaty on the Pacific Settlement of International Disputes, June 25, 1907, in *Reports to the Hague Conferences of* 1899 *and* 1907, at 254 (J. Scott ed. , 1917), reprinted in Scott, 2 Hague Peace Conferences, *supra* chapter 1, at 254.

32. See Inter - American Conferences, *supra* this chapter, at 62 n. 1.

33. Id. at 62.

34. Treaty of Obligatory Arbitration, Jan. 29, 1902, XCV Brit. For. 1009, 190 *Parry's Consol. T. S.* 432, and in 1 *AJIL* 299 (Supp. 1907).

35. See Inter - American Conferences, *supra* this chapter, at 100 n. 1.

36. Treaty for the Arbitration of Pecuniary Claims, Jan. 30, 1902, 34 *Stat.* 2845, reprinted in 1 *AJIL* 303 (Supp. 1907).

37. 7 Moore, *supra* chapter 2, § 1087, at 95.

38. See Inter - American Conferences, *supra* this chapter, at 104 n. 2.

39. Id. at 132.

40. Arbitration of Pecuniary Claims: Extending Convention of January 30, 1902, Aug. 13, 1906, 37 Stat. 1648. See Inter-American Conferences, *supra* this chapter, at 132 n. 1.

41. See Inter - American Conferences, *supra* this chapter, at 183.

42. Arbitration of Pecuniary Claims, Aug. 11, 1910, 38 Stat. 1799. See Inter-American Conferences, *supra* this chapter, at 183 n. 1.

43. See Inter-American System, *supra* this chapter, at xxii.

44. See Second Inter-American Conference, *supra* this chapter, at 248-52.

45. See Inter - American Conferences, *supra* this chapter, at 63-109.

46. Second Inter-American Conference, *supra* this chapter, at 272-91. See Harmodio Arias, "The Non-liability of States for Damages Suffered by Foreigners in the Course of a Riot, an Insurrection, or a Civil War", 7 *AJIL* 724, 757 (1913).

47. See Inter - American Conferences, *supra* this chapter, at 96-97.

48. Letter from the Brazilian Ambassador to the Secretary of State (Apr. 25, 1906), 1906 *FRUS* 1565. See A. C. Wilgus, "The Third International American

Conference at Rio de Janeiro, 1906", 12 *Hispanic Am. Hist. Rev.* 420 (1932).

49. See Inter-American Conferences, *supra* this chapter, at 124.

50. Id. at 135. See Scott, 1 Hague Peace Conferences, *supra* chapter 1, at 397–400; A. Hershey, "Calvo and Drago Doctrines", 1 *AJIL* 26 (1907); Wolfgang Benedek, *Drago-Porter Convention* (1907), 8 *Encyclopedia of Public International Law* 141–43 (1985).

51. Convention Respecting the Limitation of the Employment of Force for the Recovery of Contract Debts, Oct. 18, 1907, 36 *Stat.* 2241, reprinted in 2 *AJIL* 81 (Supp. 1908).

52. Inter-American Conferences, *supra* this chapter, at 135 n. 2.

53. Id. at 125.

54. Id. at 129. See Scott, "Dedication of the Pan-American Building", 4 *AJIL* 679–87 (1910); Scott, "The New Building of the International Bureau of American Republics", 2 *AJIL* 621–24 (1908).

55. Convention Establishing an International Commission of Jurists, Aug. 23, 1906, 37 *Stat.* 1554, reprinted in 6 *AJIL* 173 (Supp. 1912).

56. See Editorial Comment, "Congress of Jurists at Rio de Janeiro", 6 *AJIL* 931–35 (1912).

57. See Inter-American Conferences, *supra* this chapter, at 144 n. 1.

58. See Editorial Comment, "International Law at the First Pan-American Scientific Congress", 3 *AJIL* 429–31 (1909); Scott, "The Pan-American Scientific Congress", 9 *AJIL* 919–23 (1915).

59. See J. Scott, "The Second Pan-American Scientific Congress", 10 *AJIL* 130 (1916). 有关这些会议的后续历史,参见 Inter-American Conferences, *supra* this chapter, at 185 n. 1.

60. See Finch, "Postponement of the Annual Meeting of the Society", 9 *AJIL* 473–74 (1915); Finch, "The Ninth Annual Meeting of the American Society of International Law", 9 *AJIL* 915–19 (1915); G. Finch, "The Annual Meeting of the Society", 10 *AJIL* 133–37 (1916).

61. See Editorial Comment, "Project for the Creation of an American Institute of International Law", 6 *AJIL* 952–54 (1912); Scott, "The American Institute of International Law", 6 *AJIL* 949–51 (1912); Scott, "The American Institute of International Law", 9 *AJIL* 923–27 (1915).

62. See A. Hershey, "Projects Submitted to the American Institute of International Law", 11 *AJIL* 390 (1917); E. Root, "The Declaration of the Rights and Duties of Nations Adopted by the American Institute of International Law", 10 *AJIL* 211 (1916); Scott, "The American Institute of International Law", 10 *AJIL* 121–26 (1916).

63. See Scott, "International Cooperation and the Equality of States", 18 *AJIL* 116, 118 (1924).

64. See Inter - American Conferences, *supra* this chapter, at 146.

65. Inter-American System, *supra* this chapter, at xxiii-xxiv.

66. Copyright Convention, Aug. 11, 1910, 38 Stat. 1785.

67. Convention on the Arbitration of Pecuniary Claims, Aug. 11, 1910, 38 Stat. 1799.

68. Convention for the Protection of Industrial Property, Aug. 20, 1910, 38 Stat. 1811.

69. Trade Mark Convention, Aug. 20, 1910, 39 Stat. 1675.

70. Inter-American Conferences, *supra* this chapter, at 172.

71. Id. at 176.

72. See C. Fenwick, The Organization of American States, *supra* this chapter.

73. Inter-American System, *supra* this chapter, at xxxii.

74. Paul S. Reinsch, "The Fourth International Conference of American Republics", 4 *AJIL* 777 (1910) (emphasis added). See also A. Hershey, "Projects Submitted to the American Institute of International Law", 11 *AJIL* 390 (1917).

75. Hay-Bunau Varilla Treaty, Nov. 18, 1903, U. S. -Pan. , 33 *Stat.* 2234.

76. See Munro, Intervention and Dollar Diplomacy, *supra* chapter 6, at 143-46.

77. Treaty of Peace, July 20, 1906, Guat. -Hond. -El Sal. , 1906 Descamps 742, 202 *Parry's Consol. T. S.* 217. See Scott, "The Peace of the Marblehead", 1 *AJIL* 142 (1907).

78. See Davis et. al. , Latin American Diplomatic History, *supra* chapter 6, at 158-59.

79. Protocol Respecting the Meeting of a Conference at Washington for the Maintenance of Peace in Central America, Sept. 17, 1907, 204 *Parry's Consol. T. S.* 418, and in 1 *AJIL* 406 (Supp. 1907). See Munro, Intervention and Dollar Diplomacy, *supra* chapter 6, at 146-55.

80. General Treaty of Peace and Amity, Dec. 20, 1907, 206 *Parry's Consol. T. S.* 63.

81. Additional Convention, General Treaty of Peace and Amity, Dec. 20, 1907, 206 *Parry's Consol. T. S.* 70.

82. Convention for the Establishment of a Central American Court of Justice, Dec. 20, 1907, 206 *Parry's Consol. T. S.* 78, and in 2 *AJIL* 231 (Supp. 1908).

83. Extradition Convention, Dec. 20, 1907, 206 *Parry's Consol. T. S.* 126, and in 2 *AJIL* 243 (Supp. 1908).

84. Convention on Communications, Dec. 20, 1907, 206 *Parry's Consol. T. S.* 104, and in 2 *AJIL* 262 (Supp. 1908).

85. Convention for the Establishment of an International Central American Bureau, Dec. 20, 1907, 206 *Parry's Consol. T. S.*

Ⅲ, and in 2 *AJIL* 251 (Supp. 1908).

86. Convention for the Establishment of a Central American Pedagogical Institute, Dec. 20, 1907, 206 *Parry's Consol. T. S.* 119, and in 2 *AJIL* 256 (Supp. 1908).

87. Convention Concerning Future Central American Conferences, Dec. 20, 1907, 206 *Parry's Consol. T. S.* 97, and in 2 *AJIL* 259 (Supp. 1908). See J. Scott, "The Central American Peace Conference of 1907", 2 *AJIL* 121 (1908).

88. See Munro, Intervention and Dollar Diplomacy, *supra* chapter 6, at 154; Luis Anderson, "The Peace Conference of Central America", 2 *AJIL* 144 (1908); D. Patterson, "The United States and the Origins of the World Court", 91 *Pol. Sci. Q.* 279, 284 (1976).

89. Convention for the Establishment of a Central American Court of Justice, Dec. 20, 1907, art. I, 206 *Parry's Consol. T. S.* 78, 80.

90. See Editorial Comment, "The First Case before the Central American Court of Justice", 2 *AJIL* 835-45 (1908).

91. Convention for the Establishment of a Central American Court of Justice, Dec. 20, 1907, arts. Ⅱ & Ⅲ, 206 *Parry's Consol. T. S.* 78, 80.

92. See M. Hudson, "The Central American Court of Justice", 26 *AJIL* 759 (1932).

93. Honduras v. Guatemala (1908), reprinted in 3 *AJIL* 434 (Eng. Trans. 1909).

94. See Munro, Intervention and Dollar Diplomacy, *supra* chapter 6, at 155 – 58; Scott, "The First Decision of the Central American Court of Justice", 3 *AJIL* 434, 436 (1909).

95. Convention Regarding a Canal Route and Naval Base, Aug. 5, 1914, U. S. - Nicar., 39 *Stat.* 1661. See Thomas A. Bailey, "Interest in a Nicaraguan Canal, 1903 - 1931", 16 *Hispanic Am. Hist. Rev.* 2 (1936); G. Finch, "The Treaty with Nicaragua Granting Canal and Other Rights to the United States", 10 *AJIL* 344 (1916); D. Hill, "The Nicaraguan Canal Idea to 1913", 28 *Hispanic Am. Hist. Rev.* 197 (1948); L. Keasbey, "The Nicaragua Canal and the Monroe Doctrine", 7 *Annals Am. Acad. Pol. & Soc. Sci.* 1 (1896).

96. See George W. Baker, "The Woodrow Wilson Administration and El Salvador Relations 1913 - 1921", 56 *Soc. Stud.* 97 (1965).

97. See D. Hill, "Central American Court of Justice", in 1 *Encyclopedia of Public International Law* 41-45 (1981).

98. See Editorial Comment, "The Second Central American Peace Conference", 4 *AJIL* 416-17 (1910).

99. See Conventions Adopted by the Fourth Central American Conference, Managua, Jan. 1-11, 1912, reprinted in 7 *AJIL* 34-41 (Supp. 1913).

100. See W. S. Pennfield, "The Central American Union", 7 *AJIL* 829, 831 (1913).

101. Pact of Union of Central America, Jan. 19, 1921, 5 *L. N. T. S.* 10, reprinted in 15 *AJIL* 328 (Supp. 1921). See Brown, "The Federation of Central America", 15 *AJIL* 255-59 (1921).

102. See Lester Langley, The United States and the Caribbean 1900-1970, *supra* chapter 6, at 106-7.

103. See L. Langley, *The Banana Wars* 177 (1983); Scott, "The Central American Conference", 17 *AJIL* 313 - 19 (1923) [hereinafter cited as Scott, Central American Conference].

104. See M. Hudson, 2 *International Legislation* 901-92 (1931), for the texts.

105. See Scott, Central American Conference, *supra* this chapter, at 315 - 16 (quoting from the official *Bulletin of the Pan American Union*).

106. Id. at 316.

107. Id. at 318.

108. Id. at 318.

109. Id. at 316.

110. Id. at 316.

111. See *United States Department of State*, 1977 *Digest of United States Practice in International Law* 575.

112. See F. Boyle, "The U. S. Invasion of Panama: Implications for International Law and Politics", 1 *East African J. Peace & Human Rights* 80 (Uganda, 1993).

113. *Pan American Union, Charter of the Organization of American States*, at 8 (1962).

8 美国在第一次世界大战中的中立

1. See Scott, " Mr. Bryan's Proposed Commissions of Inquiry", 7 *AJIL* 566 - 70 (1913).

2. General Arbitration Treaty, Aug. 3, 1911 U. S. - Fra. , in 4 Unperfected Treaties, *supra* chapter 2, at 217, reprinted in 5 *AJIL* 249 (Supp. 1911); General Arbitration Treaty, Aug. 3, 1911, U. S. - Gr. Brit. , in 4 Unperfected Treaties, supra chapter 2, at 225, reprinted in 5 *AJIL* 253 (Supp. 1911). See Davis, Hague II, supra chapter 2, at 321-25; Scott, "Admiral Togo— 'The Peaceful Man of the East' ", 5 *AJIL* 1051, 1052 (1911).

3. Davis, Hague II, *supra* chapter 2, at 323.

4. Id. at 323.

5. 詹姆斯·布朗·斯科特称：这些条约有关"很久以前，在我们的外交范围内碰到的最模糊、最矛盾也是最危险的事情"。参见 John P. Campbell, "Taft, Roosevelt, and the Arbitration Treaties of 1911", 53 *J. Am. Hist.* 279, 293 (1966). See also P. Jessup, 2 Elihu Root, *supra* chapter 1, at 270-76.

6. See D. Patterson, Toward a Warless World, *supra* chapter 2, at 207.

7. See, e. g. , Treaty for the Advancement of General Peace, Sept. 15, 1914, U. S. -Fra. , 38 *Stat.* 1887.

8. See Scott, "Secretary Bryan's Peace Plan", 8 *AJIL* 565, 570（1914）. See, generally, Finch, "The Bryan Peace Treaties", 10 *AJIL* 882 - 90（1916）; Scott, "The Bryan Peace Treaties", 7 *AJIL* 823 - 29（1913）.

9. See Scott, "Arbitration and Peace Treaties", 8 *AJIL* 330, 341-43（1914）.

10. See 4 Unperfected Treaties, *supra* chapter 2, at 263.

11. See Treaty for the Advancement of General Peace, Sept. 20, 1913, U. S. - Guat. , 38 Stat. 1840（1914年8月13日给予建议和同意）; Treaty for the Advancement of General Peace, Nov. 3, 1913, U. S. -Hand. , 39 *Stat.* 1672（1914年8月13日给予建议和同意）; Treaty for the Advancement of General Peace, Jan. 22, 1914, U. S. -Bol. , 38 *Stat.* 1868（1914年8月13日给予建议和同意）; Treaty for the Advancement of General Peace, Feb. 4, 1914, U. S. - Port. , 38 *Stat.* 1847（1914年8月13日给予建议和同意）; Treaty for the Advancement of General Peace, Feb. 13, 1914, U. S. - Costa Rica, 38 *Stat.* 1856（1914年8月13日给予建议和同意）; Treaty for the Advancement of General Peace, May 5, 1914, U. S. - Italy, 39 *Stat.* 1618（1914年8月13日给予建议和同意）; Treaty for the Advancement of General Peace, June 24, 1914, U. S. - Nor. , 38 *Stat.* 1843（1914年8月13日给予建议和同意）; Treaty for the Advancement of General Peace, July 14, 1914, U. S. -Peru. , 39 *Stat.* 1611（1914年8月20日给予建议和同意）; Treaty for the Advancement of General Peace, July 20, 1914, U. S. - Uru. , 38 *Stat.* 1908（1914年8月13日给予建议和同意）; Treaty for the Advancement of General Peace, July 24, 1914, U. S. - Braz. , 39 Stat. 1698（advice and consent given Aug. 13, 1914）; Treaty for the Advancement of General Peace, July 24, 1914, U. S. - Chile, 39 Stat. 1645（1914年8月20日给予建议和同意）。有趣的是，美国政府最近援引与智利的布赖恩和平条约，以解决1976年在华盛顿特区奥兰多·莱特利尔与罗尼·莫菲特暗杀事件的争端。参见"Peaceful Settlement of Disputes", 83 *AJIL* 352（1988）. The two countries entered into an agreement to establish such a commission on June 11, 1990, and the commission rendered its award on January 11, 1992. See "Claims for Wrongful Death", 86 *AJIL* 347（1992）.

12. Scott, "The Bryan Peace Treaties", 8 *AJIL* 876, 877（1914）. See Treaty for the Advancement of General Peace, Sept. 15, 1914, U. S. - China, 39 Stat. 1642（1914年10月12日给予建议和同意）; Treaty for the Advancement of General Peace, Sept. 15, 1914, U. S. -Spain, 38

Stat. 1862（1914年9月25日给予建议和同意）; Treaty for the Advancement of General Peace, Sept. 15, 1914, U. S. -Fra., 38 Stat. 1887（1914年9月25日给予建议和同意）; Treaty for the Advancement of General Peace, Sept. 15, 1914, U. S. -Gr. Brit., 38 *Stat.* 1853（1914年9月25日给予建议和同意）. See also Treaty for the Advancement of General Peace, Apr. 17, 1914, U. S. -Den., 38 *Stat.* 1883（1914年9月30日给予建议和同意）; Treaty for the Advancement of General Peace, Aug. 29, 1914, U. S. -Para., 39 *Stat.* 1615（1914年10月22日给予建议和同意）; Treaty for the Advancement of General Peace, Oct. 1, 1914, U. S. -Russia, 39 *Stat.* 1622（1914年10月13日给予建议和同意）; Treaty for the Advancement of General Peace, Oct. 13, 1914, U. S. -Ecuador, 39 *Stat.* 1650（1914年10月20日给予建议和同意）; Treaty for the Advancement of General Peace, Oct. 13, 1914, U. S. -Swed., 38 *Stat.* 1872（1914年10月22日给予建议和同意）.

13. See Scott, "Secretary Bryan's Peace Plan", 9 *AJIL* 175 – 77（1915）. See, generally, Scott, "The Effect of Mr. Bryan's Peace Treaties upon the Relations of the United States with the Nations at War", 9 *AJIL* 494-96（1915）.

14. See D. Perkins, History of the Monroe Doctrine, *supra* chapter 2, at 283.

15. See Martin D. Dubin, "Toward the Concept of Collective Security: The Bryce Group's ' Proposals for the Avoidance of War', 1914-1917", 24 *Int'l Organizations* 288, 291-92（1970）.

16. Scott, "The Resignation of Mr. Bryan as Secretary of State", 9 *AJIL* 659 – 66（1915）.

17. Scott, " The Appointment of Mr. Robert Lansing as Secretary of State", 9 *AJIL* 694-97（1915）.

18. See Telegram from William Jennings Bryan to Ambassador Gerard（May 13, 1915）, 1915 *FRUS* 393（Supp.）; Telegram from Secretary Lansing to Ambassador Gerard（June 9, 1915）, id. at 436.

19. Final Act of the International Peace Conference, *supra* chapter 5, at 1*AJIL* 103, 106. See Hull, Two Hague Conferences, *supra* chapter 1, at 146-47.

20. Convention Respecting the Rights and Duties of Neutral Powers and Persons in Case of War on Land, Oct. 18, 1907, 36 *Stat.* 2310, reprinted in 2 *AJIL* 117（Supp. 1908）. See Hull, Two Hague Conferences, *supra* chapter 1, at 199-213; Antonia S. de Bustamante, "The Hague Convention Concerning the Rights and Duties of Neutral Powers and Persons in Land Warfare", 2 *AJIL* 95（1908）.

21. Convention Respecting the Rights and Duties of Neutral Powers in Naval War, Oct. 18, 1907, 36 Stat. 2415, reprinted in 2 *AJIL* 202（Supp. 1908）. See Hull, Two

Hague Conferences, *supra* chapter 1, at 148-66; C. Hyde, "The Hague Convention Respecting the Rights and Duties of Neutral Powers in Naval War", 2 *AJIL* 507 (1908). See also G. Finch, "The Purchase of Vessels of War in Neutral Countries by Belligerents", 9 *AJIL* 177-87 (1915) (违反中立)。

22. Convention Relative to the Laying of Submarine Mines, Oct. 18, 1907, 36 Stat. 2332, reprinted in 2 *AJIL* 138 (Supp. 1908). See C. H. Stockton, "The Use of Submarine Mines and Torpedoes in Time of War", 2 *AJIL* 276 (1908).

23. Convention Relative to Certain Restrictions on the Exercise of the Right of Capture in Maritime War, Oct. 18, 1907, 36 Stat. 2396, reprinted in 2 *AJIL* 167 (Supp. 1908). See S. Baldwin, "The Eleventh Convention Proposed by the Hague Conference of 1907", 2 *AJIL* 307 (1908).

24. Act of June 5, 1794, ch. 50, 3d Cong., 1st Sess., 1 *Stat.* 381.

25. Act of March 2, 1797, ch. 5, 4th Cong., 2d Sess., 1 *Stat.* 497.

26. Act of April 20, 1818, ch. 88, 15th Cong., 1st Sess., 3 *Stat.* 447 [reissued as 18 U. S. C. A. § 967 (1969)].

27. See Charles S. Hyneman, "Neutrality during the European Wars of 1792-1815", 24 *AJIL* 279 (1930); Raymond & Frischholz, Lawyers Who Established International Law in the United States, *supra* chapter 1, at 802, 805-7, 812-13, 819-20.

28. Treaty of Washington, May 8, 1871, U. S. - Gr. Brit., 17 *Stat.* 863. See also Report of the Delegates of the United States to the Second International Peace Conference at The Hague from June 15 to October 18, 1907, in Scott, 2 Hague Peace Conferences, *supra* chapter 1, at 198, 238-39, 241.

29. See Peter Seidel, "The Alabama", in 2 *Encyclopedia of Public International Law* 11, 13 (1981).

30. Pub. Res. 72, 63d Cong., 3d Sess., 38 Stat. 1226 (1915).

31. See Scott, "The Joint Resolution of Congress to Empower the President to Better Enforce and Maintain the Neutrality of the United States", 9 *AJIL* 490-93 (1915).

32. J. Scott, "Proposed Amendments to the Neutrality Laws of the United States", 10 *AJIL* 602 (1916).

33. Espionage Act, ch. 30, 65th Cong., 1St Sess., 40 Stat. 217 (1917). See C. Hyde, "The Espionage Act", 12 *AJIL* 142 (1918).

34. "中立国有权在战争期间继续与交战国进行贸易，但必须遵守有关禁运品和封锁的法律。该权利的存在被普遍承认，尽管某些情况下该权利在实践中被剥夺"(7 Moore, *supra* chapter 2, § 179, at 382)。

35. See, e.g., 2 Gamer, *supra* chapter 4, at 314.

36. See, e.g., id. at 376-77.

37. See, generally, Power Politics, *supra* chapter 1, at 936-37.

38. Convention with Respect to the Laws and Customs of War on Land, July 29, 1899, Annex, art. 46, 32 *Stat*. 1803, 1822; Convention with Respect to the Laws and Customs of War on Land, Oct. 18, 1907, Annex, art. 46, 36 *Stat*. 2277, 2306.

39. See J. Choate, Two Hague Conferences, *supra* chapter 4, at 74-77; Davis, Hague 1, *supra* chapter 2, at 127-28, 133-35, 175-76; Davis, Hague II, *supra* chapter 2, at 138-40, 171-72, 227-33; Hull, Two Hague Conferences, supra chapter 1, at 126-41; C. H. Stockton, "Would Immunity from Capture, during War, of Non-offending Private Property upon the High Seas Be in the Interest of Civilization", 1 *AJIL* 930 (1907) (no!).

40. See J. Raymond & B. Frischholz, *Lawyers Who Established International Law in the United States*, *supra* chapter 1, at 806-07.

41. See Charles N. Gregory, "Neutrality and the Sale of Arms", 10 *AJIL* 543 (1916); Scott, "The Sale of Munitions of War", 9 *AJIL* 927-35 (1915).

42. See C. H. Stockton, "The International Naval Conference of London, 1908-1909", 3 *AJIL* 596, 614 (1909). See also H. Lammasch, "Unjustifiable War and the Means to Avoid It", 10 *AJIL* 689, 692, 702 (1916); Stewart M. Robinson, "Autonomous Neutralization", 11 *AJIL* 607 (1917).

43. See, e.g., Ethel C. Phillips, "American Participation in Belligerent Commercial Controls 1914-1917", 27 *AJIL* 675 (1933).

44. See, e.g., Scott, "The United States at War with the Imperial German Government", 11 *AJIL* 617-27 (1917); Scott, "War between Austria-Hungary and the United States", 12 *AJIL* 165-74 (1918).

45. But see E. Borchard & W. Lage, Neutrality for the United States (1937) (威尔逊所谓的中立政治的修正主义评论)。

46. Cf Scott, "The Attitude of Journals of International Law in Time of War", 9 *AJIL* 924-27 (1915).

47. See William C. Dennis, "The Diplomatic Correspondence Leading up to the War", 9 *AJIL* 402 (1915).

48. See Scott, "Germany and the Neutrality of Belgium", 8 *AJIL* 877-81 (1914). But cf. Scott, "The Neutrality of Belgium", 9 *AJIL* 707-20 (1915) (包括德国教授卡尔·诺义迈耶为侵略辩护的信件)。

49. See Scott, "The Binding Effect upon the German Empire of the Treaty of London of 1867 Neutralizing Luxemburg", 9 *AJIL* 948-58 (1915).

50. See, e.g., Scott, "The Hague

Conventions and the Neutrality of Belgium and Luxemburg", 9 *AJIL* 959-62 (1915). See also D. Patterson, "The United States and the Origins of the World Court", 91 *Pol. Sci. Q.* 279, 287 (1976); D. Patterson, Toward a Warless World, *supra* chapter 2, at 248-49.

51. See Scott, "Germany and the Neutrality of Belgium", 8 *AJIL* 877, 880 (1914).

52. See B. Tuchman, The Guns of August, *supra* chapter 2, at 153. See also 2 Garner, *supra* chapter 4, at 215-37.

53. See, e. g., G. Finch, "The War in Europe", 8 *AJIL* 853, 857 (1914); Scott, "The Right of Neutrals to Protest against Violations of International Law", 10 *AJIL* 341-43 (1916). Cf. Coogan, End of Neutrality, *supra* chapter 4, at 193.

54. See Daniel M. Smith, "Robert Lansing and the Formulation of American Neutrality Policies, 1914 - 1915", 43 *Miss. Valley Hist. Rev.* 59, 60 (1956).

55. See P. Devlin, *Too Proud to Fight* 156 (1975).

56. See Alexander L. George & Juliette L. George, *Woodrow Wilson and Colonel House: A Personality Study* 28 (1956).

57. Ross Gregory, *The Origins of American Intervention in the First World War* 138 (1971).

58. See Scott, "The Black List of Great Britain and Her Allies", 10 *AJIL* 832-43 (1916); Scott, "Economic Conference of the Allied Powers", 10 *AJIL* 845 - 52 (1916). See also P. Brown, "Economic Warfare", 11 *AJIL* 847-50 (1917); John B. Clark, "Shall There Be War after the War?", 11 *AJIL* 790 (1917).

59. See Charles N. Gregory, "Neutrality and the Sale of Arms", 10 *AJIL* 543 (1916); William C. Morey, "The Sale of Munitions of War", 10 *AJIL* 467 (1916); Scott, "The Sale of Arms and Ammunition by American Merchants to Belligerents", 9 *AJIL* 687-94 (1915); Scott, "The Sale of Munitions of War", 9 *AJIL* 927 - 35 (1915). See also Scott, "American Neutrality", 9 *AJIL* 443-56 (1915).

60. W. Morey, "The Sale of Munitions of War", 10 *AJIL* 467 (1916).

61. R. Gregory, The Origins of American Intervention in the First World War, *supra* this chapter, at 29, 41.

62. See, e. g., 2 Garner, *supra* chapter 4, at 408.

63. See, e. g., D. Smith, "Robert Lansing and the Formulation of American Neutrality Policies, 1914 - 1915", 43 *Miss. Valley Hist. Rev.* 59 (1956).

64. See, generally, D. Smith, "National Interest and American Intervention, 1917: An Historiographical Appraisal", 52 *J. Am. Hist.* 5 (1965).

65. See R. Gregory, The Origins of American Intervention in the First World War,

supra this chapter, at 138-39.

66. See also A. Morrissey, "The United States and the Rights of Neutrals, 1917-1918", 31 *AJIL* 17 (1937) (美国进入战争后,一般不会改变其中立法的立场)。

67. See J. Scott, "The Dawn in Germany? The Lichnowsky and Other Disclosures", 12 *AJIL* 386 (1918); W. Willoughby, "The Prussian Theory of Government", 12 *AJIL* 266 (1918); W. Willoughby, "The Prussian Theory of the State", 12 *AJIL* 251 (1918); American Bar Association, Resolution of Sept. 4, 1917, in 3 A. B. A. J. 576-77 (1917) (由伊莱休·鲁特提交;一致通过), reprinted and approved in C. Gregory, "The Annual Meeting of the American Bar Association", 11 *AJIL* 851 (1917). See also S. Baldwin, "The Share of the President of the United States in a Declaration of War", 12 *AJIL* 1 (1918) (为保障外国人民的自由,可能有发动战争的宪法权力)。

68. Address of the President of the United States Delivered at a Joint Session of the Two Houses of Congress, April 2, 1917, reprinted in 11 *AJIL* 350, 356 (Spec. Supp. 1917).

69. See also C. Fenwick, "Germany and the Crime of the World War", 23 *AJIL* 812 (1929) (《凡尔赛条约》第231条不应被解释为将战争归咎于德国的道德罪责和刑事责任,因为1914年没有明确的依据可以判断一场战争的道德责任); D. Myers, "The Control of Foreign Relations", 11 *Am. Pol. Sci. Rev.* 24 (1917) (强烈的法律现实主义立场); T. Woolsey, "Reconstruction and International Law", 13 *AJIL* 187 (1919) (无论出于什么理想主义动机,这场战争基本是出于自卫); T. Woolsey, "The Relations between the United States and the Central Powers", 11 *AJIL* 628 (1917) (向德国宣战之后,美国应等待事态发展,再事实上向奥地利和土耳其宣战)。

70. See also Lloyd C. Gardner, "American Foreign Policy 1900-1921: A Second Look at the Realist Critique of American Diplomacy", in Towards a New Past: Dissenting Essays in American History 202-31 (Barton J. Bernstein ed., 1968).

71. See, e. g., P. Brown, "The Theory of the Independence and Equality of States", 9 *AJIL* 305 (1915); Finch, "The Effect of the War on International Law", 9 *AJIL* 475 (1915); Malbone W. Graham, "Neutrality and the World War", 17 *AJIL* 704 (1923); M. Graham, "Neutralization as a Movement in International Law", 21 *AJIL* 79 (1927); A. Hershey, "Proiects Submitted to the American Institute of International Law", 11 *AJIL* 390 (1917); E. Root, "The Outlook for International Law", 10 *AJIL* 1 (1916); A. W. Spencer, "The Organization of International Force", 9 *AJIL* 45 (1915); George G. Wilson, "Sanction for International Agreements", 11 *AJIL* 387

(1917).

72. See, e.g., Ruhl J. Bartlett, *The League to Enforce Peace* 215-18 (1944); Sondra R. Herman, *Eleven against War: Studies in American Internationalist Thought*, 1898-1921, at 57 (1969).

73. See, e.g. Dimitri D. Lazo, "A Question of Loyalty: Robert Lansing and the Treaty of Versailles", 9 *Dipl. Hist.* 35 (1985) (国务卿兰辛私下反对《凡尔赛条约》,特别是第10条)。

74. See Martin D. Dubin, "Elihu Root and the Advocacy of a League of Nations, 1914-1917", 19 *W. Pol. Q.* 439, 453-54 (1966); E. Root, "Amending the Covenant", *Advoc. of Peace*, July 1919, at 211.

75. See Kurt Wimer, "Woodrow Wilson and World Order", in *Woodrow Wilson and a Revolutionary World* 1913-1921, at 146-73 (A. Link ed., 1982).

76. See Lloyd E. Ambrosius, *Woodrow Wilson and the American Diplomatic Tradition: The Treaty Fight in Perspective* 84-101 (1987).

77. See, generally, id. at 107-35.

78. See D. Fleming, The United States and the League of Nations 1918-1920, *supra* chapter 1, at 311.

79. See P. Jessup, 2 Elihu Root, *supra* chapter 1, at 391-400; Ronald E. Powaski, *Toward an Entangling Alliance* 21-22 (1991).

80. See, e.g., Kent G. Redmond, "Henry L. Stimson and the Question of League Membership", 25 *Historian* 200, 201 (1963) (史汀生支持联盟)。

81. See Arthur M. Schlesinger Jr., *The Imperial Presidency* 96-109 (1973).

82. See, e.g., F. Boyle, "International Crisis and Neutrality: U.S. Foreign Policy toward the Iraq-Iran War", in *Neutrality: Changing Concepts and Practices* 59 (A. Leonhard ed., 1988).

83. See, generally, Robert F. Smith, "American Foreign Relations, 1920-1942", in *Towards a New Past: Dissenting Essays in American History* 232-62 (B. Bernstein ed., 1968).

84. See, generally, id. at 232-62.

85. See P. Jessup, 2 Elihu Root, *supra* chapter 1, at 457; 2 Hackworth, *supra* chapter 6, at 690-91; 6 Hackworth, *supra* chapter 6, at 466-67.

86. See R. Powaski, Toward an Entangling Alliance, *supra* this chapter, at 35ff.

87. See P. Jessup, 2 Elihu Root, *supra* chapter 1, at 461.

88. See, e.g., The Laws of Armed Conflicts, *supra* chapter 4, at 121, 126.

结论

1. See A. Schvan, "A Practical Peace Policy", 8 *AJIL* 51, 59 (1914).

2. See, e.g., Hajo Holborn, *The Political Collapse of Europe* (1951).

3. See Thomas J. Biersteker, "Constructing Historical Counterfactuals to Assess the Consequences of International Regimes", in *Regime Theory and International Relations* 315-38 (Volker Rittberger ed. , 1993).

4. See Lord Hankey, *Diplomacy by Conference: Studies in Public Affairs* 1920-1946, at 39 (1946): "如果1914年大公在萨拉热窝被暗杀之前,通过例如国际联盟等一些组织机构,形成一旦摩擦发生,不同国家的责任部长之间会晤的惯例,战争就可能不会发生。"

5. See Robert A. Friedlander, "Who Put Out the Lamps? Thoughts on International Law and the Coming of World War I", 20 *Duquesne L. Rev.* 569, 581 (1982).

6. Cf. Alice M. Morrissey, *The American Defense of Neutral Rights* 1914-1917, at 128 (1939).

7. See David Mervin, "Henry Cabot Lodge and the League of Nations", 4 *J. Am, Stud.* 201 (1971).

8. See, generally, D. Fleming, *The United States and the League of Nations 1918-1920*, *supra* chapter 1.

9. See E, H. Carr, *The Twenty Years' Crisis 1919-1939* (1939).

10. Manley O. Hudson, "A Design for a Charter of the General International Organization", 38 *AJIL* 711 (1944).

11. See *Senate Approval of Charter of the United Nations*, 13 *Dept. State Bull.* 138 (1945).

12. See Charles C. Hyde, "The United States Accepts the Optional Clause", 40 *AJIL* 778-81 (1946); P. Jessup, "Acceptance by the United States of the Optional Clause of the International Court of Justice", 39 *AJIL* 745-51 (1945); Pitman B. Potter, "As Determined by the United States", 40 *AJIL* 792-94 (1946); Lawrence Preuss, "The International Court of Justice the Senate, and Matters of Domestic Jurisdiction", 40 *AJIL* 720 (1946); Francis O. Wilcox, "The United States Accepts Compulsory Jurisdiction", 40 *AJIL* 699 (1946); Quincy Wright, "The International Court of Justice and the Interpretation of Multilateral Treaties", 41 AJIL 445-52 (1947).

13. See Abraham D. Sofaer, *The United States and the World Court*, U. S. Dept. of State, Bureau of Public Affairs, Current Pol. No. 769 (address before Senate Foreign Relations Committee, Dec. 4, 1985).

14. See, generally, Louis B. Sohn, *Cases on United Nations Law* (2d ed. 1967).

15. See also Daniel P. Moynihan, *On the Law of Nations* (1990), reviewed by F. Boyle, *International Law vs. Military Might*, Philadelphia Inquirer, Sept. 16, 1990, Sect. H, at 1.

附录

1. See Stanley Hoffmann, "Ethics and Rules of the Game between the Superpowers", in *Right v. Might: International Law* and the Use of Force (2d ed. 1991).

2. 一种机制被定义为:"国际关系的某一特定领域行为者围绕一套隐含或明确的原则、规范、规则和决策程序的期望趋同。"参见 S. Krasner, " Structural Causes and Regime Consequences: Regimes as Intervening Variables", in *International Regimes* 2 (1982)。See also R. Keohane & J. Nye, *Power and Interdependence* (1977); R. Keohane, After Hegemony (1984); R. Keohane, *International Institutions and State Power* (1989); Haggard & Simmons, "Theories of International Regimes", 41 *Int'l Org.* 491 (1987). But cf. Neorealism and Its Critics (R. Keohane ed. 1986).

3. See, e.g., R. Gilpin, *War and Change in World Politics* (1981).

4. N. Machiavelli, The Prince, 99 (M. Musa trans. & ed. 1964).

5. Id. at 145.

6. See Plato, *Gorgias* 78 (Penguin ed. 1960).

7. 作为前公司/税务律师,我可以证明马基雅维利是对的。

8. See N. Machiavelli, *The Prince*, 145-149 (M. Musa trans. & ed. 1964).

9. See, e.g., L. Sohn, *Cases on United Nations Law* (2d ed. 1967).

10. See "The Caroline", in W. Bishop, *International Law* 916 - 919 (3rd ed. 1971).

11. See Wiseman, "The United Nations and International Peacekeeping: A Comparative Analysis", in *The United Nations and the Maintenance of International Peace and Security* 263 (1987).

12. See Snidal, "The Limits of Hegemonic Stability Theory", 39 *Int'l Org.* 573 (1985).

13. Id. at 611-612. See also Grunberg, "Exploring the 'Myth' of Hegemonic Stability", 44 *Int'l Org.* 431 (1990).

14. See Haas, "The Collective Management of International Conflict, 1945 - 1984", in The United Nations and the Maintenance of International Peace and Security 3 (1987).

15. Id. at 17-18:

(1) 最可能成功处理的是最激烈的争端。轻微和极低强度的争端可能受到轻微影响。最难处理的是中间范围的争端。

(2) 当战斗非常有限时,成功最容易实现。最具感染性的争端最频繁受到影响,往往能取得巨大成功。争端双方的邻国积极介入的争端最难处理,而纯粹双边争端似乎相对简单。

(3) 没有非殖民化和冷战复杂情况的争端,只要不涉及内战便最能成功解决。另外,国内冲突引起的争端最棘手。非殖民化问题是接下来最适合联合国处理的问题。冷战争端比分最低,尽管其中37%受到联合国行动的影响。

(4) 如果争端双方是同一冷战集团的成员,或如果两者都不结盟,就更容易取得成功。冷战联盟使冲突处理复杂化。

（5）涉及中等大国（如阿根廷、墨西哥、埃及、巴基斯坦、荷兰），特别是当对方是小国时，冲突最容易处理。超级大国作为冲突一方最棘手。

（6）联合国强有力的决定必有收获。尽管未作出强有力的决定并不一定意味着无法影响争端结果。

（7）联合国军事性质的行动几乎总成功。只有秘书处参与的超过一半的外地行动也成功。未能采取任何行动导致三分之二的处理失败。

（8）成功的行动与超级大国的共同领导和秘书长的积极干预密切相关。但即使超级大国的领导人，也只有 **53%** 的案例取得成功。当大国和中等强国行使领导权时，成功率急剧下降。小国领导人成功率最低。联合国的成功干预，需要会员国广泛或非常广泛的共识。

16. See Weiss & Kessler, "Moscow's U. N. Policy", *Foreign Policy*, No. 79, at 97（1990 年夏）。

17. See, e. g., L. Henkin, *Foreign Affairs and the Constitution* (1975); M. Glennon, *Constitutional Diplomacy* (1990).

18. See F. Boyle, *The Foundations of World Order* (1991).

19. See H. Morgenthau, *The Purpose of American Politics* (1960).

20. See F. Boyle, *World Politics and International Law* (1985).

21. See, e. g., A. Chayes, *The Cuban Missile Crisis* (1974).

22. See, e. g., *The Tower Commission Report* (N. Y. Times ed. 1987).

23. See F. Boyle, *The Future of International Law and American Foreign Policy* (1989).

24. See, generally, *The Relevance of International Law* (K. Deutsch & S. Hoffmann eds., 1971).

25. See, e. g., Kirkpatrick & Gerson, "The Reagan Doctrine, Human Rights, and International Law", in *Right v. Might: International Law and the Use of Force* 19 (1989).

26. See F. Boyle, *Defending Civil Resistance under International Law* 155–210 (1987).

27. "Military and Paramilitary Activities in and against Nicaragua (Nica. v. U. S.)", 1986 *I. C. J.* 14 (Judgment of June 27).

索引

(索引页码为英文原书页码,即本书边码)

ABC offer,阿根廷、巴西和智利提议,99

Acheson, Dean,迪安·艾奇逊,3

Adjudication,仲裁,37-38; and Advisory Committee of Jurists,法学家咨询委员会,48-52; compared to international arbitration,国际仲裁,38-39, 58-59

Africa,非洲,20

Alabama claims,阿拉巴马号索赔,25, 128-29

Alvarez, Alejandro,亚历杭德罗·阿尔瓦雷斯,89, 113

American Academy of Political and Social Science,美国政治和社会科学学院,114

American Institute of International Law,美洲国际法研究会,113-14

American Journal of International Law,美国国际法杂志,11, 18, 47, 113

American Society of International Law,美国国际法学会,18, 84, 98, 113, 126

Arbitration: American policy of non-entanglement,仲裁:美国不介入政策,30; and bilateral arbitration treaties,双边仲裁条约,31-34; compared to international adjudication,国际裁决,38-39, 58-59; golden age of,黄金时代,34-36, 38-39; and Inter-American System,泛美体系,105-6, 110-11; political dimension of,政治维度,37-38; and sanction behind,制裁,25, 80; and successes of,成功,34-36; utility of,有效性,38-39. See also Bryan Peace Plan; Court of Arbitral Justice; Hague Peace Conferences; Knox Treaties; Permanent Court of Arbitration; Root Arbitration Conventions:另见布赖恩和平计划;仲裁法院;海牙和平会议;《诺克斯条约》;常设仲裁法院;鲁特仲裁条约

Argentina,阿根廷,106; adherence to the

284

1899 Convention for the Pacific Settlement of International Disputes, 加入1899年《和平解决国际争端公约》, 110; and contract debts, 契约债务, 112

Arms limitation; Convention for the Pacific Settlement of Disputes (1899), 限制军备: 1899年《和平解决国际争端公约》, 71–72; and Declaration of St. Petersburg, 圣彼得堡宣言, 72; and First Hague Peace Conference, 第一次海牙和平会议, 71–72; and poison gas, 毒气, 73–74; and Second Hague Peace Conference, 第二次海牙和平会议, 72–73; and Tsar Nicholas Ⅱ, 沙皇尼古拉二世, 71; U. S. role in, 美国发挥作用, 71–73

Articles of Confederation, 《邦联条例》, 37

Austin, John, 约翰·奥斯汀, 11, 13

Austria – Hungary, 奥匈帝国, 21, 68, 133

Bacon, Robert, 罗伯特·培根, 45

Balance of power system, 均势体系, 135, 137, 147–48; American legalist rejection of, 美国法律主义否定, 20–22; compared to U. S. imperialism in Latin America, 比较在拉丁美洲的美国帝国主义, 89–90, 103

Bayard, T. F., 托马斯·F·贝亚德, 105

Belegium, 比利时, 20, 81, 133

Bethmann – Hollweg, German Chancellor, 德国总理贝特曼·霍尔维格, 134

Blaine, James, 詹姆斯·布赖恩, 104

Bolvíar, Simon, 西蒙·玻利瓦尔, 104, 122

Bolivia, 玻利瓦尔, 106; adherence to the 1899 Convention for the Pacific Settlement of International Disputes, 加入1899年《和平解决国际争端公约》, 110; and contract debts, 契约债务, 112

Boxer Rebellion, 义和团运动, 95–96

Brazil, 巴西, 106, 108; adherence to the 1899 Convention for the Pacific Settlement of International Disputes, 加入1899年《和平解决国际争端公约》, 110; and contract debts, 契约债务, 111

Bryan, William Jennings, 威廉·詹宁斯·布赖恩, 84–85, 98, 123, 124–26

Bryan – Chamorro Treaty with Nicaragua (1914), 1914年与尼加拉瓜的《布赖恩-查莫罗条约》, 116

Bryan Peace Plan, 布赖恩和平计划, 76, 123–26, 149

Callicle, 卡里克里斯, 157

Calvo, Carlos, 卡洛斯·卡尔沃, 109

Calvo Doctrine, 卡尔沃主义, 44, 109, 112

Carranza, Venustiano, 维纳斯蒂亚诺·卡兰萨, 98-102

Casablanca Case, 卡萨布兰卡案, 35-36, 37

Castro, Fidel, 菲德尔·卡斯特罗, 78, 121

Central America, 中美洲, 19; and U.S. imperialism, 美国帝国主义, 90-94, 97, 115. See also Inter-American System, 另见泛美体系

Central American Bureau, 中美洲事务局, 116, 117

Central American Court of Justice, 中美洲法院, 115-17, 118-19

Central American Peace Conference (1907), 1907 年中美洲和平会议, 115-16

Central American Peace Conference (1922), 1922 年中美洲和平会议, 117-19

Central American Pedagogical Institute, 中美洲教育学院, 116, 117

Central American Sub-System, 中美洲子系统, 115

Central American Unification, 中美洲统一, 117

Central Asia, 中亚, 20

Chile, 智利, 106, 113; adherence to the 1899 Convention for the Pacific Settlement of International Disputes, 1899 年《和平解决国际争端公约》, 110; and contract debts, 契约债务, 111-12

China, 中国, 19, 20, 125; and U.S. policy toward, 美国政策, 94-96

Cleveland, President Grover, 格罗弗·克利夫兰总统, 89, 105

Codification of international law, 国际法的编纂, 39, 56-59, 113-14, 127; and British reaction to, 英国的反应, 62-64; and Declaration of London, 《伦敦宣言》, 62-65; and First World War, 第一次世界大战, 65-68, 135-36; and German submarine warfare, 德国潜艇战, 66-68; and International Prize Court, 国际捕获法院, 59-60; and Naval Prize Bill, 《海上捕获法案》, 63-64

Commercial Bureau of American Republics, 美洲共和国商务局, 108, 111, 113, 114

Compulsory compromis, 强制争端仲裁协议, 34, 41-42

Convention for Pacific Settlement of International Disputes (1899), 1899 年《和

平解决国际争端公约》,28,31,109-10; and arms control, 控制军备, 72; and commissions of inquiry, 调查委员会,75-76; and Court of Arbitral Justice, 仲裁法院, 42; and mediation, 调停,74-75; and Permanent Court of Arbitration, 常设仲裁法院, 27-30, 72,74

Convention for Pacific Settlement of International Disputes (1907), 1907年《和平解决国际争端公约》, 72, 76; and Court of Arbitral Justice, 仲裁法院, 40,41,42; and Knox Treaties, 《诺克斯条约》, 124; and Permanent Court of Arbitration, 常设仲裁法院, 32, 32, 80

Convention Relative to Certain Restrictions on Exercise of Right of Capture in Maritime War (1907), 《关于对海战中行使拿捕权的某些限制的公约》, 58, 127

Convention Relative to Conversion of Merchant Ships into War-Ships (1907), 1907年《关于将商船改装为军舰的公约》, 58, 63

Convention Relative to Laying of Submarine Mines (1907), 《关于敷设自动触发水雷公约》, 58, 73, 127

Convention Relative to Opening of Hostilities (1907), 1907年《关于战争开始的公约》, 77-80; and Cuban Missile Crisis, 古巴导弹危机, 78-79; as legal-moral imperative, 法律-道德义务, 79; and Pearl Harbor, 珍珠港, 77-78; and Russo-Japanese War, 日俄战争, 77

Convention Respecting the Limitation of Employment of Force for Recovery of Contract Debts (1907), 1907年《限制使用武力以索偿契约债公约》。See Porter Convention (1907) 参见1907年《波特公约》

Convention Respecting the Rights and Duties of Neutral Powers in Naval War (1907), 1907年《中立国在海战中的权利和义务公约》, 58, 127, 129, 131-32

Convention Respecting the Rights and Duties of Neutral Powers and Persons in Case of War on Land (1907), 1907年《中立国和人民在陆战中的权利和义务公约》, 127, 128, 131

Convocation of Peace Conferences, 召集和平会议, 22-23, 82-85, 86, 115, 14, 148

Costa Rica, 哥斯达黎加, 111, 115-18, 121, 166. See also Central American Sub-System; Central American Unification 另见中美洲子系统;中美洲统一

Court of Arbitral Justice (CAJ), 仲裁法

院, 60, 84, 116, 148; and compulsory compromis, 强制争端仲裁协议, 41-42; Draft Convention Relative to Institution of, 有关机构的公约草案, 39, 51; judges of, 判决, 40, 46-47, 49; jurisdiction of, 管辖权, 40-41; law of, 法律, 42; and Permanent Court of Arbitration, 常设仲裁法院, 42-43; primary obstacle to establishment of, 成立的主要障碍, 43-45; and Scott Initiative, 斯科特倡议, 47

Covenant of the League of Nations, 《国际联盟盟约》, 47-48, 51, 54, 55, 76, 137-39, 146, 150; and Permanent Court of International Justice, 常设国际法院, 47-54, 145-46

Cuba, 古巴, 19; adherence to 1899 Convention for the Pacific Settlement of International Disputes, 1899年《和平解决国际争端公约》, 110; and Platt Amendment, 《普拉特修正案》, 92-93; and Third International American Conference (1906), 1906年第三届泛美会议, 111-13; and U.S. interventionism in, 美国干涉主义, 19, 92-94, 120-21

Cuban Constitution (1901), 1901年《古巴宪法》, 93

Cuban Missile Crisis, 古巴导弹危机, 78-80

Declaration of London Concerning Laws of Naval War (1909), 1909年《伦敦海战法宣言》, 45-46, 47, 62-68, 84, 129, 148, 159

Declaration of Potsdam (1945), 1945年《波茨坦公告》, 78

Declaration of Rights and Duties of Nations (1916), 1916年《国家权利和义务宣言》, 113-14

Declarations Prohibiting the Discharge of Projectiles and Explosives from Balloons (1899 and 1907), 1899年和1907年《禁止从气球上投掷投射物和爆炸物宣言》, 72-73

Declaration of St. Petersburg (1868), 1868年《圣彼得堡宣言》, 72. See also Arms Limitation, 另见限制军备

Diaz, President Porfirio, 波菲里奥·迪亚斯总统, 96, 115

Disarmament. 裁军。See Arms limitation 参见限制军备

Dogger Bank incident, 多格滩事件, 75-76

Dolphin incident, 海豚号军舰事件, 98

Dominican Republic, 多米尼加共和国, 19, 91, 110; and Convention for the Pacific Settlement of International Disputes (1899), 1899年《和平解决国际争端公约》, 110; and Pecuniary

Claims Arbitration Convention,《金钱索赔仲裁公约》,111; and Porter Convention,《波特条约》,112

Dominican Republic Loan Convention (1907),1907 年《多米尼加共和国贷款公约》,91-92

Drago, Luis, 路易斯·德拉戈, 81, 89

Drago Doctrine, 德拉戈主义, 44, 81-82, 113

Dueling Procedure, 决斗程序, 74-75

Ecuador, 厄瓜多尔, 106; adherence to the 1899 Convention for the Pacific Settlement of International Disputes, 1899 年《和平解决国际争端公约》,110; and contract debts, 契约债务, 111, 112

El Salvador, 萨尔瓦多, 106, 110-11, 115-19; adherence to the 1899 Convention for the Pacific Settlement of International Disputes, 1899 年《和平解决国际争端公约》,110; and contract debts, 契约债务, 111-12. See also Central American Sub-system; Central American Unification; Honduras v. Guatemala & EL Salvador 另见中美洲子系统;中美洲统一;洪都拉斯诉危地马拉和萨尔瓦多

Executive Committee, 执行委员会, 78

Far East, 远东, 20; Japanese imperial policy in, 日本帝国政策, 94-95; U.S. foreign policy toward, 美国外交政策, 95-96

Federal Republic of Central America, 中美洲联邦共和国, 117

Ferdinand, Archduke Francis of Austria-Hungary, 奥匈帝国弗兰西斯·斐迪南大公, 85, 149

First Hague Peace Conference. 第一次海牙和平会议。See Hague Peace Conference, First (1899) 参见 1899 年第一次海牙和平会议

First Pan-American Scientific Congress, 第一次泛美科技会议, 113

First World War, 第一次世界大战, 4, 8-10, 85, 126, 141-42, 144-49, 152; and Convention Relative to the Opening of Hostilities (1907), 1907 年《关于战争开始的公约》,77; and Declaration of London,《伦敦宣言》,64-65; and poison gas, 毒气, 73-74; and U.S. intervention, 美国干涉, 65-68, 135-36; and U.S. neutrality, 美国中立, 129-30, 132-35

Four Power Conference in Paris, 四国巴黎会议, 46-47

Four Power Draft Convention, 四国公约草案, 46-47

Fourteen Points Address, 十四点和平原则演说, 8, 9, 150

France, 法国, 31, 35, 60, 148; and Court of Arbitral Justice, 仲裁法院, 46, 47; and Declaration of London, 《伦敦宣言》, 62, 65; and international court of justice plan, 国际法院计划, 44, 45; and International Prize Court, 国际捕获法院, 60, 62; and Permanent Court of International Justice, 常设国际法院, 50. See also Bryan Peace Plan; Knox Treaties 另见布赖恩和平计划; 《诺克斯条约》

Functional integrationism: in U. S. policy toward Latin America, 功能一体化: 美国对拉丁美洲的政策, 108-9, 112; and school of post-World War II political science, 第二次世界大战后政治学派, 14-15

Garfield, President James, 詹姆斯·加菲尔德总统, 105

Geneva Protocol of 1925, 1925年《日内瓦议定书》, 73-74, 142-43

Germany, 德国, 9, 17, 28, 31, 32, 34, 35, 81, 136, 138, 148, 149, 150, 151; and Court of Arbitral Justice, 仲裁法院, 41, 44, 45-46, 47; and Declaration of London, 《伦敦宣言》, 62, 63, 64, 66, 67-68; and international court of justice plan, 国际法院计划, 44; and International Prize Court, 国际捕获法院, 59, 60, 61; and invasions of Belgium and Luxembourg, 入侵比利时和卢森堡, 133, 134; and policy toward China, 对华政策, 96; and sinking of Lusitania, 卢西塔尼亚号的沉没, 126; and submarine warfare by, 潜艇战, 66-68, 135, 136. See also Bryan Peace Plan; First World War; Second Word War 另见布赖恩和平计划; 第一次世界大战; 第二次世界大战

Good Offices and Mediation, International Bureau of, 斡旋和调停, 国际事务局, 30, 74-75

Gorbachev, Mikhail, 米哈伊尔·戈尔巴乔夫, 160-61

Great Britain, 英国, 17, 18, 20, 25-26, 27, 31, 35, 123, 125-26, 142, 147-48, 151; and Court of Arbitral Justice, 仲裁法院, 44, 45, 46, 47; Declaration of London, 《伦敦宣言》, 62-67, 84; and Dogger Bank incident, 多格滩事件, 75-76; and international court of justice plan, 国际法院计划, 44, 48, 50, 51; and International Prize Court, 国际捕获法院, 59-60,

62，63，64；and policy toward China，对华政策，95-96；at Second Hague Peace Conference，第二次海牙和平会议，73. See also Bryan Peace Plan；First World War；Second Word War 另见布赖恩和平计划；第一次世界大战；第二次世界大战

Grisbadarna Case，格里斯巴达纳案，35

Grotian natural law，格劳秀斯自然法，11，12，15

Guam，关岛，19，94

Guatemala，危地马拉，115，117，118，119，120. See also Central American Sub-System；Central American Unification；Honduras v. Guatemala & El Salvador 另见中美洲子系统；中美洲统一；洪都拉斯诉危地马拉和萨尔瓦多

Haas，Ernst，恩斯特·哈斯，160

Hague Peace Conference，First（1899），1899 年第一次海牙和平会议，27，28，29，30，31，39，54，56，57，58，76，83，109-10，127，130-31，148；and arbitration，仲裁，31；and arms limitation，限制军备，71-72；and Court of Arbitral Justice，仲裁法院，39；and international commissions of inquiry，国际调查委员会，75-76；and mediation of international disputes，调停国际争端，74-75；and Permanent Court of Arbitration，常设仲裁法院，28-29；and purpose of，目的，27-28

Hague Peace Conference，Second（1907），1907 年第二次海牙和平会议，28，29，30，32，72，76，77，79，80，81，82，83，84，110，112，116，127，131，148；and arbitration，仲裁，29，32；and arms limitation，限制军备，72-73；and codification of international law，编纂国际法，56-58，59-60，62，127，129，131-32；and contract debts，契约债务，80-82；and Convention on Opening Hostilities，《关于战争开始的公约》，77-80；and Convention for Pacific Settlement of International Disputes（1899），1899 年《和平解决国际争端公约》，30，76；and convocation of Third Peace Conference，召集第三次和平会议，82-84；and Court of Arbitral Justice，仲裁法院，39-45；and Declaration of London，《伦敦宣言》，62-63；and international commissions of inquiry，国际调查委员会，76；and Permanent Court of Arbitration，常设仲裁法院，29，30

Hague Peace Conference，Third，第三次海牙和平会议，47，82-85，148

Hague Permanent Court of Arbitration，海牙

291

常设仲裁法院 See Permanent Court of Arbitration，参见常设仲裁法院

Hague Regulations，海牙法规，57，130，159

Haiti，海地，92，102，106; adherence to the 1899 Convention for the Pacific Settlement of International Disputes，1899年《和平解决国际争端公约》，110; and contract debts，契约债务，111，112; and U.S. invasion，美国入侵，121

Harding, President Warren，沃伦·哈定总统，17，145

Hay, John，约翰·海伊，27，31，71，95-96

Hay arbitration treaties，海伊仲裁条约，31-32，33

Hay-Bunau Varilla Treaty (1903)，1903年《美巴条约》，90

Hobbes, Thomas，托马斯·霍布斯，15

Hoffmann, Stanley，斯坦利·霍夫曼，155

Holls, Frederick W.，弗雷德里克·W.·霍勒斯，74

Honduras，洪都拉斯，92，102，106，115，118，119，121，166; and contract debts，契约债务，111; signing Pact of Union of Central America，签署《中美洲联盟公约》，117. See also Central American Sub-System; Central American Unification; Honduras v. Guatemala & El Salvador 另见中美洲子系统;中美洲统一;洪都拉斯诉危地马拉和萨尔瓦多，116

Huerta, General Victoriano，维塔里亚诺·韦尔塔将军，97-99

Hughes, Charles Evans，查尔斯·埃文斯·休斯，114，142

Imperialism，帝国主义，12，16，20-21，147-48; and legal positivists，实证主义法学家，17-18; and Spanish-American War，美西战争，18-20; and U.S.-Far East policy，美国-远东政策，94-96; and U.S.-Latin American policy，美国-拉丁美洲政策，86-94，103-4，115-16，119-22; and U.S. war prevention program，美国预防战争方案，22-23

India，印度，20

Inter-American System，泛美体系，103-14; defined，定义，113-14; distinct from European balance of power，不同于欧洲的均势，103-4. See also International American Conferences，另见泛美会议

International American Bank，美洲国际银行，109

International American Conference, First (1889), 1889年第一届泛美会议, 104-9

International American Conference, Second (1901), 1901年第二届泛美会议, 105, 109-12

International American Conference, Third (1906), 1906年第三届泛美会议, 105, 112-14

International American Conference, Fourth (1910), 1910年第四届泛美会议, 105, 114

International American Conference, Fifth (1923), 1923年第五届泛美会议, 105-14

International American Conference, Ninth (1948), 1948年第九届泛美会议, 114, 119

International American Monetary Union, 美洲国际货币联盟, 108

International Bureau of Permanent Court of Arbitration at The Hague, 海牙常设仲裁法院国际事务局, 30, 40

International Commission of Jurists, 国际法学家委员会, 113

International Commission of Inquiry, 国际调查委员会, 75-77, 111, 119

International Court of Justice (ICJ), 国际法院, 54-55, 151-52. See also Court of Arbitral Justice; Permanent Court of Arbitration; Permanent Court of International Justice 另见仲裁法院; 常设仲裁法院; 常设国际法院

International disputes, procedures for settling: Convention on Limitation of Employment of Force for Recovery of Contract Debts (1907), 国际争端, 解决程序: 1907年《限制使用武力以索取契约债务公约》, 80-81; Convention on Opening of Hostilities (1907), 1907年《关于战争开始的公约》, 77; and good offices and mediation, 斡旋和调停, 30, 74-75; and Hague article 8, 1899年海牙公约第8条, 74; and international commissions of inquiry, 国际调查委员会, 75-77, 111

International law: legal positivist definition of, 国际法: 法律实证主义的定义, 10-11, 17-18, 136; and neutrality, 中立, 130-31; political realist rejection of, 政治现实主义否定, 7-10; purpose of, 目的, 14, 22-24; and regime theory, 机制理论, 155-59; role of individual in, 个人角色, 61; and sanction behind, 制裁, 13-14, 68, 78, 135-36; and sovereign consent, 主权同意, 14-15; and U.S. Constitution, 美国宪法, 62, 161-63. See also

Codification of international law; Legalism-moralism; Legal positivism; Political realism 另见编纂国际法；法律—道德主义；法律实证主义；政治现实主义

International Preparatory Committee for Third Peace Conference. 第三次和平会议国际筹备委员会。See Hague Peace Conference, Third, 参见第三次海牙和平会议

International Prize Court (IPC), 国际捕获法院, 56, 84, 148-49; and Additional Protocol to International Prize Court Convention, 《国际捕获法院公约附加议定书》, 62-63, 69; and codification of international law, 编纂国际法, 58-59; Convention for, 公约, 59-61, 116; and Court of Arbitral Justice, 仲裁法院, 44, 45, 46, 47, 60; and Declaration of London, 《伦敦宣言》, 62-63, 65; law of, 法律, 62; organization of, 组织, 60-61; purpose of, 目的, 59-60; and U.S. Constitution, 美国宪法, 62

International Tribunal of The Hague, 海牙国际法庭, 149

International Union of American Republics, 美洲共和国国际联盟, 108, 114

Interparliamentary Union, 各国议会联盟, 83

Interventionism: Reagan Doctrine, 干涉主义：里根主义, 121, 165-67; and Roosevelt Corollary, 罗斯福推论, 88-89; and United states as international policeman, 作为国际警察的美国, 89-90; and U.S. policy in Far East, 美国远东政策, 19-20, 94-96; and U.S. policy in Latin America, 美国拉丁美洲政策, 18-20, 86-94, 103-4; and U.S. policy in Mexico, 美国墨西哥政策, 96-102; and U.S. policy in Panama, 美国巴拿马政策, 90-91, 102, 119, 121; and U.S. "protectorate" over Central America, 美国对中美洲的"保护关系", 93-94; and U.S. recognition policy, 美国的承认政策, 97

Isolationism, 孤立主义, 5, 20-23, 144, 148, 150-53. See also Washington's Farewell Address, 另见华盛顿的告别演说

Italy, 意大利, 35, 73, 81, 126, 142; and Court of Arbitral Justice, 仲裁法院, 44, 45, 46, 47; and Declaration of London, 《伦敦宣言》, 64, 66; and international court of justice plan, 国际法院计划, 44; and International Prize Court, 国际捕获法院, 60; and Permanent Court of International Justice, 常

设国际法院，50

Japan，日本，19，20，22，24，44，73，74，76，77，78，79，83，96，142；and Court of Arbitral Justice，仲裁法院，44，45，46，47；and Declaration of London，《伦敦宣言》，62；and imperialism of，帝国主义，94-96；and International Prize Court，国际捕获法院，60；and Permanent International Court of Justice，常设国际法院，50. See also Pearl Harbor 另见珍珠港

Jay Treaty (1794)，1794年《杰伊条约》，25

Jefferson, President Thomas，托马斯·杰斐逊总统，97

Kellogg-Briand Pact (1928)，1928年《凯洛格-白里安非战公约》，9，107，142，144，147. See also Stimson Doctrine 另见史汀生不承认主义

Kennedy, Robert，罗伯特·肯尼迪，98

Khrushchev, Nikita，尼基塔·赫鲁晓夫，78-79

Knox, Philander C.，菲兰德·C.·诺克斯，47，123

Knox Treaties，《诺克斯条约》，123-24

Korea，朝鲜，94

Lake Mohonk Conference，莫霍克湖会议，84

Lansing, Robert，罗伯特·兰辛，126

Latin America，拉丁美洲，18-20，24，81，82；and Court of Arbitral Justice，仲裁法院，43-45，148；and U.S. foreign policy toward，美国外交政策，86-94，96-102，103-4，119-22

Law of Sea Convention (1982)，1982年《海洋法公约》，69

League to Enforce Peace，执行和平联盟，23，54，137

League of Nations，国际联盟，3，4，8，9，48，53，55，68，85，107，142；Assembly，集会，48-53，76，107；and collective security，集体安全，137；Council，理事会，50，51，76，126；and neutrality，中立，137，139；and Permanent Court of International Justice，常设国际法院，47-54；and U.S. legalists，美国法律人，138-39；and U.S. membership in，美国会员资格，53-54，137-39，144-47，149-51. See also Covenant of the League of Nations，另见《国际联盟盟约》；Legalism-moralism，法律-道德主义，8-10，136

Legal positivism，法律实证主义，10-24，136-38；and First World War，第一次

295

世界大战, 148-49; and Inter-American System, 泛美体系, 103-4, 106-8, 113-14; and John Austin, 约翰·奥斯汀, 10-15; and Lassa Oppenheim, 奥本海, 11-13; and League of Nations, 国际联盟, 149-51; and power politics, 强权政治, 15-16, 20-22; as rejection of European balance of power system, 拒绝欧洲的均势体系, 20-22, 147-48; and Second World War, 第二次世界大战, 149-51; and United Nations, 联合国, 151-53; and U.S. imperialism and isolationism, 美国帝国主义与孤立主义, 18-20; and War Prevention Program, 预防战争方案, 22-24, 144-45

Level of Analysis Problem, 层次分析法的问题, 13-15

Lieber, Francis, 弗朗西斯·利伯, 57

Locke, John, 约翰·洛克, 15

Lodge, Henry Cabot, 亨利·卡波特·洛奇, 98, 138

London Naval Conference (1908), 1908年伦敦海军会议, 45, 68

London Naval Conference (1930), 1930年伦敦海军会议, 142, 147

Lusitania, 卢西塔尼亚, 126

Machiavelli, Nicolo, 尼科洛·马基雅维利, 16, 157

Madero, Francisco, 弗朗西斯科·马德罗, 96-97

Marblehead Peace, 马布尔黑德和平, 115, 117

Mckinley, William, 威廉·麦金利, 17, 27, 109

McNamara, Robert, 罗伯特·麦克纳马拉, 78

Mediation of international disputes, 调停国际争端, 74-75

Mexican-American Joint Commission, 美墨联合委员会, 100-101

Mexican-American War, 美墨战争, 18-19

Mexican Revolution, 墨西哥革命, 96-97, 98-99

Mexico, 墨西哥, 96-102, 110

Monroe, President James, 詹姆斯·门罗总统, 87

Monroe Doctrine, 门罗主义, 18, 20, 30, 81-82, 87-88, 103-4, 138; and arbitration, 仲裁, 88; and definition of, 定义, 87-88; and League of Nations Covenant, 《国际联盟盟约》, 138; and Polk Corollary to, 波尔克推论, 87; and Roosevelt Corollary to, 罗斯福推论, 20, 88-94; and U.S. foreign policy toward Latin America, 美国

对拉丁美洲的外交政策，86-92，103-4；and Venezuelan debt controversy, 委内瑞拉债务争议，81-82. See also Roosevelt Corollary to the Monroe Doctrine 另见门罗主义的罗斯福推论

Montevideo Treaties, 《蒙得维的亚条约》，108，109

Moore, John Bassett, 约翰·巴塞特·摩尔，53-54

Morgenthau, Hans, 汉斯·摩根索，1，156，162

Morris, Governeur, 古弗尼尔·莫里斯，97

Moscow Declaration (1943), 1943年《莫斯科宣言》，151-52

Naval Prize Bill (1911), 1911年《海上捕获法案》，63-64

Near East, 近东，20

Netherlands, 荷兰，30，45，47，62，84-85，110

Neutrality, 中立，56，127-41. See also Bryan Peace Plan; Knox Treaties; Neutrality Act (1794); Neutrality Act (1818) 另见布赖恩和平计划；《诺克斯条约》；1794年中立法案；1818年中立法案

Neutrality Act (1794), 1794年中立法案，127

Neutrality Act (1818), 1818年中立法案，127，130

Nicaragua, 尼加拉瓜，92，102，106，110，111，112，115，116-19；adherence to the 1899 Convention for the Pacific Settlement of International Disputes, 1899年《和平解决国际争端公约》，110；and contract debts, 契约债务，111，112；and Reagan administration, 里根政府，121，152，165-67. See also Central American Sub-System; Central American Unification 另见中美洲子系统；中美洲统一

Nicaragua v. United States, 尼加拉瓜诉美国，152，166

Nicholas II, Tsar, 沙皇尼古拉二世，27，71，82-84

North Atlantic Fisheries Case, 北大西洋渔业案，35，37

Norway, 挪威，31，35

Olney, Richard, 奥尔尼·理查德，86，89，90

Olney-Pauncefote Treaty of Arbitration (1897), 1897年《奥尔尼-庞斯富特仲裁条约》，26-27

Oppenheim, Lassa, II, 拉沙·奥本海姆二世

Optional Clause to Protocol of Signature for

297

PCIJ Statute, 国际常设法院规约签署议定书任择条款, 41, 50-53, 55, 136, 152

Organization of American States (OAS), 美洲国家组织 (OAS), 78-79, 105, 114, 119-22

Orinoco Steamship Company Case, 奥里诺科轮船公司案, 35

Ottoman Empire, 奥斯曼帝国, 20, 24, 126

Pact of Union of Central America, 中美洲联盟公约, 117

Panama, 巴拿马, 19, 90-91, 102; and adherence to the 1899 Convention for Pacific Settlement of International Disputes, 1899 年《和平解决国际争端公约》, 110; and contract debts, 契约债务, 111-12; United States "protectorate" of, 美国的"被保护国", 115. See also Panama Canal 另见巴拿马运河

Panama Canal, 巴拿马运河, 19, 90-91, 93-95, 115; and U. S. interventionism, 美国干涉主义, 91, 102, 119, 121

Pan-American Railway and Bank, 泛美铁路和银行, 112

Pan-American Union, 泛美联盟, 104, 108, 111-12, 114, 122

Paris Peace Conference (1919), 1919 年巴黎和平会议, 85, 138, 150-52

Peace of Portsmouth (1905), 1905 年《朴次茅斯和约》, 75, 96

Pearl Harbor, 珍珠港, 19, 94; and Convention on the Opening of Hostilities, 《关于战争开始的公约》, 77-80

Periodic convocation of peace conferences, 定期召开和平会议, 22-23, 82-85, 86, 145-47, 148

Permanent Administrative Council, 常设行政理事会, 30, 40

Permanent Court of Arbitration (PCA), 常设仲裁法院, 27-30, 31, 32, 34-36, 37-39, 41, 42, 72, 74, 75, 77, 80, 84-85, 91, 110, 111, 149; compared to Court of Arbitral Justice, 仲裁法院, 39-43; and compromis for, 仲裁协议, 29, 31, 34; and contract debts, 契约债务, 80-81, 110-11; and duty to encourage its use, 有责任鼓励使用, 30; and golden age of, 黄金时代, 34-36; and Knox Treaties, 诺克斯条约, 124; and political disputes, 政治争端, 37-39; and Second International American Conference, 第二届泛美会议, 110

Permanent Court of International Justice (PCIJ) and statute, 常设国际法院和规约, 3, 4, 9, 26, 36, 39, 42,

43, 47-55, 145-46, 149-52

Pershing, General John, 约翰·潘兴将军, 100

Pershing Expedition, 潘兴远征军, 100-102

Peru, 秘鲁, 110, 111, 112, 114

Philippines, 菲律宾, 19, 47, 94

Pious Fund Case, 虔诚基金案, 35

Platt Amendment, 《普拉特修正案》, 19, 90-93

Political realism, 政治现实主义, 7-10, 136, 147-48, 153, 161-62

Porter, General Horace, 贺拉斯·波特将军, 80

Porter Convention (1907), 1907年《波特公约》, 80-82, 89, 112

Power politics, 强权政治, 7-8, 10, 16, 20-22, 147-48, 153, 156-57, 161, 162-65, 167-68

Protocol of Signature for Permanent Court of International Justice. 常设国际法院签字议定书。See Permanent Court of International Justice 参见常设国际法院

Reagan administration, 里根政府, 69, 121, 160-61, 163, 165-67

Realism. 现实主义。See Political realism 参见政治现实主义

Roosevelt, President Franklin D., 富兰克林·D. 罗斯福总统, 93, 139

Roosevelt, President Theodore, 西奥多·罗斯福总统, 31-32, 33, 35, 75, 82, 83, 88-92, 115

Roosevelt Corollary to the Monroe Doctrine, 门罗主义的罗斯福推论, 19, 20, 88-94, 95, 103-4, 120

Root, Elihu, 伊莱休·鲁特, 17, 32-34, 39, 43, 45, 48-51, 53, 62, 63, 89, 93, 138, 142

Root Arbitration Conventions, 鲁特仲裁条约, 32-34, 125-26

Root-Scoot Arrangement, 鲁特-斯科特安排, 48-50

Root-Takahira Agreement on Pacific Possessions (1908), 《关于太平洋属地的鲁特—高平协定》(1908), 96

Rousseau, Jean-Jacques, 让-雅克·卢梭, 9, 15

Russia, 俄国, 10, 21, 60, 71, 77, 94, 96, 126, 127, 140, 151; and Court of Arbitral Justice, 仲裁法院, 144-47; and Declaration of London, 《伦敦宣言》, 62, 64, 65; and Dogger Bank incident, 多格滩事件, 75-76; and First Hague Peace Conference, 第一次海牙和平会议, 27; and Reagan administration, 里根政府, 155, 156, 157, 160-61; and Second Hague Peace

299

Conference，第二次海牙和平会议，72-73; and Third Hague Peace Conference，第三次海牙和平会议，82-84

Russo-Japanese War，日俄战争，73，75-76，77，83

Santayana, George，乔治·桑塔亚那，10

Sarajevo，萨拉热窝，148

Savarkar Case，萨瓦卡案，35

Scott, James Brown，詹姆斯·布朗·斯科特，43，47，48，49，50，85，113，138

Scott Initiative，斯科特倡议，47

Second Hague Peace Conference，第二次海牙和平会议。See Hague Peace Conference, Sencond (1907)，参见1907年第二次海牙和平会议

Second World War，第二次世界大战，3，4，9-10，24，54-55，73-74，77-80，139-41，144，147，149-53，156，157，159，163

Serbia，塞尔维亚，21，126，149

Snidal, Duncan，斯奈德尔·邓肯，159-60

Soviet Union. 苏联。See Russia 参见俄国

Spain，西班牙，16，27，45，62，71，83，92，125

Spanish-American War，美西战争，3-4，16，18-22，27，71，83，86-87，92-93，94-95，151-53

Stimson Doctrine，史汀生主义，9，107，144，147

St. Petersburg Convention (1907)，1907年《圣彼得堡公约》，96

Sweden，瑞典，31，35

Taft, President William Howard，威廉·霍华德·塔夫脱总统，17，97，123-24

Treaty for Arbitration of Pecuniary Claims (1902)，1902年《金钱索赔仲裁公约》，111

Treaty of Guadalupe-Hidalgo (1848)，1848年《瓜达卢佩-伊达尔戈条约》，96，98，101

Treaty of Obligatory Arbitration (1902)，1902年《强制仲裁条约》，110-11

Treaty of Verasilles，《凡尔赛条约》，9，81，136，138-39，141，145，150-51，153

Treaty of Washington (1871)，1871年《华盛顿条约》，26，128-29

Triple Entente，三国协约，96，125-26，136，148

Union of American Republics，美洲共和国联盟，108，114

United Kingdom. 英联邦。See Great Britain, 参见英国

United Nations and United Nations Charter, 联合国和《联合国宪章》, 4-5, 8, 54-55, 69, 76, 107, 126, 139-41, 151-52, 157-61, 163, 166-67

Universal Postal Union, 万国邮政联盟, 14, 30

Uruguay, 乌拉圭, 106, 110, 111, 112

U. S. Constitution, 美国宪法, 37-38, 48-49, 62-63, 161-63

U. S. Cuban Treaty (1903), 1903年《美国古巴条约》, 93

U. S. Supreme Court, 美国最高法院, 27, 37-38, 62, 114

Venezuela, 委内瑞拉, 35, 81-82, 106, 110

Venezuelan debt controversy, 委内瑞拉债务争议, 35-36, 81-82, 91, 111

Venezuelan Preferential Case, 委内瑞拉优惠案, 35-36, 81-82

Vera Cruz intervention, 维拉克鲁斯干涉, 98-99

Villa, Pancho, 潘乔·维拉, 99-100

War of 1812, 1812年战争, 18, 60

War Prevention Program, 预防战争方案, 22-24, 82, 86, 144-53

Washington Naval Conference (1921), 1921年华盛顿海军会议, 73, 141-42, 147

Washington's Farewell Address, 华盛顿告别演说, 5, 18, 21, 30, 87, 138, 144, 148

Wilson, President Woodrow, 伍德罗·威尔逊总统, 8, 47, 48, 68, 116, 134, 145, 150; and Bryan Peace Plan, 布赖恩和平计划, 123-26; and Dominican Republic intervention, 干涉多米尼加共和国, 92; and Fourteen Points Address, 十四点和平原则演说, 8, 9, 150; and League of Nations and Covenant, 国际联盟和《盟约》, 47-48; and "legalism-moralism", "法律-道德主义", 8-10, 136; and Mexico, 墨西哥, 97-102; and Third Hague Peace Conference, 第三次海牙和平会议, 84-85; and U. S. neutrality, 美国中立, 68, 126, 133-36

World War I, 第一次世界大战。See First World War 参见第一次世界大战

World War Ⅱ, 第二次世界大战。See Second World War 参见第二次世界大战

译后记

我在中国人民大学法学院攻读博士学位期间的学术积累，主要围绕近代中国的国际法进阶，包括晚清与民国两大部分，其中清末民初即第一次世界大战前后，近代中国与世界格局的同步变迁尤其引人瞩目，这与美国的崛起时期相重叠。在博士研究生即将毕业、准备入职重庆大学人文社会科学高等研究院（重大高研院）前，我就已经收到《战争之谕：胜利之法与现代战争形态的形成》（赖骏楠译）与《法律东方主义：中国、美国与现代法》（魏磊杰译）的译者赠书；入职后，田雷老师又送给我一本当年刚出版的《非凡的时光：重返美国法学的巅峰时代》（榆风译）。这些都让我考虑初当高校老师要不要优先翻译一本美国学者研究美国国际法史的书，以推动自己博士论文的后续修改。当我得知北京大学国家法治战略研究院正在组织编纂"帝国与国际法译丛"时，就迅速和孔元博士联系，先后与强世功、陈一峰两位老师商议确定翻译弗朗西斯·安东尼·博伊尔（Francis Anthony Boyle）的《国际秩序：法律、武力与帝国崛起（1898—1922）》（*Foundations of World Order: The Legalist Approach to International Relations 1898-1922*, Duke University Press, 1999），也就是本书。

《国际秩序》是博伊尔博士论文的后半部分,与前半部分(*World Politics and International Law*, Duke University Press, 1985)侧重于理论分析不同,本书更突出了法学家重新诠释政治学家与历史学家所引用过或未曾解读过的国际关系文献的视角。博伊尔作为国际法学家,充分解读了美国法律主义者在1898年美西战争刚结束到1921—1922年国际联盟和国际法院成立之间创设的新国际法秩序。他将美国区别旧世界(欧洲)与新世界(西半球、远东),合并却各有侧重地使用法律与武力的两种外交政策置于"法律主义"框架下予以批判性研究,深刻反思了第一次世界大战前后美国为维系其战时中立与和平孤立主义的传统外交政策所采取的国际法措施。我于翻译初稿完成后,专门写作了一篇书评即《东边用武力,西边讲法律》[1]刊载于《读书》2018年第12期。

对于我而言,印象最深的是博伊尔非常认同斯坦利·霍夫

---

[1] 标题"东、西"与文意"东、西"的实质所指存在差异。标题蕴含的是文化意义的"东方主义";文意指向的是空间意义的"东西半球"。东西两个半球的分界线最初是通过1494年《托尔德西利亚条约》(*Treaty of Tordesillas*)经1526年《萨拉戈萨条约》(*Treaty of Zaragoza*)到1559年《卡托-康布雷齐和约》(*Peace of Cateau-Cambrésis*)等条约确定,在区别于以欧洲为主体的东半球的前提下凸显以南北美洲为主体的西半球。我们会发现,美国帝国崛起时期在东西半球均合并使用了马基雅维利早在《君主论》中就提及的法律与武力两种斗争方式,只不过各有侧重而已。

国际秩序：法律、武力与帝国崛起（1898—1922）

曼（Stanley Hoffmann）[1]与汉斯·摩根索（Hans Morgenthau）[2]注重人道精神与历史细节的国际关系研究，因此真诚地希望世界各国尤其是美国能够更少自私和恐惧地促进国际法和国际组织，防止第三次世界大战的爆发。书中附录《国际法与使用武力：超越机制理论》（International Law and the Use of Force: Beyond Regime Theory）单独翻译并发表于《人权》2019年第1期。由于各方面的原因，尽管书稿经过2017—2018年两年的时间已经翻译完毕并数次修改，但却迟迟未能出版。为了宽慰博伊尔教授，我在2019年年底履新中国海洋大学法学院后将刊载附录文章的《人权》2019年第1期与刊载译著书评的《读书》2018年第12期邮寄到了大洋彼岸，自此与博伊尔教授建立了学术联系。经过2019—2020年疫情初期，进入2021年的"后疫情时代"后，需要杜克大学、中国政法大学出版社、当代世界出版社协商解决版权问题的时候，博伊尔教授的督促与坚持起到了关键性的推动作用。

由于我硕士、博士期间的研究方向都是中国法律史，尽管听过包括美国法律史在内的外国法制史相关课程，阅读运用过

---

[1] 斯坦利·霍夫曼（Stanley Hoffmann, 1928-2015），曾任哈佛大学欧洲研究中心主任，传统主义学派的代表人物。代表作《格列佛的烦恼，或美国外交政策的制订》（Gulliver's Troubles, or The Setting of American Foreign Policy, 1968）。

[2] 汉斯·摩根索（Hans Morgenthau, 1904-1980），1950—1968年期间担任芝加哥大学美国对外政策研究中心主任，期间兼任美国国务院和国防部顾问。代表作《国家间政治：权力斗争与和平》（Politics Among Nations: The Struggle for Power and Peace, 1966）。

中国法律史研究的相关外文资料，但这是我初次尝试阅读理解翻译美国国际法史的英文学术书籍，难免挂一漏万。翻译期间任教于重大高研院研究美国史的丁留振老师推荐的埃里克·方纳（Eric Foner）的《美国历史：理想与现实》（王希译）帮助我补充了基础知识，也帮助我在重大讲授"法律与文学：晚清域外游记中的法律世界"通识课的新大陆（美国）游记部分理清了思路。《国际秩序》一书中有关和平解决国际争端初创时的情景的描绘甚至帮助我解读了《和约研究会会议记录》（东京大学东洋文化研究所藏，1920年10月5日至1921年4月15日）中北洋政府特别成立的和约研究会研讨提交国际联盟讨论、提请海牙法庭仲裁或者选择第三国调停等三种和平解决山东悬案国际法预案的记录，形成学术论文《拒签和约之后：和平解决山东悬案的国际法预案》发表于《国际法研究》2020年第5期，并成为我主持的国家社会科学基金后期资助项目即博士论文修改稿的一部分。这让我觉得，我在翻译过程中的收获远远超过我的付出及预期。

特别感谢王晨雨博士的再翻译、三审老师的再修订，他们的工作使译稿质量得以提升。翻译初稿到定稿得益于项玮编辑的支持，定稿后期的完善与书名的最终确定得益于刘海光编辑的帮助，出版前夕的琐碎事项得益于陈邓娇编辑的协理，在此感谢三位编辑的辛勤付出。同时感谢拨冗书写推荐语的何志鹏、章永乐、魏磊杰、殷之光四位老师。最后衷心感谢"帝国与国际法译丛"与当代世界出版社，感谢持续关注本书翻译出版的各位师友与家人！希望读者们能够从中读出世界和平的来之不易，并愿意让法律取代武力，实现永久和平。

颜丽媛

FOUNDATIONS OF WORLD ORDER
by Francis A. Boyle
Published by arrangement with DUKE UNIVERSITY PRESS
Simplified Chinese translation copyright © 2024
by The Contemporary World Press
ALL RIGHTS RESERVED
版权登记号：图字：01-2023-1090

图书在版编目（CIP）数据

国际秩序：法律、武力与帝国崛起：1898—1922 /（美）弗朗西斯·安东尼·博伊尔著；颜丽媛，王晨雨译. -- 北京：当代世界出版社，2024.1

书名原文：Foundations of World Order：The Legalist Approach to International Relations（1898-1922）

ISBN 978-7-5090-1782-1

Ⅰ. ①国… Ⅱ. ①弗… ②颜… ③王… Ⅲ. ①国际法-研究 Ⅳ. ①D99

中国国家版本馆 CIP 数据核字（2023）第 225255 号

书　　名：	国际秩序：法律、武力与帝国崛起：1898—1922
出版发行：	当代世界出版社
地　　址：	北京市东城区地安门东大街 70-9 号
邮　　箱：	ddsjchubanshe@163.com
编务电话：	（010）83907528
发行电话：	（010）83908410
经　　销：	新华书店
印　　刷：	北京新华印刷有限公司
开　　本：	880 毫米×1230 毫米　1/32
印　　张：	10.25
字　　数：	210 千字
版　　次：	2024 年 1 月第 1 版
印　　次：	2024 年 1 月第 1 次
书　　号：	978-7-5090-1782-1
定　　价：	79.00 元

如发现印装质量问题，请与承印厂联系调换。
版权所有，翻印必究；未经许可，不得转载！